"十三五"江苏省高等学校重点教材（编号：2018-2-035）

经济管理类专业基础课精品系列

管理学基础

（修订版）

于云波　俞　林　主　编

吴义专　副主编

周桂瑾　冯　臻　主　审

科学出版社

北　京

内 容 简 介

本书围绕工商企业管理工作岗位所需要的知识、能力、素质要求，以管理者的管理技能培养为重点，以激发管理兴趣、夯实管理基础、提升管理素质、培育管理能力为宗旨，按照管理者履行的管理职能进行编写，并融入了国内外管理研究的最新成果。全书包括管理概述、管理理论、计划、预测与决策、组织、领导、激励、沟通、控制技术与方法、创新与创新管理等内容。

本书适用于高等职业院校经济管理类及其他专业管理学基础课程的教学，也可作为企业管理人员岗位培训的参考用书。

图书在版编目(CIP)数据

管理学基础/于云波，俞林主编．—北京：科学出版社，2019.1
（“十三五”江苏省高等学校重点教材·经济管理类专业基础课精品系列）
ISBN 978-7-03-058508-0

Ⅰ．①管…　Ⅱ．①于…　②俞…　Ⅲ．①管理学－高等职业教育－教材　Ⅳ．①C93

中国版本图书馆 CIP 数据核字（2018）第 182751 号

责任编辑：薛飞丽　王 琳 / 责任校对：王 颖
责任印制：吕春珉 / 封面设计：艺和天下

科学出版社出版
北京东黄城根北街 16 号
邮政编码：100717
http://www.sciencep.com
三河市骏杰印刷有限公司印刷
科学出版社发行　各地新华书店经销
*
2019 年 1 月第　一　版　开本：787×1092　1/16
2023 年 1 月修　订　版　印张：17 1/4
2024 年 7 月第七次印刷　字数：410 000

定价：56.00 元

（如有印装质量问题，我社负责调换）
销售部电话 010-62136230　编辑部电话 010-62135120-2039（VF22）

经济管理类专业基础课精品系列编写委员会

修订版前言

管理无处不在，任何组织都离不开管理。管理是人类社会最普遍的活动，管理学基础是研究各种组织管理活动的一般规律的学科。学生只有在学好本门课程的基础上，才能更好地学习专业性的管理知识。

近年来，管理理论、管理实践的发展速度越来越快，管理问题研究的深度和广度不断增加，管理的多学科交叉特征也更加明显。在此基础上，编者引用国内外管理研究的最新成果，围绕工商企业管理工作岗位所需要的知识、能力、素质要求，以管理者的管理技能培养为重点，以“激发管理兴趣、夯实管理基础、提升管理素质、培育管理能力”为宗旨编写了本书。

本书概念清晰，层次分明，实用性强。编者在编写本书时力求将趣味性与思辨性相结合，将基础理论与应用能力相结合。每章由案例引入，提出学习任务，以“从概念到技能”的方式组织知识内容，章末以二维码的形式呈现“想一想”和“做一做”，帮助学生深入思考，培养学生发现问题、分析问题、解决问题的学习习惯。本书的课程资源可与作者联系获取，作者邮箱为229936777@qq.com。

本书由无锡职业技术学院于云波教授和俞林副教授任主编，湖南大众传媒职业技术学院吴义专担任副主编。具体编写分工如下：于云波负责教材整体内容体系和篇章结构设计，并编写第一章、第三章～第五章；俞林负责编写第二章、第六章、第七章、第九章、第十章；吴义专负责编写第八章。无锡透平叶片有限公司唐荣华副总经理参与全书编写方案设计和案例开发。无锡职业技术学院周桂瑾教授和冯臻副教授负责审阅、统稿与校对。

编者在编写本书的过程中，参考了大量文献资料，并得到无锡职业技术学院各级领导的大力支持和帮助，在此一并表示衷心的感谢。

由于编者水平和时间有限，书中难免存在不妥之处，敬请读者批评指正。

目　　录

第一章
管理概述

学习目标

通过本章的学习，学生应能够正确理解管理的内涵；了解管理的自然属性和社会属性、管理环境对管理的影响及对策、管理者的角色；掌握管理的科学性和艺术性、管理的职能、管理的机制与方法、管理者的素质和技能要求；能够按管理者的素质和技能要求进行自我培养，初步具备一定的管理理念，能够运用管理学的研究方法分析管理问题。

第一节　对管理的理解

引导案例

张主任的管理难题

红光公司今年刚刚对干部队伍进行了调整，机修车间的张浩进公司已经 5 个年头了，平时在工作中积极肯干，技术过硬，工作能力强，得到机修车间李主任的赏识与培养。在李主任退休之际，张浩被任命为机修车间主任。张浩上任后，干劲更足了，由于车间设备维修任务重，他每天起早贪黑，还像往常一样和工人一起抢修设备，有时要到晚上 11 点多才回家。张浩上班后发现有 3 台设备需要维修，并且当天要完成，任务很重。他急忙把工人召集到一起，布置任务，希望工人能够群策群力，尽快完成任务。正当张浩和工人准备抢修设备时，他接到加工中心的电话，说正在赶生产任务的数控设备突然发生故障，让他赶紧过去看看，否则生产任务完成不了，会影响交货时间。张浩考虑到其他工人的任务也很重，并且那台数控设备价格高，也不知道手下的人是否能够维修好，所以只好亲自去抢修了。

等张浩抢修好数控设备回到机修车间已经是下午 2 点了，他发现那 3 台设备维修进度很慢，忙问是怎么回事。工人说维修需要一种备件，价格较高，领取这种备件要他签字才能领到。因为张浩手机没电了，他事先也没有告诉工人他的去向，所以没有备件，工人无法开展设备维修，看来今天又要加班到深夜了。张浩觉得自从当上维修车间主任后，他几乎天天在加班，每天有很多事情等自己处理，都有点应付不过来了。他觉得以前李主任在位的时候，车间各项工作开展有序，工人也很少加班，怎么现在事情都来不及做？难道是自己不能胜任主任的职位？

思考：什么是管理？张浩作为管理者，应具备哪些素质和技能？他的管理存在哪些问题？

案例启示：管理是一项非常复杂的工作。管理者，特别是基层管理者面临的工作繁重、琐碎、时间紧。掌握管理的基础知识和技能，具备较高的管理素质，是管理者做好管理工作、提高管理效率的基础和前提。

一、管理的定义

管理广泛适用于社会的一切领域，从人类历史到现代社会，从企业到政府机关及其一切组织，无不存在管理，无不需要管理，无不依赖管理。管理已成为现代社会极为重要的社会机能。没有现代化的管理，就没有现代化的社会。

现代人越来越认识到管理对一个企业、国家的重要性。德国的西门子公司认为：“管理是企业成功之母。”美国银行曾在其出版物《小型企业通讯》中指出：“最终的分析表明，90%以上的失败企业，是由于管理无能和缺乏经验。”美国福特汽车公司总结其“三起两落”

的历史经验与教训，得出结论：不重视管理的企业终归要失败。可见，管理是非常重要、必不可少的。那么什么是管理呢？

管理学者对管理的定义做了大量的研究，从不同的角度和侧重点提出了管理的定义，反映了人们对管理的多种理解以及管理学派的研究和特色。其中较有代表性的有以下几种。

管理是由计划、组织、指挥、协调及控制等职能为要素组成的活动过程。——亨利·法约尔

管理就是通过其他人来完成工作。——玛丽·福莱特

管理是一种实践。——彼得·德鲁克

管理就是决策。——赫伯特·西蒙

管理就是设计并保持一种良好环境，使人在群体里高效率地完成既定目标的过程。

——哈罗德·孔茨和海因茨·韦里克

管理是对资源进行计划、组织、领导和控制以快速有效地达到组织目标的过程。

——加雷思·琼斯

管理是通过协调其他人的工作有效率和有效果地实现组织目标的过程。

——斯蒂芬·罗宾斯

但是不同的定义，只是观察角度和侧重点不同，在总体上对管理实质的认识还是相似的。因此，本书对管理的定义如下：

管理就是在特定的环境下，通过计划、组织、领导、激励、沟通和控制等一系列活动，来协调人、财、物和信息等各种资源，以期更有效地达成组织成员和组织整体目标的过程。

这个定义包括四层含义。

（1）管理是在一定的环境下进行的，不同的内、外部环境要有不同的管理策略、手段和方法。所以，管理者在管理过程中采用什么样的管理方法与管理措施要结合具体的管理环境。例如，企业的发展阶段不同，管理的模式亦不同。

管理案例

海尔集团成立于 1984 年，30 多年的发展历程使海尔集团由一个亏损 147 万元的集体企业成长为国家特大型企业集团。总裁张瑞敏高瞻远瞩，他从一开始就意识到质量对于一个企业的重要性，因此海尔初期的管理主要围绕着提高质量进行。张瑞敏毅然决定把公司 100 多台质量不合格的冰箱砸掉，当时很多人都想不明白。后来，海尔的产品被评为首批全国质量信得过产品。在海尔的产品深入人心时，它就开始施行兼并，在注重质量的基础上不断扩大规模。它在国内市场连连获胜后，又把目光放到了国际市场。可见一个企业在不断发展，其管理的重点必然发生变化，但变中也有不变的东西，那就是贯穿始终的名牌战略。

（2）管理采用的是计划、组织、领导、激励、沟通和控制等基本活动。这些基本活动能够使组织的生产经营有序、高效地开展。

（3）通过计划、组织、领导、激励、沟通和控制等基本活动来协调人力、物力、财力和信息等各种资源，使组织有限的资源或要素得到有效配置，以更有效地实现组织目标。

一个组织要想更有成效地实现组织目标，必须使组织当中的各个部门、各个单位乃至各个人的活动同步与和谐；组织中人力、物力和财力的配备也要同步、和谐。这就如同一支配合良好的交响乐队，尽管大家各奏各的音调，但配合起来却是一首美妙的交响曲。

（4）管理的对象是人，强调人是管理的核心要素，因此在管理过程中，管理者不仅要关注组织整体目标的实现，同时也要关注组织成员目标的实现。

管理故事

IBM 公司的创办人托马斯曾经讲过下面一个故事，深入浅出地说明了管理的作用。

有一个男孩子第一次得到一条长裤，穿上一试，裤子太长了。于是他请奶奶帮忙把裤子剪短一些，可是奶奶说，眼下的家务太多，让他找妈妈。而妈妈回答说，她今天已经同别人约好去打桥牌。于是男孩又去找姐姐，但是姐姐有约会，时间就要到了。男孩非常失望，担心明天穿不上这条新裤子，带着这种心情就入睡了。

奶奶忙完家务，想起孙子的裤子还没有弄好，就剪短了一点；妈妈回来后又把裤子剪短了一点；姐姐回来后同样把裤子剪短了一点。可以想象，第二天早上大家会发现这种没有管理的活动所造成的恶果。

（资料来源：徐艳梅，2005. 管理学原理[M]. 北京：北京工业大学出版社.）

任何集体活动都需要管理，在没有管理协调时，集体中每个成员的行动方向不一定相同，甚至会相互抵触。即使目标一致，如果没有整体的配合，也不可能高效地达到组织目标。

二、管理的特点

1. 管理具有两重性：自然属性和社会属性

管理的自然属性又称为管理的生产力属性。它是指管理要处理人与自然的关系，要合理组织生产力。这是由于它是适应社会生产力发展和社会分工的要求而产生的。它与具体的生产方式和特定的社会制度无关。管理的这一属性显示了管理的普遍共性，因此任何社会制度下的管理思想和管理经验，只要是反映社会化大生产的客观规律，我们都可以借鉴。

管理的社会属性又称为管理的生产关系属性。它是指管理要处理人与人之间的关系，它与生产关系、社会制度相连，因此这一性质是管理具有的个性。社会主义制度下的管理与资本主义制度下的管理的本质区别就体现在社会属性上。这一性质要求我们在接触和借鉴西方国家的管理经验和管理理论时，要进行扬弃和改造，使之适应我国的具体情况。

我们可以通过中美两国国家制度的共同与不同之处来理解管理的两重性。我国的政体是人民代表大会制度，美国的政体是总统共和制，两国都是民主国家，实行民主制度，美国总统由选举产生且有任期，我国也是，全国人民代表大会每五年召开一次，国家主席、副主席每届任期同全国人民代表大会每届任期相同。美国实行的是三权分立，立法权、行政权、司法权相互制衡，相互牵制，而在我国，全国人民代表大会拥有立法权、任免权、监督权、决定权，这是与美国制度不同的地方。美国政党制度是两党制，民主党和共和党轮流执政，而我国则是中国共产党领导的多党合作和政治协商制度。可见两国制度有共同与不同之处，相同之处就体现了管理的自然属性，而不同之处则体现了管理的社会属性。

2. 管理既是科学又是艺术

管理的科学性是指人们在发现、探索、总结和遵循客观规律的基础上，建立系统化的理论体系，并在管理实践中应用管理原则，使管理成为理论指导下的规范化的理性行为。科学的原理、理论与方法，是对人类社会活动中的客观规律进行的总结，是不以人的意志为转移的，要求人们在社会活动过程中必须遵循，否则必然导致失败。管理的科学性主要体现在以下几个方面：

（1）规律性。管理科学是人类在长期从事社会生产实践活动中，对管理活动规律的总结。管理科学把管理的规律性提炼出来，形成原则、程序和方法，对管理者的管理活动进行普遍性指导，使管理成为理论指导下的规范化的理性行为。承认管理的科学性，要求管理者在管理活动中不断发现与摸索管理的规律性，按照管理的规律办事，在科学的管理理论与原则的指导下，搞好管理，提高管理效率。

（2）严密的程序性。科学的逻辑在管理活动中表现为一种严格的程序化操作，这种程序性首先体现在管理流程的设计中，其次体现在具体的操作工艺中。

（3）先进的技术性。管理学是一门应用性很强的学科，管理理论只有转化为具体的管理技术和技能才能发挥作用。在现代管理学中，这些管理技术又被转换成各种管理软件和具体的操作技能，以便完成具体的管理任务。

管理又是一门艺术。管理是一种随机的创造性工作，它不像有些科学那样可以单纯通过数学计算去求得最佳答案，也不可能为管理者提供解决问题的具体模式，它只能使人们按照客观规律的要求实施创造性管理。管理者在管理活动中要遵循一定的原理与方法，但绝不能照抄照搬，即在实践中运用管理理论与管理方法时必须要因人、因时、因地而异，要灵活而具有创造性地运用管理理论与管理方法，才能取得成功。

管理是科学与艺术的结合。管理既具有科学性也具有艺术性，科学是强调其客观规律性，艺术是强调其灵活性与创造性。两者不是互相排斥的，而是互相补充的。靠“背诵原理”来进行的管理活动，将必然是脱离或忽视现实情况的无效活动；而没有掌握管理理论和基本知识的管理人员，在进行管理时必然是靠碰运气、靠直觉或过去的经验办事的，很难找到针对管理问题的可行的、令人满意的解决办法。所以，管理的专业训练不可能培训出“成品”的管理者，却是通过实践进一步培训管理者的一个良好的开端，为培养出色的管理者在理论知识方面打下坚实的基础。当然，仅凭理论也不足以保证管理的成功，人们还必须懂得如何在实践中运用它们，这一点也是非常重要的。

三、管理的职能

管理是人们进行的一项实践活动，是一项实际工作、一种行动。人们发现在不同的管理工作中，管理者往往采用程序类似、内容具有某些共性的管理行为，如计划、组织、控制等，人们对这些管理行为加以系统性归纳，逐渐形成了“管理职能”这一被普遍认同的概念。管理职能是管理系统功能的体现，是管理系统运行的表现形式。管理者的管理行为，主要表现为管理职能。管理职能是管理者实施管理的功能或者程序，管理职能的内容包括计划、组织、领导、激励、沟通、控制。

1. 计划

计划是指管理者为实现组织目标对工作所进行的筹划活动，包括调查与预测、确定目标、选择活动方式等。在管理过程中，所有的管理者必须从事计划活动，通过计划确定组织的目标，确定切实可行的行动方案并有效地实现这些目标。管理活动从计划开始，计划是管理的首要职能。

2. 组织

组织是指管理者为实现组织目标而建立与协调组织结构的工作过程，包括设计与建立组织结构、合理分配职权与职责、选拔与配置人员、推进组织的协调与变革等。在任何一项计划执行和管理业务中，管理者都要做大量的组织工作。组织工作的优劣在很大程度上决定着管理活动的成败。组织是一切管理活动的保证。

3. 领导

领导是指管理者指挥、带领、引导和鼓励员工，以实现组织目标的行为，包括领导方式、领导艺术的综合运用等。做领导就是做人的工作，要重视人的因素。每个人自身的条件不同，在性格、素质和工作能力方面有很大的差异，在组织活动中难免会产生问题，这就需要权威的领导者进行领导，带领、激励员工自觉地为实现组织目标而共同努力。

4. 激励

激励是指管理者采取有效的管理措施与管理手段，激发员工的工作积极性，有效实现组织目标的活动，包括激励的相关原理、原则、措施与方法的选择与运用。有效的激励会点燃员工的激情，促使他们的工作动机更加强烈，让他们产生超越自我和他人的欲望，并将潜在的巨大的内驱力释放出来，为企业的远景目标奉献自己。美国管理学家贝雷尔森和斯坦尼尔认为“一切内心要争取的条件、希望、愿望、动力都构成了对人的激励。——它是人类活动的一种内心状态”。人的一切行动都是由某种动机引起的，动机是一种精神状态，它对人的行动起激发、推动、加强的作用。

5. 沟通

沟通是人与人之间、人与群体之间思想与感情的传递和反馈的过程，以求思想一致和关系融洽。它是指管理者与员工进行的思想、情感及信息的传递与交流，包括沟通方式的选择、沟通障碍的克服及有效沟通的技巧，不仅包含口头语言和书面语言，也包含形体语言、个人的习惯和方式等。

6. 控制

控制是指管理者为保证实际工作与目标一致而进行的活动，包括制订标准、衡量工作

成效、纠正出现的偏差等。

四、管理的对象

管理对象是管理者为实现组织目标，通过管理行为作用其上的客体，包括各类社会组织及其资源或要素与职能活动。

1. 社会组织

社会组织是指为达到特定目的、完成特定任务而结合在一起的人的群体。一般是指具有法人资格的群体。

社会组织可以因不同的标志而有不同的分类方法。一般普遍适用的是按组织的社会功能性质划分，将其分为政治组织、经济组织、文化组织、宗教组织、军事组织及其他社会组织。

2. 社会组织的资源或要素

1）人

人是指组织内部的人力资源。在管理中人是第一位的，也是最重要和最活跃的因素，因为任何高明的管理技术、管理手段、管理方法都必须通过人来实现。美国经济学家西奥多·舒尔茨计算，若企业在物力方面的投资增加 4.5 倍，则企业利润会增长 3.5 倍；若在人力方面的投资增加 3.5 倍，则企业的利润会增长 17.5 倍。人力方面包括生产人员、技术人员、行政管理人员等，是对整个人力资源的开发利用。高效能的管理应该使人尽其才，才尽其用，用人所长。

2）财

财是指组织内部各种价值形态，是一个组织在一定时期内所掌握和支配的物质资料的价值表现。对财力的管理就应该按经济规律进行有效管理，使资金的使用保证管理计划的完成。

3）物

物是指组织所拥有的有形实物，如物资、设备等。对物的有效管理能够使设备、材料、仪器、能源以及物资做到物尽其用，提高利用率。

4）时间

对时间的管理是指管理人员对工作时间的设计等。时间是物质存在的一种客观形式，表现为速度、效率，由过去、现在、将来构成连绵不断的系统。高效能的管理应该考虑如何在尽可能短的时间内做更多的事情，充分利用时间。

5）信息

所谓信息，是指具有新内容、新知识的消息，通常通过消息、情报、数据、信号等形式表现出来。信息是现代社会经济发展的一大支柱，信息、新材料（物资）和新能源被称为当今科技发展三大支柱（资源）。在整个管理过程中，信息是不可缺少的要素，信息的管理是提高管理效能的重要部分。

管理案例

美国亚默尔肉食加工公司的老板菲利普·亚默尔被报纸上一则短讯吸引：墨西哥发现疑似瘟疫的病例。他马上进行认真分析：墨西哥发生瘟疫，病毒一定会从加利福尼亚州或得克萨斯州的边境传播到美国，而这两个州是美国肉食供应的主要基地，瘟疫地区的肉食是不能供应市场的，这样美国肉食供应紧张，价格必然上涨。他立即派家庭医生亨利赶往墨西哥。几天后，亨利发回电报，证实那里确实发生了瘟疫，而且很严重。于是亚默尔立即集中全部资金购买了这两个州还未染上瘟疫的牛、猪等，并及时运往美国的东部。不出所料，瘟疫很快蔓延到美国西部几个州，政府立即下令严禁一切食品（包括牲畜）从这几个州外运。亚默尔在短短几十天内便净赚900万美元。

管理者要保持敏锐，善于捕捉对自己有价值的信息（尽管有些看似与自己无关），并迅速展开实地调查，证实信息的准确性和可靠性；要善于联想、分析、预测，果断决策和行动。

在开拓者眼里信息是资源；在实业家心目中信息是财富；在经济学家、政治家看来信息是强国富民、安邦治国的重要条件。

6）无形资产

无形资产是指组织的社会形象、组织文化、团队精神。

组织文化（organizational culture）是组织中决定个体和群体行为的重要影响因素，是指组织成员共有的一整套假定、信仰、价值观和行为准则。这种文化可能是由组织的关键人物有意识地创造的，也有可能是随着时间的推移自然发展而来的。组织文化看不见、摸不着，但却是客观存在的。任何一个组织，随着其成长发展，都会逐渐形成和沉淀一些与组织有关的比较稳定的价值观念和行为方式。组织文化对于组织的成功非常重要，它为员工提供组织同一性，阐释组织所代表的一切。它也是组织稳定性和持续性的重要来源，为组织成员提供安全感；有助于激发员工的工作热情，吸引其注意，向其传达组织愿景。

对企业而言，组织文化的内容主要有以下几个方面。

（1）企业精神。企业精神是企业文化的核心，是企业员工在一定条件下所形成的道德规范、行为准则。企业精神常常被总结为某种观念、信条或口号，成为企业员工的信仰并在实践中体现。

（2）企业目标。企业目标是企业在一定时期内通过奋斗实现的质量或数量指标。企业文化建设便是让其成为全体企业员工的共识，并为之共同奋斗。

（3）企业形象。企业形象是指得到社会认同的企业文化的综合反映和外部表现，是企业产品、服务、人的素质、公共关系、经营作风等在顾客和社会大众中的总体印象。企业形象好了自然会得到成倍的社会回报。

（4）企业制度。企业制度是企业文化的重要组成部分，它是保证生产、劳动正常进行，协调企业内部员工之间的关系以及企业外部关系，推动企业员工团结合作，调动各方面积极性的重要手段。它既是企业哲学、价值观、道德规范、行为准则的反映，也是企业管理科学化和民主化程度的反映。

管理案例

东北有家大型国有企业因为经营不善而破产，后来被一家财团收购。厂里的人都在翘首盼望财团能带来先进的管理方法。出乎意料的是，财团只派了几个人来，除了财务、管理、技术等要害部门的高级管理人员换成了财团派来的人，其他的人员根本没变动。制度没变，人没变，机器设备没变。财团管理者就只有一个要求：把先前制订的制度坚定不移地执行下去。结果不到一年，企业就扭亏为盈了。

（5）企业环境。企业环境是企业文化的基本层次，也是最低层次。企业环境是企业员工劳动和生活的地方，安全、健康、文明、稳定，是企业员工充分发挥积极性、创造性的必要条件。

3. 社会组织的职能活动

管理是使组织实现目标的过程效率化、效益化的行为，因此，最经常、最大量的管理对象是社会组织实现基本职能的各种活动。管理的功效，主要体现在组织的各种职能活动在管理中更有秩序、更有效率、更有效益。管理者正是在对各种活动进行筹划、组织、协调和控制的过程中发挥着管理的功能。

五、管理机制与管理方法

为了实现组织目标，管理者要通过实际管理行为作用于管理对象。管理者所采取的作用于管理对象的方式中涉及其作用的原理和具体的实施方式，即管理机制与管理方法。

（一）管理机制

机制原意是指机器的构造及其工作原理。管理机制是指管理系统的结构及其运行机理。所谓管理系统是指由相互联系、相互作用的若干要素和子系统按照管理的整体功能和目标结合而成的有机整体。任何管理都是一个系统，管理者必须从系统的观念出发，整体地、联系地观察、分析和解决管理问题。

管理机制是决定管理功效的核心问题。有什么样的管理机制，就有什么样的管理行为和管理效果。例如，在计划经济体制下，企业是由国家直接管理和经营的，形成了计划经济型的企业经营机制，企业缺乏自主权，不能独立经营，管理落后，效益低下。而在市场经济体制下，要求企业转换经营机制，使企业真正成为市场主体，自主经营，自负盈亏，自我约束，自我发展。

管理机制本质上是管理系统的内在联系、功能及运行原理。机制不是具体的管理方法，也不是具体的管理行为，而是管理办法的内在机理，是管理行为的内驱力。管理机制通过一系列子机制表现出来。对于一般管理系统而言，管理机制主要包括运行机制、动力机制和约束机制。

（1）运行机制。所谓运行机制，主要是指组织基本职能的活动方式、系统功能和运行原理，是组织中最基本的管理机制。任何组织，大到一个国家，小到一个企业、单位、部门，都有其特定的运行机制。

（2）动力机制。所谓动力机制，是指管理系统动力的产生与运作的机理，是一种极为重要的管理机制。动力机制主要由利益驱动、政令推动和社会心理推动三个方面构成。

（3）约束机制。所谓约束机制，是对管理系统行为限定与修正的功能与机理，其功能是保证管理系统正确运行以实现管理目标。约束机制包括权力约束、利益约束、责任约束和社会心理约束等。

（二）管理方法

管理要达到既定的组织目标，实现组织资源的合理配置，必须使用特定的管理方法。管理方法不是一成不变的，随着社会经济的发展和科学技术的进步，新的、效率更高的管理方法层出不穷。目前，应用于管理领域的方法很多，我们这里重点讨论在管理领域适合于任何管理活动的一般方法，即管理的基本方法，通常包括行政方法、经济方法、法律方法和启发教育方法。

1. 行政方法

所谓行政方法，是按照行政组织系统，依靠行政组织的权威，运用命令、规定、指示、条例等行政手段直接对管理对象产生影响的管理方法。它的具体形式包括行政命令、指示、建议、颁布的规章制度和条例、实施的适当的行政奖励与处罚等。它的具体形式随着社会经济的发展和组织环境的变化而不断更新。

行政管理系统具有严密的组织机构、统一的目标、统一的行动、强有力的调节和控制作用，对于外部因素的干扰具有较强的抵抗作用。行政方法具有相对的稳定性，同时具有强制性，要求管理对象必须服从，当然在很大程度上取决于行政机构和领导者权威性的大小，因此要求管理者要有较高的权威性。

但由于行政方法属于强制性干预，容易引起管理对象的心理抵抗；容易压制组织成员的积极性和创造性，单纯依靠行政方法很难进行持久的有效管理。

2. 经济方法

所谓经济方法，是指依靠利益驱动，利用经济手段，通过调节和影响管理对象的物质需要而促进管理目标实现的方法。

经济方法强调按照客观经济规律的要求，运用经济手段来促进管理目标的实现，即通过使用经济手段把组织内成员个人目标与组织整体目标协调起来。经济方法的具体形式因管理主体及管理范围的不同而不同。具体方法主要有以下几种。

（1）税率。税率是税额与课税对象之间的数量关系或比例关系，是指课税的尺度。税率是税法的核心要素，是计算应纳税额的尺度，体现税收负担的深度，是税制建设的中心环节。在课税对象和税基既定的条件下，税率的高低直接关系到国家财政收入的多少和纳税人负担的大小；关系到国家、集体、个人三者经济利益的多少。税率的高低和税率形式的运用，是国家经济政策和税收政策的体现，是发挥税收经济杠杆作用的关键。例如，对需要大力发展的行业可将税率设得低一点甚至零税率，以调动企业的积极性；而对需要加以控制、限制其发展的行业，可将税率设得高一点。

（2）利率。利率表示一定时期内利息与本金的比率，通常用百分比表示，按年计算则称为年利率。利率是经济学中一个重要的金融变量，几乎所有的金融现象、金融资产均与利率有着或多或少的联系。当前，世界各国频繁运用利率杠杆实施宏观调控，利率政策已成为各国中央银行调控货币供求，进而调控经济的主要手段，利率政策在中央银行货币政策中的地位越来越重要。合理的利率，对发挥社会信用和利率的经济杠杆作用有着重要的意义。例如，为了减轻金融危机对实体经济的冲击，通过降低利率来刺激内需。降低利率会使老百姓的资金不流向银行，而是流向市场。消费需求扩大了，企业效益就会好。

（3）优惠政策。例如，改革开放以来，我国为了吸引外资，对国外的企业来华投资给予一些优惠政策，简化开办手续等，创造一切有利于外商投资的条件。

经济方法就是贯彻物质利益的原则，按客观经济规律办事，要体现报酬与贡献相联系的原则，正确协调个人利益与组织整体利益的关系。由于人对物质利益有需求，因此经济方法见效速度比较快，使用范围比较广。但管理者要注意物质利益的负面影响，不能造成人们对物质利益的过分追求。

知识链接

利润分享

利润分享（profit sharing）是指将企业的一部分利润分配给员工，或者是及时地（以现金奖金形式），或者延期至未来某时间支付（以员工持有股票的形式被托管）。它是在工业革命开始时首先应用于工业企业的，但是直到第二次世界大战以后才逐渐流行起来。

利润分享的优点：基本工资、绩效工资的增长以及其他大多数刺激系统都承认个体的差异，而利润分享却强调共同利益。员工如果看到自己的报酬增长，他们就会开始关心雇主的经济成果，也就更可能发展组织的团队精神。

竞争性产业中的小型组织需要员工更高的参与积极性，这样才可以产生技术上的突破或者加速向市场推出新产品，它们一般是利润分享方案的主要使用者。如果公司成功了，回报就是巨大的。这种可能性大大地激励了员工，使员工可以看到“伟大的前景”，并且使组织能够迎头赶超竞争对手。

通常，利润分享较适用于那些增长迅速、盈利能力强的组织，在这些组织中存在员工获得高额报酬的可能性。当然，在总体经济条件有利的时候，它也可以运行得比较好。在稳定的和下滑的组织中，由于利润率较低和竞争激烈，利润分享的作用就不是很大。利润分享通常可以得到管理者和高级专业人员的接受和理解，这是因为他们的决策和行动更有可能显著地影响企业的利润。但在大型企业中，由于操作工人很难将个人行动与企业盈利能力联系起来，利润分享对于他们来说就会缺少一定的吸引力。

利润分享方案也存在一些缺陷：①利润无法与员工在工作中的努力程度直接联系。市场条件差可能使员工的努力工作变得毫无效果。②员工必须等待很长时间才能获得报酬，这就降低了它的作用。③利润在一定程度上是不可预测的，这就使工人的总收入在不同年份的差别很大。有些工人会比较喜欢更稳定的奖金和工资。④一些工会领导人长期对利润分享持怀疑态度。他们担心这会损害成员的忠诚度，造成公司之间收入差距过大，并且影响他们组织的活动。但是，一些进步的工会十分欢迎他们的成员有机会参与分享公司利润。

利润分享的社会意义如同它的经济和税收意义一样重要，甚至更大。利润分享要想发展出一个真正的利益共同体，工人们需要理解它是如何运行的，并且能感觉到它的条款的公平性。

3. 法律方法

法律方法是指借助国家法律法规和组织规章制度，严格约束管理对象为实现组织目标而工作的一种方法。包括国家正式颁布的各种法律法规、各级政府和各管理系统所制定的具有法律效力的条例、规章制度等。法律方法具有高度的强制性和规范性，但对于特殊情况存在适用上的困难，缺乏灵活性。

4. 启发教育方法

启发教育方法是指管理者在对管理对象的需要有充分了解和分析的基础上，通过适当的方式对管理对象进行宣传教育，使其认识真理，激发其动机，引导其行为，促使其为实现组织整体目标而努力工作。

这种方法的工作重点在于启发人们的自觉性，它不是强迫人们必须如何去做，而是通过宣传教育引导人们愿意去做某事。此方法没有统一固定的模式，管理者根据具体内容采取具体方式。启发教育方法的短期效果不太明显，要求管理者要耐心细致、逐步渗透。

第二节　管理环境与管理者

引导案例

苏达玻璃制品厂管理问题

苏达玻璃制品厂位于徐州市柳新镇北郊，交通运输便利，主要生产各种类型的玻璃瓶，此类产品销往全国各地。柳新镇共有玻璃厂24家，该公司为了适应市场竞争的需要，积极采取各种措施来适应环境，改变自己，不断提高竞争力。

2016年7月，由于环境温度的影响，苏达玻璃厂生产出来的大部分产品是有缺陷的，造成了资源的浪费，给企业带来了很大的经济损失。当时，为了保证熔料的温度，每天都必须要用油来提高熔料炉的温度。在这种情况下，厂长高薪聘请了几个技术员来检查第一生产线的熔料炉，分析温度达不到要求的原因。几个技术员并没有真正了解真实情况，只凭自己的个人经验判断问题。结果只是有病乱投医，温度还是没有提上来。其实，这位厂长并没有注意到在此之前，该车间主任已向他提了些建议，而且这些建议正是解决问题的方法。据了解，这个厂长只有两年工作经验，虽然有一套自己的管理经验，但缺乏相应的专业知识。由于炉温是整个生产过程的关键因素，因此这一点是厂长、技术员和车间主任都关心的问题，车间主任提了很多好的建议，但均未被接受，所以这个问题被拖了很久。最后还是由这个车间主任组织员工按照他的方法把问题解决了。今年市场上竞争对手的新产品已经面市，苏达玻璃制品厂产品技术更新速度慢，还停留在老产品生产上，市场占有率也出现了下滑。这让厂长措手不及。

思考：

1. 你认为企业的最高管理者应具备哪些具体素质？

2. 从本案例中你得到了什么启示？

案例启示：企业之所以不能及时解决问题，主要是因为厂长人际交往技能、专业技能不强，特别是缺少作为一个领导者所应具备的洞察能力。管理环境是变幻莫测的，管理者要有对组织内外部环境进行正确预见和分析的能力。苏达玻璃制品厂给我们的主要教训是主要经营者的素质是企业经营是否成功的关键，所以，管理者要有较高的管理素质，才能带领员工实现组织目标。本案例强调管理环境及管理者的素质对管理的影响。

一、管理环境

管理环境是指对管理结果有影响的各种要素的总称，通常分为内部环境和外部环境。

管理故事

19 世纪末，美国康奈尔大学曾进行过一次著名的“青蛙试验”。他们将一只青蛙放在煮沸的大锅里，青蛙触电般蹿了出去。后来，人们又把它放在一个装满凉水的大锅里，任其自由游动，然后用小火慢慢加热。青蛙虽然可以感觉到外界温度的变化，却因惰性而没有立即往外跳，直到后来热度难忍但失去逃生能力而被煮熟。青蛙效应强调的便是“生于忧患，死于安乐”的道理。人天生就是有惰性的，安于现状，不到迫不得已多半不愿意去改变已有的生活。若一个人久久沉迷于这种无变化、安逸的生活，他往往会忽略周围环境的变化，当危机到来时就像那只青蛙一样只能坐以待毙了。“温水煮青蛙”的哲理说的就是量变积累到一定程度会导致质的变化。

“温水煮青蛙”的哲理无疑值得人们深思，青蛙未死于沸水而灭顶于温水的结局，不仅让人后怕，更耐人寻味！但是，中国网友在不同的时间、不同的地点，通过对不同的青蛙进行多次科学实验，得出的结论正好和美国“青蛙试验”的结论相反：把青蛙丢进开水里，青蛙很快就死了；而把另一只青蛙放在冷水锅中慢慢加热，水温升高至烫手后，青蛙很快就跳出了锅外。

1. 管理的内部环境

内部环境是指特定组织内部对管理活动产生影响的诸因素的总称，包括管理主体、客体、组织机构、管理方式等。

管理案例

海门市环球化工厂是一家生产各种染料的私营企业。最近两年，该厂生产效率低下。工人的工作积极性下降，工厂连续两年亏损，王斌等三位厂长很苦恼。

该厂负责人召开大会共同讨论这个问题，结果发现，原来最大的原因是厂房太旧，下雨漏水；有些机器老化，影响了生产的进度，而且对员工的安全造成了一定的威胁。多数职工建议重建厂房，有的职工甚至想离开该厂。

经过各负责人周密分析，最后厂部决定向银行贷款用于修建新厂房、车间和整修机器。从2014年年初开始，经过一年的时间，该厂新建了厂房、车间，并把机器、设备装配到了新的车间。自2015年起，该厂以全新的面貌投入生产，职工们的积极性大大提高，工作效率也上升了。厂长们的脸上露出了笑容，终于把这家快倒闭的企业又重新推上了发展道路。

以上案例说明管理的成败受到管理环境的影响，表现在管理者的决策对管理的影响及组织的工作环境、员工的情绪和态度对管理的影响方面。

管理主体就是管理者个人的因素，它是可被管理者控制的，因此又称为主观因素。管理客体对管理的影响主要表现为，被管理者综合素质水平（具体包括被管理者的年龄结构、文化结构、受教育的程度等）不同，其对管理的接受、理解和反馈程度也会不同。管理方式和方法是随社会经济发展的变化而变化的，采用不同的管理方式和方法，可以带来不同的管理效果。此外，在管理学领域，有越来越多的学者将研究的注意力转移到探讨组织结构和组织气氛对管理绩效的影响上。这里主要介绍管理者个人因素及组织气氛对管理的影响。

1）管理者个人因素

管理者个人因素主要包括管理者的年龄、个性、学历、对成就的需要、道德观和价值判断标准等。

管理者的年龄对管理绩效的影响因管理者个体不同而异。一般而言，年轻人进取心强，接受新事物快，创新意识强，掌握的知识较为先进，适合现代化管理的要求；但年轻人经验少，管理资历浅。而有些年龄较大的管理者进取意识强，他们不断更新陈旧的知识，愿意接受变化中的事物。这种进取意识，再佐之深厚的管理资历，丰富的管理经验，使他们能胜任现代社会管理的重任。但如果年老的管理者缺乏变化意识和学习动力，对未来期望低，就会阻碍管理效率的提高。

管理者的个性因素是造成管理失误的重要原因。管理者是否对自己充满信心，他的应变能力如何等都影响着管理的成败。一般来说，一个充满信心的管理者总能够平静地面对各种挑战。管理者面对不断变革的技术知识和社会环境，必须具备较强的应变能力，及时做出正确决策。

另外，管理者是否有强烈的成功欲望也决定了他能否成为成功的管理者。管理者的道德观和价值判断标准也影响着管理的成败。

2）组织气氛

组织气氛是一种无形的影响力，它可以左右组织成员对组织的态度，从而影响组织成员的行为。西方行为科学在人是“社会人”假设的前提下，认为管理的成功在于组织内部为组织成员创造一种精神舒畅、自然和谐、积极进取的气氛和环境，以激发组织成员的积极性和创造性。组织气氛可以分为员工的内在认知和组织气氛对员工一些事件、活动和程序以及那些可能会受到奖励、支持和期望的行为的影响。组织气氛是在员工之间的不断交流和互动中逐渐形成的，并且对员工的各方面都产生一定的影响。例如，一个班级如果有很好的学习气氛，大家你追我赶，竞争激烈，那么学生学习的积极性必然很高。部门之间的竞争也能有效地调动员工的积极性，通过利益分配制度奖勤罚怠等。

组织气氛与组织的价值观和经营理念有直接的关系，同时也与领导者的个性有直接的关系。也就是说，一个组织的领导者对组织气氛有直接的影响甚至决定作用。例如，一个外向、开朗的领导者可能比较善于调节组织内的气氛，愿意花时间去与员工沟通，善于组织一些集体活动，这样使整个组织充满轻松的气氛；而一个内向的领导者往往比较沉闷，他更习惯于独立思考，因此在组织气氛的营造方面会显得缺乏主动性和言语方面的表现性，并且可能会让员工觉得该领导者比较可惧。

组织气氛是组织文化的一个重要组成部分，也是组织文化建设的一项重要内容。作为组织的领导者，营造良好的组织气氛是其职责之一。良好的组织气氛能够激发成员的工作积极性和创造性。相反，沉闷的组织气氛不仅会让成员觉得非常压抑，而且不利于成员能动性的发挥。

组织气氛是一种看不到、摸不着的东西，但可以确定的是，组织气氛是在员工之间的不断交流和互动中逐渐形成的，如果没有人与人之间的互动，气氛也就无从谈起。制度在这方面起到的作用有限，最多也只是起到最基本的保障作用。从目前来看，大多数企业的内部管理制度不尽完善，但更多的是制度因为多种原因得不到很好的执行，这就要求充分发挥人的作用。人是环境中最重要的因素，好的组织氛围是由人创造的。

管理案例

一个企业效益很不好，濒临倒闭，员工上班消极怠工，能少做就少做一点。一次企业老板来到车间，问上午当班的员工一上午做了多少个元件，员工答："60。"老板一言不发，在小黑板上写了一个"60"。下午上班的员工来了，看到黑板上写着"60"，便询问什么意思，得知后便想："做 60 个有什么稀奇？我们做 70 个！"就这样，员工的干劲被调动了起来，这个企业很快有了起色。

2. 管理的外部环境

管理的外部环境通常是指对特定组织管理活动产生影响的外部诸因素的总称，一般包括社会环境、经济环境、科技环境、社会习俗和道德伦理观念等。

在社会环境中，社会制度对管理的制约尤其明显。由于管理具有生产关系的属性，不同社会制度下，管理目的、手段和方式也不同。另外，一个国家所处的社会发展阶段也制约着该国以任何形式存在的组织管理的特征。

影响管理的经济环境主要包括经济体制及其变革、经济发展战略、社会生产力水平、社会物质财富、宏微观经济政策、市场发育程度、竞争环境、国家经济形势等。

影响管理的科技环境主要包括科技发展水平、研究与开发实力、对高新技术的吸收能力和消化能力、技术手段的现代化程度、科技人才的数量和质量等。

在现代社会组织中，管理者越来越重视社会伦理道德观念对管理绩效的影响。管理人员开始重视解决社会责任问题，如环境保护问题、法律问题、种族歧视等问题。管理人员意识到他们不仅应对组织成员负责，而且要对消费者负责，对一般大众负责。

组织外部环境是不可控制的，但管理者要有对变化的外部环境进行适应并加以利用的能力。

管理案例

慈善之心是人类所能领略到的最真实的幸福。慈心为人，善举济世。在中华传统慈善文化浸润、在现代慈善事业发展中体认慈善力量的中国百姓，以深沉的善念、暖心的善举，汇聚成中国社会向上向善的深远力量。

只要提到“慈善”，每个人就会不约而同地想到很多有爱心的人。中国很多优秀的企业家也都是非常有爱心的企业家，有的做慈善几十年。企业家王新星就是其中之一。王新星曾说过，“做不做最有钱的企业家不重要，但我想做最有爱心的企业家”。

他从 1991 年捐出第一笔钱后，就没停过。他说他有一个慈善梦，他是为了自己的梦想去捐款。不完成这个梦，他是不会停的。王新星出生在新洲一个贫苦的农民家庭，从小是家中成绩最好的。为了供他读书，兄弟姐妹纷纷辍学务农，王新星高考因为 3 分之差没考上大学，他想复读，但当时他家里根本负担不起。他暗下决心，等将来有了钱，一定不让学生因缺钱而退学。他的大学梦就这样破灭了。当他企业做起来后，他经常捐钱给哪些家庭经济困难的学生，资助他们能够顺利完成学业。

王新星怀揣着他的“慈善梦”，用自己勤奋赚来的钱，圆了无数寒门学子的求学梦。然而，他做慈善事业之初，家人因为不理解也会常常埋怨他：家里兄弟姐妹放弃读书，供王新星读，就是指望他能出人头地，让家人能够过上好日子。但他有钱后，却常常把钱送给不相干的人。

但他想的是，把钱送给贫困的学生，就是要把那些读不起书的可塑之才盘活，铸造成器，让他们成为国家的栋梁。

王新星母亲说，王新星非常有主见，只要是王新星认准的事，十头牛都拉不回来。他为了把慈善事业做好，他每天十分忙碌，早出晚归，他忙着赚钱，忙着捐钱。只要企业货款款一到账，他都会拿出一部分来帮助哪些需要帮助的人。即使没有钱，他也会借钱去捐款，帮助哪些他认为需要帮助的人。有一次，他的一个客户的产品款还没到账，王新星就专门去找人借了钱去完成了捐款。

一个优秀的管理者会影响企业一群人。他说他并不希望从资助的人那里得到回报，但他希望他们能将感恩的心转化为一种爱心，去帮助同样需要帮助的人。王新星捐助的哪些学子，上学后刻苦学习，省吃俭用，成绩也非常优秀。在学校每次组织的各种捐助活动中也总是带头捐款，一些受过资助的学子已经顺利地完成了学业，成了各行各业的精英。他们当中有很多人在王新星精神的感召下，纷纷走上了慈善之路。王新星说他非常欣慰。

桃李不言，下自成蹊。王新星一个人用近几十年的光阴，影响和改变了一群人。一个人的力量或许是微小的，现在他所在的企业很多员工加入了慈善视野，一个又一个“王新星”加入了爱心之旅，企业员工被王新星几十年捐款不辍的精神深深感动。在企业，慈善成为了一种企业文化：员工不攀比有多少钱，不攀比好房、好车，攀比的是爱心，攀比的是对社会有多大贡献。

当前，我国仍然有不少困难群众。在政府提供基本保障的同时，需要每个人扶贫济困，共同把社会安全生活网织得更密、编得更宽、筑得更牢。每个人的独善，组成家庭的同善；每个家庭的同善，组成社区的共善；所有社区的共善，就会形成遍及人群的大善。中华慈善文化传统源远流长。中华民族以慈悲为怀、怜悯之心、乐善好施、扶贫济困、助人为乐等为特征的优秀慈善文化，在数千年的文明进程中充分发挥着陶冶情操、启迪思想、提高道德修养、鼓舞人心的积极作用，并且薪火相传，不断发扬光大，形成全民族仁爱、博爱的传统美德。这种文化在承平之时，是守望相助、扶危济困，实现中华民族一家亲的强大文化纽带。以习近平同志为核心的党中央多次倡导通过传播慈善文化，发扬慈善精神，弘扬传统美德，践行社会主义核心价值观。

二、管理者

1. 对管理者的理解

（1）关于管理者的传统观点。传统观点认为管理者是运用职位、权力，对人进行统驭和指挥的人。强调的是正式职位和职权，强调必须拥有下属。

（2）关于管理者的现代观点。在一个现代的组织里，每一个知识工作者如果能够由于他们的职位和知识，对组织负有贡献的责任，因而能够实质性地影响该组织经营及达成成果的有能力者，即管理者。因此，所谓管理者，就是指履行管理职能，对实现组织目标负有贡献责任的人。

2. 管理者的分类

1）按管理层次划分

按管理层次，管理者可分为高层管理者、中层管理者和基层管理者。

（1）高层管理者，是指负责制订组织的发展战略和行动计划，有权分配组织中拥有的一切资源的管理人员，如 CEO（首席执行官）、COO（首席运营官）及 CFO（首席财务官）等。

（2）中层管理者，是指负责制订具体的计划及有关细节和程序，以贯彻执行高层管理者做出的决策和计划的管理人员，如大公司的地区经理、分部（事业部）负责人、生产主管、车间主任。

（3）基层管理者，又称一线管理人员，具体指工厂里的班组长、小组长等。

凡是管理者都要完成管理职能，只是不同层次的管理者花在每项管理职能上的时间有所差别。一般，高层管理者用于计划和组织工作上的时间要比基层管理者多，而基层管理者主要把时间用于作业控制上。

2）按照管理者职责任务划分

按照职责任务，管理者可分为决策指挥者、职能管理者、决策参谋人员。

（1）决策指挥者，是指在组织各层次中拥有决策指挥权的管理者，负责组织内各层次的全面管理任务，拥有直接调动下级人员、安排各种资源的权利。通常指管理层的“一把手”。

（2）职能管理者，是指负责组织中某一专门管理职能的管理人员，如财务管理人员、市场营销管理人员、人力资源管理人员等，通常称为业务管理人员。

（3）决策参谋人员，是指为各级决策指挥人员提供决策建议的智囊人员，没有直接的决策指挥权，但以自己的知识影响组织决策，所以称为管理人员。

3. 管理者的素质

管理者的素质是指管理者与管理相关的内在基本属性与质量。管理者的素质主要表现为品德、知识、能力与身心条件。管理者的素质是形成管理水平与能力的基础，是做好管理工作、取得管理功效极为重要的主观条件。

管理者的基本素质主要包括政治与文化素质、基本业务素质、身心素质、创新素质等。

（1）政治与文化素质。管理者要有较高的政治觉悟，政治立场要坚定，要有深厚的文化修养。海尔集团首席执行官张瑞敏说：党员企业家要有廉洁、大公无私的品质。

（2）基本业务素质。主要通过管理者的技能来体现。管理的技能通常包括技术技能、人际技能和概念技能。

① 技术技能。技术技能是指管理者掌握与运用基本专业领域内的知识、技术和方法的能力。包括专业知识、经验、技术、方法等。管理者不一定是专家，但必须懂行，必须具备一定的技术技能。

② 人际技能。人际技能是指管理者与他人一起工作和作为一名小组成员而有效工作的能力，具体表现为管理者与他人的关系，包括激励、帮助、协调、领导、沟通和解决冲突的能力。掌握人际技能要求管理者了解他人的信念、思考方式、感情、个性及态度。在同等条件下，较高的人际技能可以极为有效地帮助管理者在工作中取得更大成效，把下属紧密地团结在自己周围，实现组织目标。

③ 概念技能（构想技能）。概念技能是指一种洞察既定环境复杂程度的能力和减少这种复杂性的能力。具体地说，概念技能包括理解事物的相互关联性从而找出关键影响因素的能力，确定和协调各方面关系的能力以及权衡不同方案优劣和内在风险的能力。具有很强的概念技能的管理者能够认识到组织中存在的问题，正确地分析组织出现的问题，拟订正确的解决方案并加以实施。

任何管理者都应具备上述三种技能，但不同层次的管理者对这三种技能的需要程度则明显不同。

（3）身心素质。身心素质是身体素质与心理素质的合称。管理者要有健康的体魄与健康的心理，即管理者既应具备健康的体格，全面发展的身体耐力与适应性，合理的卫生习惯与生活规律等，又应具备稳定向上的情感力量，坚强恒久的意志力量，鲜明独特的人格力量。

（4）创新素质。在社会化生产不断发展，市场竞争日趋激烈的趋势下，没有创新，就不会有发展。创新素质包括创新意识、创新精神、创新思维、创新能力等。不具备创新素质的管理者，不能成为优秀的管理者。

知识链接

成功管理者≠有效管理者

美国尼勃拉斯加大学教授弗雷德·卢森斯和他的副手研究了450多位管理者，发现他们大都从事以下四种活动：传统管理（决策、计划和控制）、沟通（交流例行信息和处理文书工作）、人力资源管理（激励、惩戒、调解冲突、人员配备和培训）、网络联系（社交活动、政治活动和与外界交往）。根据统计，平均的、成功的和有效的管理者四种活动的时间分布见表1-1。

表1-1 平均的、成功的和有效的管理者四种活动的时间分布

管理者类型 \ 管理活动所占比例 \ 活动类型	传统管理	沟通	人力资源管理	网络联系
平均的管理者	32%	29%	20%	19%
成功的管理者	13%	28%	11%	48%
有效的管理者	19%	44%	26%	11%

研究表明，成功的管理者和有效的管理者所从事的活动和强调的工作重点是不一样的。这对晋升是基于绩效的传统假设提出了挑战，研究说明，社交和施展政治技巧对于在组织中获得更快的提升起着重要的作用。

4. 管理者的角色

“角色”这一概念来自行为科学，是指某一特定职务应有的一整套行为。

20世纪60年代末期，加拿大学者亨利·明茨伯格对5位总经理的工作进行了仔细的研究，他得出结论：管理者扮演着10种不同却高度相关的角色。这10种角色可以进一步组合成3个方面，即人际关系、信息传递和决策制定（表1-2）。

表 1-2　管理者的 10 种角色

类型	角色	描述	特征活动
人际关系	挂名首脑	象征性的首脑，必须履行许多法律性的或社会性的例行义务	迎接来访者，签署法律文件
	领导者	负责激励和动员下属，负责人员配备、培训和交往	实际上从事所有的外部委员会工作，从事其他有外部人员参加的活动
	联络者	维护自行发展起来的外部接触和联系网络，向人们提供恩惠和信息	发感谢信，从事外部委员会工作，从事其他有外部人员参加的活动
信息传递	监听者	寻求和获取各种特定的信息，以便透彻地了解组织内部和外部信息的神经中枢	阅读期刊和报告，保持私人接触
	传播者	将从外部人员和下级那里获得的信息——有些是关于事实的信息，有些是解释和综合组织中有影响的人物的各种价值观点——传递给组织的其他成员	举行信息交流会、用打电话的方式传达信息
	发言人	向外界发布有关组织的计划、政策、行动、结果等信息；作为组织所在产业方面的专家	举行董事会会议，向媒体发布信息
决策制定	企业家	寻求组织和环境中的机会，制订改进方案以发起变革，监督某些方面的策划	制订战略，检查会议决议执行情况，开发新项目
	混乱驾驭者	当组织面临重大的、意外的动乱时，负责采取补救行动	制订战略，检查陷入混乱和危机的时期
	资源分配者	负责分配组织的各种资源——事实上是批准所有重要的组织决策	调度、询问、授权、从事涉及预算的各种活动和安排下级的工作
	谈判者	在主要的谈判中作为组织的代表	参与工作进行合同谈判

管理案例

王一峰是某公司装配分厂厂长。每天他到达工作岗位时做的第一件事是审查工厂各班次监督者呈送的作业报告。他要求每个班次的监督者在当班结束时提交一份报告，说明该班次开展了什么工作，发生了什么问题。看完前一天的报告后，他通常要同他的几位主要下属开一个早会，会上他们决定对报告中反映的各种问题采取些什么措施。

王一峰经常要参加一些会议，会见来厂的各方面访问者。他们有些是供应商或潜在供应商的销售代表，有些则是工厂的客户；有时也有一些人来自政府机构；公司总部的领导也会来厂考察。当陪伴这些来访者参观的时候，他常常会发现一些问题，并将它们列入待处理事项的清单中。

王一峰发现，他那待处理事项的清单好像永远没有完结，自己很明显地无暇顾及长期计划工作，而这些活动是提高工厂的长期生产效率所必需的。他似乎总是在处理某种危机，他不知道哪里出了问题。

思考：试运用管理者角色理论来描述王一峰的工作。

本章重点知识归纳

1. 管理就是在特定的环境下，通过计划、组织、领导、激励、沟通和控制等一系列活动，来协调人、财、物和信息等各种资源，以期更有效地达成组织成员和组织整体目标的过程。

2. 管理具有两重性：自然属性和社会属性；管理既是科学又是艺术。

3. 管理职能的内容包括计划、组织、领导、激励、沟通、控制。

4. 管理对象包括各类社会组织及其资源或要素与职能活动。

5. 管理方法通常包括行政方法、经济方法、法律方法和启发教育方法。

6. 管理环境是指对管理结果有影响的各种要素的总称，通常分为内部环境和外部环境。

7. 管理者，就是指履行管理职能，对实现组织目标负有贡献责任的人。管理者可以按多种标志进行分类，如按管理层次可分为高层管理者、中层管理者、基层管理者；按照职责任务可分为决策指挥者、职能管理者、决策参谋人员。

8. 管理者的素质是指管理者与管理相关的内在基本属性与质量。管理者的基本素质包括政治与文化素质、基本业务素质、身心素质、创新素质等。

9. 管理的技能通常包括技术技能、人际技能和概念技能。技术技能是指管理者掌握与运用基本专业领域内的知识、技术和方法的能力。人际技能是管理者与他人一起工作和作为一名小组成员而有效工作的能力。概念技能是指一种洞察既定环境复杂程度的能力和减少这种复杂性的能力。

10. 管理者的角色：亨利·明茨伯格认为管理者扮演着 10 种不同却高度相关的角色。这 10 种角色可以进一步组合成 3 个方面，即人际关系、信息传递和决策制定。

第一章想一想

第一章做一做

第一章 PPT

第二章 管理理论

学习目标

通过本章的学习，学生应能够了解中国管理思想的主要观点、各时期主要管理思想的演变情况；理解泰勒的科学管理理论、法约尔的一般管理理论、梅奥的人际关系理论；掌握现代管理学派的主要观点及现代管理理论的新特点；初步具备运用相关的管理理论知识对现代管理活动进行分析的能力。

第一节 中国管理思想

引导案例

田忌赛马

战国时期齐王和田忌赛马，各出三匹马，每匹马赛一场，共赛三场，胜数多者胜。而如果将两人的三匹马分别以速度快慢分上中下三等，则齐王的三匹马分别比田忌的三匹马要快一些。针对这样的实力对比，孙膑为田忌出谋划策，用己方的下等马对齐王的上等马，用己方的上等马对齐王的中等马，用己方的中等马对齐王的下等马。结果田忌在第二、第三场中获胜，以2∶1的优势赢得比赛。

思考：为什么田忌会在不利的情况下，取得最终的胜利？对你有何启示？

案例启示：田忌在不利的情况下取得最后的胜利，是由于孙膑在出马前准确地预测了齐王出马的顺序，然后再据此排兵布阵，最终以2∶1战胜了齐王。“田忌赛马”其实是现代博弈论在中国古代的应用。

我们知道管理活动源于人类的共同劳动，凡是有许多人共同劳动即协作的地方，就需要管理。可见，自从有了人类社会就有了管理实践。随着管理实践的发展，人们对管理活动逐步产生认识，这种认识亦即人们所掌握的有关管理的知识就是管理思想。将管理思想系统化并上升到理论形态，便成为管理理论。

一、中国古代管理实践与管理思想

中华民族悠久的历史积累了丰富的管理实践和许多影响深远的管理思想、管理理论，为人类社会的进步和管理理论的发展做出了重要贡献。

除了前面提到的“田忌赛马”，丁渭“一箭三雕”的故事也体现了中国古代的管理思想。宋真宗大中祥符年间，因皇城失火，宏伟的玉清昭应宫被烧毁，大臣丁渭受命全权负责宫殿的修复。这是一项浩大的工程，需要解决很多问题，特别是运输问题。丁渭提出了一个巧妙的“一箭三雕”方案，先在宫殿前的街道挖沟，用取出的泥土烧砖烧瓦；再把京城附近的汴水引入沟渠中，形成一条运河，用船把各地的木材石料等建筑材料运至宫殿前；最后沟渠撤水，把清墟的碎砖烂瓦和建筑垃圾就地回填，修复了原来的街道。这个蕴含着运筹学思想的方案合理、高效地同时解决了三个问题，是中国古代管理实践的典型范例。长城、京杭大运河、都江堰等伟大工程，都是我国古代管理实践的典范。

中国古代管理思想在许多著作中都有记载和论述，如春秋战国时期杰出的军事家孙武著的《孙子兵法》，篇篇闪烁着智慧的光芒。“知己知彼，百战不殆”就是其中一例，这种辩证的策略思想在书中比比皆是。孙武的策略思想不仅在军事上意义非凡，在管理上也具有指导意义和参考价值。日本和美国的一些大公司甚至把《孙子兵法》作为培训经理的必用书籍。

战国时期《周礼》一书对封建国家的管理体制进行了理想化的设计，内容涉及政治、经济、教育、军事、司法和工程等方面，特别是对封建国家的经济管理方面的论述和设计都达到了相当高的水平。

其他如《论语》《老子》《墨子》《韩非子》《贞观政要》《资治通鉴》等，也蕴涵着丰富的管理思想，成为中外企业家们的常备书。事实上，不仅是东方，也包括西方的许多企业都在主动运用中国古代管理思想指导企业管理。美国《财富》杂志首席经济学家迈克尔·D.波顿在他的名著《大话管理 100 年》中肯定了当代“以人为本”的企业文化管理思想，这种思想早在中国春秋战国时期就被提倡。他指出，中国古代思想家孟子说过“得人心者得天下”。意思是指，皇帝只要得到了人民的爱戴就能很好地统治这个国家。古老而遥远的东方提出的这一思想，被运用到企业管理中，就是要以人的管理为中心，获取员工的心，让他们以企业为家，更愉快地工作，从而调动人的积极性，实现高效益。这就是当今管理中常提的“人本管理”。波顿不仅推崇孟子的“人本管理”，而且对老子“无为而治”的思想也大为赞赏。他说，两千多年前，中国有个伟大的思想家，叫老子。他提出了一个著名的思想——“无为而治”，也就是说要减少管理当局的干预。两千多年后的今天，这种思想被纳入现代管理，其核心就是“信任、授权”。

二、中国古代管理思想的具体内容

（一）儒家的管理思想——仁政德治论

以孔子、孟子为代表的儒家，作为利益集中管理体制的维护者，积极主张恢复周王朝初期的管理模式，并赋予了自己的理想于其中，在人性本善的前提下提出了以仁政德治为主要内容的管理模式。

（1）仁政。孔子提出“仁”。“仁者爱人”“民之于仁也，甚于水火”。孟子依此提出仁政。“以不忍人之心，行不忍人之政，治天下可运之掌上”。孟子进一步指出：“仁者无敌”“天子不仁，不保四海；诸侯不仁，不保社稷；卿大夫不仁，不保宗庙；士庶人不仁，不保四体。”

（2）德治。儒家主张施仁政，其中的重要内容是反对苛政与任意刑杀，认为“苛政猛于虎”。儒家倡导用道德感化的方式来统治人民，因此主张德治。孔子主张“道之以政，齐之以刑，民免而无耻。道之以德，齐之以礼，有耻且格”。政、刑只能起到镇压作用，使人不敢犯罪；德、礼则可以笼络人心，使人知耻归心。要“为政以德”“道之以德”“齐之以礼”“使民也义”。孟子主张“以德服人者，中心悦而诚服也”。

（3）礼制。推行仁政德治，必须要借助一定的制度规范，这就是“礼”。“礼”最初指祭祀的器物和仪式，到了周代把礼从仪式中区别开来，发展成“君君、臣臣、父父、子子”的奴隶主贵族等级制度和以奴隶主贵族的血缘关系为纽带的宗法制度。儒家认为“人无礼则不生，事无礼则不成，国家无礼则不宁”。

“礼”的宗旨——治国之本。儒家认为“礼者君之大柄也”。“礼，经国家、定社稷、序民人，利后嗣者也”。

“礼”的内容——道德化的制度。它具体包括君仁、臣忠、父慈、子孝、夫义、妻顺、兄爱、弟悌。

“礼”的本质——和。儒家认为“礼之用，和为贵。”和，指和谐、有序、互相扶持，从而形成有效的管理秩序。

从上面的简单介绍中可以看出儒家管理思想体系的逻辑结构：儒家首先提出人性本善的基本假设，进而提出仁政、德治、礼制的管理方法，最后提出要实现“齐家、治国、平天下”的管理目标。儒家管理思想以血缘宗法关系为基础，以道德伦理为本位，把整个管理和治国思想、方略伦理化，具有理想化的色彩。儒家管理思想忽视法律、制度、体制等的“政道”作用，主要着眼于对“治道”的探讨。儒家的管理思想十分丰富，影响了中国社会几千年，甚至延及附近的亚洲国家，至今还发挥着重要作用。

（二）法家的管理思想——法治刑治论

以韩非子为代表的法家冲破了利益集中的以血缘关系为基础的情感管理体制，试图用法律制度和法治手段建立和维护新的多元化的管理体制，在人性本恶的前提下提出了以法治刑治为主要内容的管理思想体系。

（1）崇君权。法家推崇君权专制。管子认为：“神圣者王，仁智者君，武勇者长，此天之道，人之情也。”

法家崇君权，竭力维护最高统治者的权威，目的是为推行其法治刑治的管理思想寻求实施主体和保障条件。法家不可能具有现代民主思想，不可能将法治与民主相联系。他们所处的时代只可能将法治与专制相联系，试图以专制君权为支撑，推行他们的管理理念和制度。

（2）倡法治。在崇君权的基础上，法家力主推行法治。商鞅认为“不别亲疏，不殊贵贱，一断于法”。管子认为“法令者，君臣之所共立也”“君臣上下贵贱皆从法”。法家的法治思想主要包括以下内容：

权势是“胜众”之资。要推行法治，统治者首先要确立自己的权势。管子认为“凡人君之所以为君者，势也”。韩非子认为“势者，胜众之资也”，它具体包括：①权势是君主的地位保障。主能制臣用民，在于“主威之重，主势之隆也”。②权势是君主保持威严的基础。韩非子指出“有威足以服人”。③权势是统治力量的源泉。韩非子认为丧权失威，如虎失去爪牙，无力控制百兽。势位、威严、力量三者是法家权势思想的核心内容，其中势位是前提，威严是条件，力量是手段。

法治是治世之宝。法治，主要是指以法律制度作为治国的依据。法家主张，以法为本，以法为教。韩非子认为，治理国家必须“以法治国”“循法而治”，反对“释法而任智”“舍法上贤”“去法务德”的治理方略。他主张“以法为教、以吏为师”，实行“壹赏”“壹刑”“壹教”。

（3）施刑治。推行法治的手段是用严刑重罚，以刑推法，以刑护法。韩非子说：“刑赏，君之大柄也。”法家主张的法治，主要是突出刑罚的重要功能，辅之以赏。它具体包括以下内容：

① 治民要严刑重罚。韩非子认为“夫严刑者，民之所畏也；重罚者，民之所恶也。故圣人陈其所畏以禁其邪，设其所恶以防其奸，是以国安而暴乱不起。吾以是明仁义爱惠之不足用，而严刑重罚之可以治国也”。

② 罚与赏要结合。韩非子认为“赏厚而信，刑重而必”。管子认为“刑罚不足以畏其志，杀戮不足以服其心”。因此，必须要“从其欲”，罚与赏相结合，才能令行禁止。

③ 赏罚要得当。赏罚必须依据“公义”，依据事实，做到赏罚得当。

法家的管理思想十分丰富，法家重法治、崇强力的管理方略对中国历史的发展有着重要的意义。秦朝用法家的理论统一海内，功劳卓著。汉代独尊儒术，也不是完全不用法家的方略，只是使法家的方略由显变隐，使国家暴力披上道德的外衣，以义统利，以力辅德，补德治教化之不足。同时，上面的介绍也使我们看到，法家的管理思想尽管是为专制皇权服务的，但他们揭示出来的法治管理的一些基本原则和方法，在今天仍然有着宝贵的借鉴意义。

（三）道家的管理思想——无为而治论

道家是以老子的“道”的学说为中心的学派，用道来说明宇宙万物的本质、构成和变化，主张“道法自然”、天道无为、万物自然化生，因此认为人性自然。在管理国家上主张虔敬清静无为、无为而治、顺天则、任自然、居静行简、省欲节用、绝圣弃智、绝仁弃义。

1）自然无为——治国之道

道家主张道法自然。道家认为，世界万物的本源是道，道的根本特征是自然无为。老子认为“道法自然”“人法地，地法天，天法道，道法自然”。“自然”是天地的运行状态，指毫无勉强、不受外在制约的自由自在的必然状态，即“自己如此”的状态。“无为”是指行为主体的状态，指不强做妄为、不贪求私欲、顺其自然的状态。

道家主张无为而治。既然天道自然，人道就要无为，治理国家就要“无为而治”。庄子认为“无为为之之谓天”“无为言之之谓德”“无为而万物化”。“无为也，则用天下而有余；有为也，则为天下用而不足”。因此，“莫若无为”，“以无为为常”。无为而治的具体做法包括：坚守大道，不怀私欲；顺应民性，不加干预。统治者自己要“常无心，以百姓心为心”“处无为之事，行不言之教。”

道家进一步认为“无为才能无不为”。老子认为“道常无为而无不为”。庄子认为“无为而无不为”。因为行无为之道，万物就会按其本性自然生长、自由发展，人也会实现自己的一切愿望。老子说“道常无为而无不为，侯王若能守之，万物将自化”。

总之，顺应大道，顺民性，不怀私欲，不用私智，不固执，不干预，不强制，不妄为，任其性命之情，才能顺百姓安居，天下大治。

2）至德之世——理想境界

道家探讨治国之道、治国之术，目的是追求其社会的理想境界——至德之世，老子称之为“小国寡民”。至德之世的特点有以下几种。

① 自然。道家理想社会的基本特征是自然主义。道家认为，这就是“圣治”“至治”“至德之世”。

② 素朴。民性素朴，无知无欲，无私无为，完全依常性本能生活。

③ 平等。人们在自然面前一律平等，这是自然之世、自然之民必然形成的人际关系。因此，贵贱、贤不肖、智愚、上下、尊卑不分。

④ 自由。至德之世，人人自由。这种自由既是外在的自由，不受社会规范的约束；又是内在的自由，不受自己内心私欲和追求的左右。“日出而作，日入而息，逍遥于天地之间，而心意自得”。

⑤ 安宁。人们相安无事，基本生活需求能够得到满足。老子曰：“甘其食，美其服，安其俗，乐其业。”一是指人们之所以能觉得甘、美、安、乐，是由于人们恬淡知足，没有奢望。这种安宁，实际上是一种心理上的安宁；二是指人与自然的关系和谐，不相为害。

管理故事

有一个年轻人经过千山万水跋涉来到森林中的寺院，请求寺院里德高望重的住持收他为徒。住持郑重地告诉他：“如果你真要拜我为师追求真道，你必须履行一些义务和责任。”“我必须履行哪些义务和责任呢？”年轻人急切地问。“你必须每天从事扫地、煮饭、劈柴、打水、扛东西、洗菜等工作。”“我拜你为师是为了习艺正道，而不是来做琐碎的杂工、无聊的粗活的。”年轻人一脸不悦地丢下这句话，就悻悻然地离开了寺院。

正道不是高不可攀或莫测高深的理论，它隐藏在日常的工作琐事及生活细节中；同样地，管理的道理，随处可得，只要认真去工作，用心去体验，自可深刻体悟管理的奥妙及意义。

第二节 西方管理思想

引导案例

小宋的困惑

小宋毕业于国内某名牌大学的机电工程系，是液压机械专业方面的工学硕士。毕业以后，小宋到某研究院工作，其间因业绩突出被破格聘为高工。后来小宋辞职和几个志同道合者创办了一家公司，主要生产液压配件，公司的资金主要来自几个股东，包括小宋本人、他在研究院时的副手老黄，以及他原来的下属小秦和小刘。老黄在研究院的职务还没辞掉，小宋、小秦、小刘等人则彻底割断了与研究院的联系。

公司的职务安排是：小宋任总经理，负责公司的全面工作；小秦负责市场销售；小刘负责技术开发；老黄负责配件采购、生产调度等。近年来公司业务增长良好，但也存在许多问题，这使小宋感到了沉重压力。

第一，市场竞争日趋激烈，在公司的主要市场上，小宋感受到了强烈的挑战。

第二，老黄由于要等研究院分房子而未辞掉在原研究院的工作，尽管他分管的一摊子事抓得挺紧，小宋仍认为他精力投入不够。

第三，有两个外部股东向小宋提建议，希望公司能帮助国外企业做一些国内的市场代理和售后服务工作。这方面的回报不低，这使小宋（也包括其他核心成员）颇为心动，但现在仍举棋不定。

第四，由于公司近两年发展迅速，股东们的收入有了较大幅度的增加，当初创业时的那种拼搏奋斗精神正在消退。例如，小宋要求大家每天必须工作满 12 小时，有人开始表现出明显的抵触情绪，勉强应付或者根本不听。

公司的业绩在增长，规模在扩大，小宋感到的压力也越来越大。他不仅感到应付工作很累，而且对目前的公司状况有点不知所措，不知该解决什么问题，该从何处下手；公司的某些核心成员也有类似的感觉。

思考：小宋的管理方法存在哪些问题？

案例启示：管理者只有掌握并灵活运用科学的管理理论和管理方法，才能使企业各项活动有序开展，促进企业持续稳定的发展。

一、西方管理思想的产生与发展

管理学作为一门科学，已经经历了近一个世纪的演变。泰勒的科学管理理论、法约尔的一般管理理论和韦伯的行政组织理论开管理理论和思想的先河；梅奥的人际关系理论将管理理论和思想推向了一个新的发展阶段；现代管理理论呈现了管理理论和思想的繁荣局面；知识管理理论成为 20 世纪管理理论和思想的里程碑。

对于管理理论的发展阶段划分，学术界持有不同的观点。这里介绍其中一种划分法，即将它划分为三个阶段：古典管理理论、行为科学理论阶段和现代管理理论阶段（表 2-1）。

表 2-1　管理理论的发展阶段

时间	发展阶段	理论大类	主要代表人物
19 世纪末 20 世纪初	古典管理 理论阶段	科学管理理论	泰勒、巴斯、亨劳、甘特、吉尔布雷斯夫妇、埃默森、库克
		古典组织理论	法约尔、韦伯
		综合古典管理理论	古里克、厄威克
20 世纪 20 年代 至五六十年代	行为科学 理论阶段	人际关系理论	梅奥、罗特利斯伯格
		激励理论	马斯洛、阿德佛、麦克利兰、麦克雷格、莫尔斯、洛希、威廉·大内、阿吉瑞斯、卢因、布雷德福、斯金纳、班杜拉、波特、劳勒、维鲁姆、赫兹伯格、亚当斯
		领导效能理论	坦南鲍姆、施米特、利克特、俄亥俄州立大学研究小组、布莱克、默顿、菲德勒、豪斯、米切尔、赫西、布兰查德
第二次世界大战之后出现，20 世纪 50 年代末 60 年代初盛行	现代管理 理论阶段	社会系统学派	巴纳德
		决策理论学派	西蒙、马奇
		系统管理学派	卡斯特、罗森茨韦克
		经验主义学派	德鲁克、戴尔
		管理科学学派	众多学者
		权变理论学派	卢桑斯、明茨伯格、伍德沃德、劳伦斯、洛希

第一阶段是19世纪末至20世纪初的古典管理理论阶段。其主要内容如下。

（1）科学管理理论。主要代表人物是美国的泰勒，此外还有巴斯、亨劳、甘特、吉尔布雷斯夫妇、埃默森和库克。

（2）古典组织理论。主要是指法约尔的管理程序理论和韦伯的行政组织体系理论。

（3）对科学管理理论和古典组织理论的综合，即综合古典管理理论。主要以美国人卢瑟·古里克和英国人林德尔·厄威克为代表人物。

古典管理理论从“经济人”假设出发，采用标准化的机械管理模式，集中于作业管理和研究。尽管用现代的眼光审查古典管理理论，显得有些过时，但是它奠定了西方管理学的理论基础。

第二阶段是行为科学理论阶段，它在20世纪20年代至五六十年代比较盛行。一般认为，西方行为科学产生的标志是著名的霍桑实验。前期发展阶段以人际关系理论为主。其代表人物是美国的梅奥和罗特利斯伯格。后期发展阶段的研究主要集中在两个领域：激励理论和领导效能理论。

第三阶段是在第二次世界大战之后出现，在20世纪50年代末60年代初盛行的现代管理理论阶段。西方现代管理理论是一组理论联系实际的总称，一般将该组理论划分为6个学派，即社会系统学派、决策理论学派、系统管理学派、经验主义学派、管理科学学派和权变理论学派。尽管各个学派研究管理的侧重点不同，但其共同点是以“决策人”假设为理论前提，采用运筹学、系统科学、行为科学和电子计算机等手段研究和处理管理问题。

二、古典管理理论

（一）泰勒的科学管理理论

泰勒（1856—1915）被称为“科学管理之父”。他出生在美国费城一个富裕的律师家庭，他的父亲一心指望他子继父业，成为一名有成就的律师。年轻的泰勒确实不负众望，考入哈佛大学法学院，但因患眼疾和神经性头痛无法学习，中途辍学。1875年他进入一家小型工厂当徒工，三年后转到米德维尔钢铁公司，先后当过技工、工长、总机械师、总绘图师，于28岁升为总工程师。泰勒大部分的工作生涯是在此公司度过的。最后，在1898年，他开始独立创业，从事工厂管理咨询工作。他的代表作是1911年出版的《科学管理原理》，这本书奠定了科学管理理论的基石。

19世纪末，提高劳动生产率是美国工业生产中的一个突出问题。当时作为机械工程师的泰勒始终对工人的低效率感到震惊，工人们采用各种不同的方法做同样的工作，他们倾向于用“磨洋工”的方式工作。泰勒确信工人的生产率只达到了应有水平的1/3，于是，他开始在车间里用科学的方法来改变这种状况。泰勒认为，如果通过工作专业化和劳动分工能使每一位工人生产每一单元产出花费的时间和精力有所减少，那么生产过程就会变得更有效率；能够创造最高效率的劳动分工的方式是科学管理技术，而不是凭直觉而来的，也不是简单估算。他花了20年的时间来寻求从事每一项工作的“最佳方法”。泰勒的科学管理理论主要包括以下几个方面：

1）确定合理的日工作量

泰勒认为，提高效率的首要问题是如何合理安排每天的工作量，以解决消极怠工的问题。为此，泰勒在伯利恒钢铁公司进行了有名的搬运生铁块试验：该公司有 75 名工人负责把 92 磅重的生铁块搬运 30 米装到铁路货车上。他们每天平均搬运 12.5 吨，日工资 1.15 美元。泰勒找了一名工人进行试验，试验搬运过程中的姿势、行走的速度、持握的位置对搬运量的影响以及多长的休息时间为好。经过分析确定装运生铁块的最佳方法和最佳的休息时间，使每个工人的日搬运量达到 47～48 吨，同时使工人的日工资提高到 1.85 美元。

2）工作标准化

这实质上同第一点是一致的，工作标准的制定必定是方法的标准化，否则就不会有一套科学的、统一的操作程序。泰勒在伯利恒钢铁公司还进行了有名的铁锹试验：当时公司的铲运工人拿着自家的铁锹上班，这些铁锹各式各样、大小不等。公司的物料有铁矿石、煤粉、焦煤等，每个工人的日工作量为 16 吨。泰勒经过观察发现，由于物料的比重不一样，一铁锹的负载大不一样。如果是铁矿石，一铁锹有 38 磅；如果是煤粉，一铁锹只有 3.5 磅。那么，一铁锹到底负载多大才合适呢？经过试验，最后确定一铁锹 21 磅对于工人是最适合的。根据试验的结果，泰勒针对不同的物料设计了不同形状和规格的铁锹。以后工人上班时都不自带铁锹，而是根据物料情况从公司领取特制的标准铁锹，工作效率大大提高。堆料场的工人从 400～600 人降为 140 人，平均每人每天的操作量提高到 59 吨，工人的日工资从 1.15 美元提高到 1.88 美元。

3）合理配备员工

泰勒主张科学地选择工人，应根据工人的具体能力安排恰当的工作，使其能胜任自己的工作。为了提高劳动生产率，必须为工作挑选第一流的工人。第一流的工人就是指他的能力最适合做这种工作并且他愿意去做。

4）实行差别计件工资制

为了激励工人努力工作，完成定额，泰勒提出了差别计件工资制。其内容包括以下三点：

（1）通过对工时的研究和分析，制定一个定额或标准。

（2）根据工人完成工作定额的不同，采用不同的工资率。例如，工人完成定额的 80%，则只按 80%付酬；超定额完成 120%，则按 120%付酬。这就是所谓的差别计件工资制。

（3）工资支付的标准是表现而不是职位。即根据工人的实际表现而非工作类别来支付工资。泰勒认为，实行差别计件工资制会大大提高工人的劳动积极性，从而大大提高劳动生产率。

5）管理职能与执行职能分离

泰勒主张设立专门的管理部门，其职责是研究、计划、调查、训练、控制和指导操作者的工作。同时管理人员也要进行专业分工，每个管理者只承担其中一两种管理职能。

6）实行职能工长制

泰勒主张把计划职能从工长的职责中分离出来，设立专门的计划部门。由计划部门制订计划，工长负责执行。工长之间按职能分工，一个工长只能承担一种管理职能。每个工长在其业务范围内有权监督和指导工人的工作。职能的明确，有利于提高劳动生产率，但也存在着各职能工长之间的协调问题，出现了工人同时接受几个职能工长领导的情况。

7）强调例外原则

泰勒认为，小规模的企业可采用上述职能管理，大规模的企业就不能只依靠职能管理，还需运用例外管理。他认为，企业的高级管理人员把例行的一般的日常事务授权给下级管理人员去处理，自己只保留对例外事项的决定权和监督权。泰勒认为：如果一个大企业的经理几乎被办公桌上的大量信件和报告淹没，而且每一种信件和报告都被认为要他签字或盖章，那么这样的情景是极其可悲的。

科学管理理论一经提出，立即风靡世界，以至于亨利·福特最初应用它们造就了“福特王国”，但我们也应当看到其存在的片面性和局限性。例如，该理论把人视为提高生产效率的工具，而忽略了人本身发展的需要；把人看作纯粹的“经济人”，认为人的活动仅仅出于自己的经济动机，忽视了企业成员之间的交往及感情、态度等社会因素对生产效率的影响。世界著名喜剧大师查理·卓别林的电影《摩登时代》对这一理论的运用情况进行了辛辣的讽刺。在电影里，卓别林扮演一个因单调而又疯狂的机械劳动而精神失常的工人。列宁对科学管理理论做了全面深刻的评价：“资本主义在这方面的最新发明——泰勒制也同资本主义其他一切进步的东西一样，有两个方面，一方面是资产阶级剥削的最巧妙的残酷手段，另一方面是一系列的最丰富的科学成就，即按科学来分析人在劳动中的机械动作，省去多余的笨拙的动作，制订最精确的工作方法，实行最完善的计算和监督制度等。”

管理案例

真功夫餐饮连锁机构是从广东东莞起步的中餐连锁店。经过十几年的发展，已经逐渐成为全国性中餐连锁店，与麦当劳、肯德基等洋快餐形成了竞争。

1. 以“蒸”为主，实现正餐操作标准化

“真功夫”以经营蒸饭、蒸汤、甜品等蒸制食品为主。中餐菜系多种多样，煎炒烹炸手法多但个体差异太大，一个师傅就决定了一家餐馆的口味，所以标准化复制难度很大。在众多的中餐烹饪方法中，蒸属于稳定性较高的一类，蒸汽不因师傅的手法不同而改变性质，所以相对于其他烹调方式，蒸的方法更容易实现标准化操作。这是“真功夫”在餐饮管理实践中的一个重大发现。

1995年，公司开始完善从前线到后台各个操作流程的标准。首先遇到的难题是：传统的蒸饭与炖盅只能用传统的高温炉、大锅和蒸笼。使用这些陈旧的厨具，一方面后台的员工高温难挡，另一方面拿取产品十分不便，需要不断上搬下卸。另外，燃气灶火也忽大忽小，很难控制火候，对菜品质量稳定性也存在一定影响。

为了解决这个问题，公司与华南理工大学合作，一起研发更专业实用的蒸饭设备，借鉴烘烤的工艺，开发了抽屉式的蒸锅设备，便于分层取用，时间也可以用微电脑控制。同一炖品蒸制时的同温、同压、同时得到保证，因而几乎是绝对的同一口味。从此，真功夫的餐厅里不再需要厨师，不需要任何一把菜刀，服务员只要将一盅盅饭菜半成品放进蒸汽柜里，设定好时间和温度，时间一到就能拿出饭菜，实现“千份快餐同一口味”。

2. 实践“泰勒制”，形成标准化作业体系

在开创之初，公司尝试做了很多种蒸品，虽然一直在向标准化努力，但中式点心种类繁多，标准化不容易。开一家店相对容易，开第二家店品质就难以控制。

为了实现连锁复制，公司开始记录自己开店的每一道工序，从如何烹饪到如何扫地，每个动作都要求做到标准化，需要不断完善每个细节。如果把一位顾客从进门到离开的过程分解考查，就会发现很多方面的服务可以完善。为此，公司制作了客户服务分解流程图，对每个环节都制定最优服务标准和流程。

在真功夫的配料车间，展现的是泰勒描述的工作场景：工人穿着整洁的制服，切肉、配菜、包包子。每个人只做一道工序，动作协调规范。员工的每个动作都是经过培训的，如切肉的刀举多高，切下的肉块有多大，包子上有多少条褶，都有明确的规定。“切肉”动作的标准化也是反复实验、测试的结果。通过组织劳动比赛，发现劳动能手，组织专家观察劳动能手的操作流程并予以记录、细化、分析、优化，最后变成量化的书面流程和标准。

后台的标准化保证了前台服务的便捷。真功夫承诺给顾客 80 秒上菜。这个简单的承诺却包含了背后无数道工序的安排。公司进行了流程分析，而且是逆向推算，即前台服务需要怎样做，备料烹制怎样供应得上，后台原料如何来整理。

公司还编制了员工培训手册。随着店面的不断扩张，手册也从几页，变成几十页，一直到厚厚的几大本。手册中的每一条指示都是最佳经验的总结，而手册本身是员工培训和考核的蓝本。

3. 连续提高——科学管理的核心

真功夫营运手册中的各种规范有几千条，每一条都要求员工反复练习，形成规范和习惯。营运手册强调“规范不应该停留在纸面，应该在实践中不断积累和改进”的理念。后来，营运手册多次改版修订，每次修订都代表着管理规范水平的提高和服务内容的扩展。

连续提高可以说是科学管理的核心，泰勒制的发展就是从规范到提高的螺旋式提升过程。餐饮行业包含非常多的工作细节，持续的改进实际上是基础性的提高。

公司配有专人研究客户反馈，还聘请第三方核查公司，不定期检查服务情况，发现问题，改进服务。一次，公司发现蒸排骨的销量不理想，但找不到问题的根源。经查看客人用餐后的餐碟，发现里面有很多碎骨，进一步调查生猪排骨的配料情况，发现员工切骨的方法不科学，骨头的切口处有很多碎骨屑。经研究，配料部门拿出了新的切割方法，碎骨不见了。之后的销量调查显示，猪排的受欢迎程度显著提高。

（二）法约尔的一般管理理论

法约尔（1841—1925）被称为“管理过程理论之父”“一般管理理论之父”。他出生于法国的一个小资产阶级家庭。1860 年他毕业于法国国立采矿学院，毕业后进入康门塔里·福尔香堡采矿冶金公司，成为一名采矿工程师，25 岁任矿井经理，40 岁被晋升为公司总经理，任职 30 多年，77 岁退休后继任董事长。当他被任命为公司总经理时，公司财政困难，濒临破产。法约尔运用他的管理才干挽救了公司。在他的管理下，该公司成为法国南部最大的采矿和冶金公司之一。法约尔博览群书，知识渊博。他的管理理论是以一个整体的大企

业为研究对象，还涉及工商企业、军队、机关、宗教、慈善团体等的管理问题。法约尔一生的著述很多，代表作有《工业管理与一般管理》《国家在管理上的无能——邮政与电讯》《公共精神的觉醒》。

法约尔与泰勒的不同之处在于他们所站的角度不同。法约尔认为，对一个高层管理者而言，其重要的才能不再是技术而是管理的技能。他的主要贡献在于首次提出了管理职能，并确立了管理的基本原则。

1）对经营和管理进行了区分

法约尔对经营和管理进行了区分，他认为这是两个不同的概念，管理包括在经营之中。通过对企业全部活动的分析，法约尔将管理活动从经营职能中提炼出来，得出经营的 6 项职能，即企业的全部活动可以分为以下 6 种：

（1）技术活动：生产、制造、加工等活动。

（2）商业活动：进行购买、销售、交换等活动。

（3）财务活动：确定资金来源、筹集资金和最适当地利用资本等活动。

（4）安全活动：确保员工劳动安全及设备使用安全等活动。

（5）会计活动：编制财产目录，进行成本统计、财产清点、资产负债表、成本、统计等活动。

（6）管理活动：包括计划、组织、指挥、协调和控制等职能。

不论企业大还是小、复杂还是简单，这 6 种活动（或者说基本职能）总是存在的。这些职能并不是相互割裂的，法约尔指出，它们之间实际上相互联系、相互配合，共同组成一个有机系统来完成企业生存与发展的目的。技术活动指生产方面的系列活动，有生产、制造和加工 3 种具体活动；商业活动指流通方面的系列活动，如购买、销售等；财务活动考虑的是如何积累资本和利用资本，实现最少投资最大产出；安全活动要求确保财产安全和企业员工的人身安全；会计活动包括财产清点、成本统计等方面的活动；管理活动包括计划、组织、协调等方面的活动。由于上述 6 种职能都需要具有相关方面的才能，而企业员工作为各个职能的具体执行者，必须具备这些能力才能胜任上述职能。

法约尔先将企业的共性摆出来，然后指出前 5 种活动都不负责制订企业的总经营计划，不负责组织，不负责协调各方面的力量和行动，而这些至关重要的职能应属于管理。

因此，法约尔定义管理就是实行计划、组织、指挥、协调和控制。

2）提出管理的 14 项原则

法约尔认为，正如宗教需要教规约束教徒的行为一样，管理也需要用“管理原则”来作为管理者行动的指南。

为了使管理者能很好地履行各种管理职能，法约尔根据自己的管理经验提出了管理的 14 项一般原则。

（1）劳动分工原则。法约尔认为，劳动分工属于自然规律。劳动分工不只适用于技术工作，而且也适用于管理工作，应该通过分工来提高管理工作的效率。但是，法约尔又认为：“劳动分工有一定的限度，经验与尺度感告诉我们不应超越这些限度。”

（2）权力与责任相符的原则。有权力的地方，就有责任。责任是权力的孪生物，是权力的必然结果和必要补充。这就是著名的权力与责任相符的原则。法约尔认为，要贯彻权力与责任相符的原则，就应该有有效的奖励和惩罚制度，即“应该鼓励有益的行动而制止与其相反的行动”。实际上，这就是现在我们讲的权、责、利相结合的原则。

（3）纪律原则。法约尔认为纪律应包括两个方面，即企业与下属人员之间的协定和人们对这个协定的态度及其对协定的遵守情况。法约尔认为纪律是一个企业兴旺发达的关键，没有纪律，任何一个企业都不能兴旺繁荣。他认为确定和维持纪律最有效的办法，一是要有好的领导；二是有尽可能明确而又公平的协定；三是合理执行惩罚。

（4）统一指挥原则。统一指挥是一个重要的管理原则，按照这个原则的要求，一个下级人员只能接受一个上级的命令。如果两个领导人同时对同一个人或同一件事行使他们的权力，就会出现混乱。在任何情况下，都不会有适应双重指挥的社会组织。与统一指挥原则有关的还有下一个原则，即统一领导原则。

（5）统一领导原则。统一领导原则是指：“对于力求达到同一目的的全部活动，只能有一个领导人和一项计划。”统一领导原则讲的是，一个下级只能有一个直接上级。它与统一指挥原则不同，统一指挥原则说的是，一个下级只能接受一个上级的指令。这两个原则之间既有区别又有联系。统一领导原则说的是组织机构设置的问题，即在设置组织机构的时候，一个下级不能有两个直接上级。而统一指挥原则说的是组织机构设置以后运转的问题，即当组织机构建立起来以后，在运转的过程中，一个下级不能同时接受两个上级的指令。

（6）个人利益服从整体利益原则。对于这个原则，法约尔认为这是人们都十分明白清楚的原则，但是，往往“无知、贪婪、自私、懒惰以及人类的一切冲动总是使人为了个人利益而忘掉整体利益”。为了能坚持这个原则，法约尔认为，成功的办法是：领导者的坚定性和好的榜样性；尽可能签订公平的协定；认真地监督。

（7）人员报酬原则。法约尔认为，人员报酬首先“取决于不受雇主的意愿和所属人员的才能影响的一些情况，如生活费用的高低、可雇人员的多少、业务的一般状况、企业的经济地位等，然后看人员的才能，最后看采用的报酬方式”。人员的报酬首先要考虑的是维持职工的最低生活消费和企业的基本经营状况，这是确定人员报酬的一个基本出发点。在此基础上，再考虑根据职工的劳动贡献来决定采用适当的报酬方式。对于各种报酬方式，法约尔认为不管采用什么报酬方式，都应该能做到以下几点：能保证报酬公平；能奖励有益的努力和激发热情；不应导致超过合理限度的过多的报酬。

（8）权力集中原则。法约尔指的是组织的权力的集中与分散的问题。法约尔认为，集中或分散的问题是一个简单的尺度问题，问题在于找到该企业的最适度。小型企业可以由上级领导者直接把命令传到下层人员，所以权力就相对比较集中；而大型企业，在高层领导者与基层人员之间，还有许多中间环节，因此，权力就比较分散。按照法约尔的观点，影响一个企业的权力是集中还是分散的因素有两个：一个是领导者的权力；另一个是领导者对发挥下级人员的积极性态度。“如果领导人的才能、精力、智慧、经验、理解速度……允许他扩大活动范围，他则可以大大加强集中，把其助手作用降低为普通执行人的作用。

相反，如果他愿意一方面保留全面领导的特权，一方面更多地采用协作者的经验、意见和建议，那么可以实行广泛的权力分散。……所有提高部下作用的重要性的做法就是分散，降低这种作用的重要性的做法则是集中”。

（9）等级链原则。等级链就是从最高权力机构直到低层管理人员的领导系列。而贯彻等级链原则就是要在组织中建立这样一个不中断的等级链，这个等级链说明了两个方面的问题：一是组织中各个环节之间的权力关系，通过这个等级链，组织中的成员就可以明确谁可以对谁下指令，谁应该对谁负责。二是组织中信息传递的路线，即在一个正式组织中，信息是按照组织的等级系列来传递的。贯彻等级链原则，有利于组织加强统一指挥，保证组织内信息流通的畅通。但是，一个组织如果严格地按照等级系列进行信息的沟通，则可能由于信息沟通的路线太长而使信息流通的时间长，同时容易造成信息在传递的过程中失真。

（10）秩序原则。法约尔所指的秩序原则包括物品的秩序原则和人的社会秩序原则。对于物品的秩序原则，他认为，每一件物品都有一个最适合它存放的地方，坚持物品的秩序原则就是要使每一件物品都在它应该放的地方。贯彻物品的秩序原则就是要使每件物品都在它应该放的位置上。

对于人的社会秩序原则，法约尔认为，每个人都有他的长处和短处，贯彻社会秩序原则就是要确定最适合每个人的能力发挥的工作岗位，使每个人都在最能使自己的能力得到发挥的岗位上工作。为了能贯彻社会的秩序原则，法约尔认为首先要对企业的社会需要与资源有确切的了解，并保持两者之间经常的平衡；同时，要注意消除任人唯亲、偏爱徇私、野心奢望和无知等弊病。

（11）公平原则。法约尔把公平与公道区分开来。他说：“公道是实现已订立的协定。但这些协定不能什么都预测到，要经常地说明它，补充其不足之处。为了鼓励其所属人员能全心全意和无限忠诚地执行他的职责，应该以善意来对待他。公平就是由善意与公道产生的。”也就是说，贯彻公道原则就是要按已定的协定办。但是在未来的执行过程中可能会因为各种因素的变化使原来制订的“公道”的协定变成“不公道”的协定，这样一来，即使严格地贯彻公道原则，也会使职工的努力得不到公平的体现，从而不能充分地调动职工的劳动积极性。因此，在管理中要贯彻公平原则。所谓公平原则就是公道原则加上善意地对待职工。也就是说在贯彻公道原则的基础上，还要根据实际情况对职工的劳动表现进行“善意”的评价。当然，在贯彻公平原则时，还要求管理者不能忽视任何原则，不忘掉总体利益。

（12）人员稳定原则。法约尔认为，一个人要适应他的新职位，并很好地完成他的工作，这需要时间。这就是人员稳定原则。按照人员的稳定原则，要使一个人的能力得到充分的发挥，就要使他在一个工作岗位上相对稳定地工作一段时间，使他能有一段时间来熟悉自己的工作，了解自己的工作环境，并取得别人对自己的信任。但是人员的稳定是相对的而不是绝对的，年老、疾病、退休、死亡等都会造成企业中人员的流动。因此，人员的稳定是相对的，而人员的流动是绝对的。对于企业来说，就要掌握人员的稳定和流动的合适的度，以利于企业中成员能力得到充分的发挥。“像其他所有的原则一样，稳定的原则也是一个尺度问题”。

（13）首创精神。法约尔认为：“想出一个计划并保证其成功是一个聪明人最大的快乐之一，这也是人类活动最有力的刺激物之一。这种发明与执行的可能性就是人们所说的首创精神。建议与执行的自主性也属于首创精神。”法约尔认为人的自我实现需要的满足是激励人们的工作热情和工作积极性的最有力的刺激因素。对于领导者来说，“需要极有分寸地，并要有某种勇气来激发和支持大家的首创精神”。当然，纪律原则、统一指挥原则和统一领导原则等的贯彻，会使得组织中人们的首创精神的发挥受到限制。

（14）团队精神原则。人们往往由于管理能力的不足，或者由于自私自利，或者由于追求个人的利益等而忘记了组织的团结。为了加强组织的团结，法约尔特别提出在组织中要禁止滥用书面联系。他认为在处理一个业务问题时，用当面口述要比书面联系快，并且简单得多。另外，一些冲突、误会可以在交谈中得到解决。“由此得出，每当可能时，应直接联系，这样更迅速、更清楚，并且更融洽”。

这 14 项原则在管理中具有非常重要的意义，但在管理工作中它又不是绝对和死板的东西，其中有一个度的问题，关键在于了解其真正的本质，并能灵活地应用于实践。

（三）韦伯的行政组织理论

韦伯（1864—1920）是德国社会学家、经济学家和管理学家，是泰勒和法约尔的同时代人，古典管理理论在德国的代表人物。韦伯在管理思想上的最大贡献是提出了理想的行政集权制理论，被称为“组织理论之父”。

韦伯出生于德国的埃尔福特一个有着相当广泛的社会和政治关系的富裕家庭，其父曾任普鲁士下院议员、帝国议会议员。他从小受到了良好的教育，对经济学、社会学、政治学、宗教学有着广泛的兴趣。韦伯于 1882 年进入海德堡大学学习法律，1884 年进入柏林大学攻读法律，1891 年他以《中世纪贸易公司的历史》的论文获得博士学位。自 1892 年起，直到 1920 年逝世，他先后在柏林大学、海德堡大学、维也纳大学和慕尼黑大学执教，讲授过法律、政治经济学、社会学等教程。同时，他还创办《社会科学与社会政治文献》杂志。韦伯的主要著作有《新教伦理与资本主义精神》《一般经济史》《社会和经济组织的理论》等。韦伯指出，任何组织都必须有某种形式的权力作为基础才能实现目标。只有理性、合法的权力才宜于作为理想组织体系的基础。

1）组织形成的基础

韦伯认为，任何组织都必须以某种形式的权力作为基础，没有某种形式的权力，任何组织都不能达到自己的目标。人类社会存在三种为社会所接受的权力：

（1）传统权力：传统惯例或世袭得来。韦伯认为，人们对领袖人物服从是因为领袖人物占据着传统所支持的权力地位，同时，领袖人物也受着传统的制约。但是，人们对传统权力的服从并不是以与个人无关的秩序为依据，而是在习惯义务领域内的个人忠诚。领导者的作用似乎只为了维护传统，因而效率较低，不宜作为行政组织体系的基础。

（2）超凡权力：源于别人的崇拜与追随。韦伯认为，超凡权力的合法性，完全依靠对于领袖人物的信仰，他必须以不断的奇迹和英雄之举赢得追随者，超凡权力过于带有感情色彩并且是非理性的，不是依据规章制度，而是依据神秘的启示。所以，超凡的权力形式也不宜作为行政组织体系的基础。

（3）法定权力：理性—法律规定的权力。韦伯认为，只有法定权力才能作为行政组织体系的基础，其最根本的特征在于它提供了慎重的公正。原因在于：管理的连续性使管理活动必须有秩序地进行；以“能”为本的择人方式提供了理性基础；领导者的权力并非无限，应受到约束。

总而言之，对各种权力的服从是由于追随者对领袖人物的权力的信仰和信任。根据对权力的分类，韦伯在描述其理想行政组织体系时使用的是合法合理的权力。

2）理想的行政组织体系的特点

所谓“理想的”并不是最合乎需要的，而是指组织的“纯粹形态”。在实践中出现的可能是各种组织形态的混合。这个理想的行政组织机构只是便于进行理论分析的一种标准模式。韦伯将理想行政组织体系的特点归纳为以下几点：

（1）明确的分工。对每个职位的权力和责任都应有明确的规定。

（2）自上而下的等级系统。对组织内的每个职位，按照等级原则进行法定安排，形成自上而下的等级系统。

（3）人员的考评和教育。对人员的任用完全根据职务的要求，通过正式考评和教育训练来进行。

（4）职业管理人员。管理者有固定的薪金和明文规定的升迁制度，是一种职业管理人员。

（5）遵守规则和纪律。管理者必须严格遵守组织中规定的规则和纪律。

（6）组织中人员之间的关系。组织中人员之间的关系完全以理性准则为指导，不受个人情感的影响。

通常我们把以上三位学者为代表的理论称为古典管理理论，也就是说，古典管理理论以泰勒、法约尔、韦伯为代表，通过以上的讲述我们可以找出其内在的逻辑体系：人性假设是“经济人”假设，管理方法是强调制度化、标准化、规模化，管理的目标是追求企业的效率化。

三、人际关系理论

以泰勒为代表的科学管理理论的广泛应用，大大提高了效率。但这些理论多着重于生产过程、组织控制方面的研究，较多地强调科学性、精密性、纪律性，而对人的因素则注意较少，把工人当作机器的附属品，不是人在使用机器，而是机器在使用人，这就激起了工人的强烈不满，从而迫使资产阶级不得不重视企业管理中的人际关系问题，于是在 20 世纪 20 年代产生了人际关系理论，之后发展为组织行为理论。

人际关系理论最主要的代表人物是埃尔顿·梅奥（1880—1949）。埃尔顿·梅奥是原籍澳大利亚的美国行为科学家。1922 年他移居美国，曾在宾夕法尼亚大学沃顿财政商学院任教，1926 年进入哈佛大学从事工商管理问题的研究，他的主要著作有《工业文明中的人类问题》（1933 年）、《工业文明中的社会问题》（1945 年）。

1. 霍桑实验

梅奥对人际关系的研究主要来自于霍桑实验。1924～1932 年，他在美国芝加哥郊外的霍桑工厂进行了一系列实验。这个工厂是一家拥有 2.5 万名工人的大型企业，专营电话机和其他电器设备。在当时的人们看来，霍桑工厂具有较完善的娱乐设施、医疗制度和养老金制度，工厂的劳动生产率理应较高，但实际上工人们有强烈的不满情绪，致使生产率很低。为了探究原因，一个由多方面专家组成的小组进驻工厂，开始实验。起初实验的目的是探究工作条件与生产率之间是否存在直接的因果关系。这个实验的后期工作由梅奥负责。霍桑实验大体上分为四个阶段，即工作场所照明实验阶段、继电器装配室实验阶段、大规模访谈实验阶段和接线板接线工作室实验阶段。

1）工作场所照明实验阶段

当时关于生产效率的理论占统治地位的是劳动医学的观点，它认为影响工人生产效率的是疲劳和单调感等，于是当时的实验假设便是“提高照明度有助于缓解疲劳，使生产效率提高”。可是经过两年多的实验发现，照明度的改变对生产效率并无影响。具体结果是：当实验组照明度增大时，实验组和控制组都增产；当实验组照明度减弱时，两组依然都增产，甚至实验组的照明度减至 0.06（烛光）时，其产量亦无明显下降；直至照明减至如月光一般、实在看不清时，产量才急剧降下来。研究人员对此结果感到茫然，失去了信心。从 1927 年起，以梅奥教授为首的一批哈佛大学心理学工作者将实验工作接管下来，继续进行。

2）继电器装配室实验阶段

实验目的是查明福利待遇的变换与生产效率的关系。但经过两年多的实验发现，不管福利待遇如何改变（工资支付办法的改变、优惠措施的增减、休息时间的增减等），都不影响产量的持续上升，甚至工人自己对生产效率提高的原因也说不清楚。

后经进一步的分析发现，导致生产效率上升的主要原因如下：①参加实验的光荣感。实验开始时参加实验的 6 名女工曾被召进部长办公室谈话，她们认为这是莫大的荣誉。这说明被重视的自豪感对人的积极性有明显的促进作用。②成员间维持着良好的相互关系。

3）大规模访谈实验阶段

研究者在工厂中开始了访谈计划。此计划的最初想法是让工人就管理当局的规划和政策、工头的态度和工作条件等问题做出回答，但这种规定好的访谈计划在进行过程中却发生变动，取得了意想不到的效果。工人想就访谈提纲以外的事情进行交谈，工人认为重要的事情并不是公司或调查者认为意义重大的那些事情。访谈者了解到这一点，及时把访谈计划改为事先不规定内容，每次访谈的平均时间从 30 分钟延长到 1～1.5 小时，多听少说，详细记录工人的不满和意见。访谈计划持续了两年多，工人的产量大幅提高。

工人们长期以来对工厂的各项管理制度和方法存在许多不满，无处发泄，访谈计划的实行恰恰为他们提供了发泄机会。发泄过后他们心情舒畅，士气提高，使产量得到提高。

4）接线板接线工作室实验阶段

梅奥等人在这个实验中选择了 14 名男工人在单独的房间里从事绕线、焊接和检验工作，对这个班组实行特殊的计件工资制度。实验者原来设想，实行这套奖励办法会使工人更加努力工作，以便得到更多的报酬。但观察的结果发现，这些工人的产量只保持在中等水平，每个工人的平均日产量都差不多，而且工人并不如实地报告产量。通过深入的调查发现，这个班组为了维护他们群体的利益，自发地形成了一些约定。他们约定，谁也不能干得太多，突出自己；谁也不能干得太少，影响全组的产量，并且约法三章，不准向管理当局告密，如有人违反这些约定，轻则挖苦谩骂，重则拳打脚踢。进一步调查发现，工人们之所以维持中等水平的产量，是因为担心产量提高，管理当局会改变现行的奖励制度，或裁减人员，使部分工人失业，或者使干得慢的伙伴受到惩罚。这一实验表明，工人们为了维护班组内部的团结，可以放弃物质利益的引诱。由此梅奥提出了“非正式群体”的概念，认为在正式的组织中存在着自发形成的非正式群体，这种群体有自己的特殊的行为规范，它对人的行为起着调节和控制作用。同时，加强了内部的协作关系。

通过这四个阶段的实验，梅奥等人认识到，人们的生产效率不仅会受到生理方面、物质方面等因素的影响，更重要的是会受到社会环境、社会心理等方面的影响。这个结论的得出是相当有意义的，这对“科学管理”只重视物质条件，忽视社会环境、社会心理对工人的影响来说，是一个重大的修正。梅奥对霍桑实验进行了总结，提出了人际关系理论。

2. 人际关系理论的主要内容

（1）工人是“社会人”。古典管理理论把人假设为“经济人”，即认为人都是追求最大经济利益的理性动物，工人工作是为了追求最高的工资收入。梅奥则把人假设为“社会人”，认为工人并非单纯追求金钱的收入，还有社会心理方面的需求，如追求人与人之间的友情、安全感、归属感和受人尊重等。

（2）满足工人的社会欲望，提高工人的士气，是提高生产效率的关键。古典管理理论认为，良好的物质条件一定能够促使生产效率的提高。梅奥认为，影响生产效率提高的首要因素并不是包括经济刺激在内的物质条件的变化，而是工人的共同态度即士气的变化。工人的满足度越高，士气越高，而士气越高，生产效率也就越高。

（3）企业内存在非正式组织。古典管理理论只承认正式组织，并把正式组织看作达到最高效率的唯一保证。梅奥认为，在企业中除正式组织外，还存在着非正式组织。非正式组织与正式组织有着重大的差别。在正式组织中以效率的逻辑为重要标准，而在非正式组织中则以感情的逻辑为重要标准。梅奥认为，非正式组织的存在并不是一件坏事，它同正式组织相互依存，对生产率的提高有很大的影响。

（4）存在霍桑效应。对于新环境的好奇与兴趣，会导致较佳的成绩，至少在最初阶段是如此的。如何保持霍桑效应，也是每个管理学者都应重视和研究的问题。

3. 人际关系理论的贡献

人际关系理论的内在逻辑体系是：人性假设是“社会人”假设，管理方法是满足员工的社会和心理需要，让员工参与管理，管理的目标还是追求企业的效率化。

梅奥的人际关系理论的贡献在于克服了古典管理理论的不足，奠定了行为科学的基础，为管理思想的发展开辟了新的领域。但其也存在着局限性，如过分强调非正式组织的作用；

过多地强调感情的作用，似乎职工的行动主要受感情和关系支配；过分否定经济报酬、工作条件、外部监督、作业标准的影响。

我们不妨把泰勒的科学管理理论与梅奥的人际关系理论加以对比，可以看出：科学管理理论把工人视为“经济人”，他们追求个人的经济利益，他们只是一些机械的、被动的生产要素（会说话的机器），是一个个孤立存在的个体，忽视了人的感情因素的作用，忽视了他们是群体中的一员，不可避免地受群体的影响，受社会环境的影响。人际关系理论则看到了人都有各自的需要、欲望和感情，作为“社会人”，他们的需要、欲望和感情同他们所处的群体及社会环境有着密切的联系，而这些需要、欲望和感情又制约着人的行为，进而制约着生产效率。如前所述，科学管理理论以金钱为唯一诱因，以效率逻辑为行为准则，人际关系理论则主张重视人的心理满足，以感情逻辑为行为准则。科学管理理论强调合理的分工和对组织的控制，人际关系理论则强调对群体行为的激励与协调。可见，由科学管理理论到人际关系理论，实质上是从一种以物为中心的“物本”管理到以人为中心的“人本”管理的转变与发展。而以人为本的管理思想，在知识经济时代具有特别重要的意义。

第三节　现代管理理论

引导案例

青岛双星公司的领导方式

青岛双星人至今仍记忆犹新的一段往事：五年前，一个对大陆企业抱有很深成见的台湾商人气冲冲地来找双星总经理汪海，他要看看汪海用什么绝招，把一个和他做了20多年生意的美国大客户抢走了。他在双星一个车间一个车间地连转了三天，怒气慢慢地变成了服气，最后，他抓住汪海的手，发自内心地说道：“真没有想到双星规模这么大，真没想到你领导的双星那么好！”

不光这位商人没想到，就是美国的大鞋商到双星参观后也感到惊讶，惊讶过后，则把他们在韩国、菲律宾的订货单拿到了双星。

纽约《世界鞋报》记者从美国鞋商口中知道了双星的情况，在双星举办的新闻发布会上，他问总经理汪海：“请问您是怎样领导这样大规模企业的？采用了什么先进的管理办法？”

对美国记者的疑问，汪海的回答简单明了：“我们针对制鞋业劳动密集、手工操作的特点，提出‘人是兴厂之本，管理以人为主’的理念，坚持管理以人为本，采取了‘超微机的管理’，并且形成了一整套自己的管理理论和管理哲学，创造了具有鲜明特色的‘双星九九管理法’。”

对于管理，汪海曾在字面上做过这样的诠释：“管”，就是对人和事、物的管理；“理”，就是在管的基础上去建立新的章法、理顺各种关系。一句话，就是要人去管、要人去理。

双星公司总经理曾专门研究了日本松下公司的管理，他发现，松下公司取得成功，除了得益于组织机构、管理技巧、科学技术外，更得益于其经营理念，一种“繁荣、幸福、和平”的企业文化功能。它把人的历史传统、价值标准、道德规范、生活观念等统一于企业内部共同目标之下，使企业如大家庭般上下忠诚和谐。他更发现松下公司的这套东西是传承自中国的“诚意、正心、修身、齐家、治国、平天下”的儒家思想。

汪海开始琢磨：徒尚如此，况师乎？社会主义市场经济，必然要受传统文化的影响，而传统文化又必然要接受现代市场经济意识的洗礼。

经过认真思考和分析，汪海紧紧抓住了“人”这个决定因素，以对人的九项管理为横轴，为双星的管理勾画出一个直角坐标，提炼出了物质文明与精神文化互相促进的“九九管理法”。

在人的管理上，双星人要坚持“三环”“三轮”原则：继承传统的、借鉴国外的以创造自己的，以此“三环”来刻意求新；把思想教育当前轮，经济手段、行政手段做后轮，同步运行，共同提高效能。

在生产经营上，双星人要实行“三分”“三联”“三开发”：分级管理、分层承包、分开算账，以此增加了企业的活力；搞加工联产、销售联营、股份联合，进一步提升了企业的实力；进行人才、技术产品和市场的全方位开发，使双星在市场上提高了竞争力。

汪海在实施“九九管理法”的纵横交叉中，终于找到了把人与物管理相结合的最佳组合点。

现在，双星公司总经理汪海又在积极探索新的领导方式，力争把双星公司带入国际大公司行列，实现“世界的鞋业在中国，中国的鞋业在双星”的宏伟战略目标。

（资料来源：孙晓琳，2006. 管理学[M]. 北京：科学出版社.）

思考：双星公司总经理汪海的领导方式有何特点？

案例启示：汪海领导企业时，在继承传统和借鉴国外先进领导方法的基础上，形成了一整套管理理论和管理哲学，创造了具有鲜明特色的“九九管理法”：在人的管理上，双星人要坚持“三环”“三轮”原则；在生产经营上，双星人要实行“三分”“三联”“三开发”。在实施“九九管理法”的纵横交叉中，终于找到了把人与物管理相结合的最佳组合点。可见，汪海的领导既重生产任务，又重对人的管理。

第二次世界大战后，随着现代科学技术的发展，生产和组织规模的扩大，生产力迅速发展，生产社会化程度日益提高，引起人们对管理理论的普遍重视。不仅仅是从事管理和研究管理学的学者，一些心理、社会、人类、经济、生物、哲学、数学等方面的科学家也从各自不同的角度，用不同的方法对管理问题进行了研究，从而出现了各种各样的学派，带来了管理理论的空前繁荣，我们形象地称之为管理理论的“热带丛林”，此名来源于美国管理学家哈罗德·孔茨（1908—1984）分别于20世纪60年代和80年代发表的《管理理论的丛林》《再论管理理论丛林》两篇论文。在这两篇论文中，孔茨对现代管理理论中的各种学派进行了分类。在前一篇论文中，孔茨把各种管理理论划分为6个主要学派，后来，孔茨认为6个学派已不能概括管理学派的所有观点，故在后一篇论文中增至11个学派。其实，学派的划分主要是为了便于理论上的归纳和研究，并非意味着彼此独立，截然分开，它们在内容上相互影响，彼此交叉融合。

一、决策理论

决策理论学派是在第二次世界大战之后发展起来的一门新兴的管理学派。第二次世界大战后，随着现代生产和科学技术的高度分化与高度综合，企业的规模越来越大，特别是跨国公司不断发展，这种企业不仅经济规模庞大，而且管理十分复杂。同时，这些大企业的经营活动范围超越了国界，使企业的外部环境发生了很大的变化，面临着更加动荡和难以预料的政治、经济、文化和社会环境。在这种情况下，对企业整体的活动进行统一管理就显得格外重要了。

如何对组织活动进行统一管理的研究从两个方面展开：一个是以西蒙为代表的决策理论。它继承了巴纳德的社会组织理论，着重研究为了实现既定目标所应采取的组织活动过程和方法。另一个是运用数学的、统计的和计算机的方法研究在投资决策、生产、库存、运输等问题上各种制约因素的最佳组合问题，这就是我们前面所提到的管理科学学派。

决策理论学派的主要代表人物是曾获 1978 年度诺贝尔经济学奖的赫伯特•西蒙。西蒙虽然是决策理论学派的代表人物，但他的许多思想是从巴纳德那里吸取来的，他发展了巴纳德的社会系统学派，并提出了决策理论，建立了决策理论学派，形成了一门有关决策过程、准则、类型及方法的较完整的理论体系，其主要著作有《管理行为》《组织》《管理决策的新科学》等。

1. 决策理论学派的要点

（1）决策贯穿管理的全过程，决策是管理的核心。西蒙指出组织中经理人员的重要职能就是做决策。他认为，任何作业开始之前都要先做决策，制订计划就是决策，组织、领导和控制也都离不开决策。

（2）系统阐述了决策原理。西蒙对决策的程序、准则、程序化决策和非程序化决策的异同及其决策技术等做了分析。西蒙提出决策过程包括四个阶段：搜集情况阶段；拟订计划阶段；选定计划阶段；评价计划阶段。这四个阶段中的每一个阶段本身就是一个复杂的决策过程。

（3）在决策标准上，用“令人满意”的准则代替“最优化”准则。以往的管理学家往往把人看成是以“绝对的理性”为指导，按最优化准则行动的“理性人”。西蒙认为事实上这是做不到的，应该用“管理人”假设代替“理性人”假设，“管理人”不考虑一切可能的复杂情况，只考虑与问题有关的情况，采用“令人满意”的决策准则，从而可以做出令人满意的决策。

（4）一个组织的决策根据其活动是否反复出现可分为程序化决策和非程序化决策。经常性的活动的决策应程序化以降低决策过程的成本，只有非经常性的活动才需要进行非程序化的决策。

2. 决策理论的启示

（1）从管理职能的角度来说，决策理论提出了一条新的管理职能。西蒙提出决策是管理的职能，决策贯穿于组织活动全部过程，进而提出了“管理的核心是决策”的命题，而传统的管理学派是把决策职能纳入计划职能当中的。由于决策理论不仅适用于企业组织，而且适用于其他各种组织的管理，具有普遍的适用意义。因此，“决策是管理的职能”已经得到管理学家的普遍认可。

（2）首次强调了管理行为执行前分析的必要性和重要性。在决策理论之前的管理理论中，管理学家的研究重点集中于管理行为本身的研究，而忽略了对管理行为的分析。西蒙把管理行为分为“决策制定过程”和“决策执行过程”，并把对管理研究的重点集中在对“决策制定过程”的分析。

3. 决策理论的缺陷

决策理论尽管有许多其他理论所不具备的优点，但仍存在以下缺陷：

（1）管理是一种复杂的社会现象，仅靠决策无法给管理者有效指导，实用性不大。孔茨认为，尽管决策制定对管理是重要的，但在建立管理学全面理论上是一个太狭隘的重点，而如果将其含义加以扩展，则它又是一个太宽广的重点。

（2）决策理论学派没有把管理决策和人们的其他决策行为区别开来。决策并非只存在于管理行为中，在人们的日常活动中也普遍存在，如人们日常做事都需要决策，组织中非管理人员的活动也需要决策，但这些决策行为都不是管理行为。决策理论学派没有把管理决策和人们的其他决策行为区别开来，其根本原因是没有认识到管理的本质。

二、人本管理理论

在管理活动中，最重要的、对管理效果起决定作用的因素是人。因为从事管理活动的主体是人，被管理者也是人，而且，对管理对象中其他诸要素的管理也都与人的参与不可分割。总之，在管理对象的全部要素和管理的整个过程中都要人去掌握和推动，这正是人本管理原理指导管理实践的基本思路。

所谓人本管理就是以人为本的管理，是指一切管理活动以人为根本出发点，调动人的积极性，做好人的工作，反对见物不见人，见钱不见人，重技术不重视人，靠权力不靠人，强调人的需求是多种多样的，尽量发挥人的自我实现精神，充分发挥人的主观能动性。

人本管理原理的思想基础是认为人是具有多种需要的复杂的“社会人”。而历史上，对于“人”特别是劳动者的认识则有一个发展的过程。在奴隶社会，奴隶被视为“会说话的牲口”；到垄断资本主义初期，泰勒提出人是“理性的经济人”；后来行为主义科学用实验证明人是“社会人”，这已有了很大的进步；现在人们对于人的认识越来越完整、复杂了，得出人是“自我实现的人”的观点。人具有社会性，它说明人并非单纯地追求经济利益，还受到周围人的影响。

人是生产力中最基本、最活跃的因素。组织的竞争，说到底是人才的竞争。以人为本，坚持人本管理应该说是这一思想在实践中的灵活应用。所以，人本管理原理是现代管理原理中最重要、最基础的原理。

当前组织面临强大的市场压力、技改压力、就业压力。逆水行舟，不进则退。不思进取，无形中组织适应市场的能力也会一步步削弱。这就是我们开展生产经营、开展人本管理的现实和基础。人的社会性决定了处在组织中的每一位员工也不同程度地感受到这种压力。怎么办？环境越困难，任务越艰巨，我们就更应该知难而进，就更应该依靠和联系广大群众，发挥人的主观能动性。

从对人本管理理论的分析和理解中，可以引出人本管理的管理原则：

（1）利益协调原则。个人目标不同，个人目标与组织目标不一致，需要协调。在“社会人”假设的基础上，强调利益的存在。

（2）行为激励原则。调动组织内成员为组织目标的实现而努力。

（3）控制适度原则。指挥和监督只有适度才能保护和激励成员的主体性和创造性。要求分权、授权，建立适度的奖惩制度，实施民主管理。

（4）权责对等原则。管理者应使组织成员所承担工作的责任范围与其在职责范围内的支配力量相辅相成。

（5）参与管理原则。目前主要有工人自我管理制度，包括工人自我管理小组、质量管理小组、劳动生活质量小组等；在多数股份公司还实施大规模的职工持股计划。

管理案例

摩托罗拉公司自成立之日起，根本宗旨就是注重人性，为员工、客户和社会做有益的事情，并始终把这一理念作为指导组织发展的最高准则。

一是成熟的雇聘制度。摩托罗拉公司在员工雇用方面力求人员多样化，并对应聘者一视同仁。所有正式员工均与公司签订无限期合同，这就意味着除非员工犯有重大错误，公司在正常经营情况下将对其进行终身雇用。这一制度为员工提供了就业保障，增强了员工对组织的认同感和责任感，同时也使组织对员工在技术和管理上进行长期投资成为可能。

二是完备的培训体系。在摩托罗拉公司，培训既是责任也是个人发展机会，公司承诺支持员工在技术和能力方面寻求发展，提供了多种类型的培训并鼓励员工积极参加。每一个新员工都必须接受公司为他安排的为期两天的新员工入职教育培训。此外，由于业务发展变化很快，对员工具体工作的要求经常会发生改变，某些工作将因此而取消，公司将对这些员工进行重新培训以保证员工的就业、生产能力和工作绩效。公司每年为每个员工提供 5 天的在职培训。员工还可以选择公司准许的某种变通方式完成培训要求并通过学费报销计划来支付培训费用。在职业培训之外，公司还非常重视为员工提供高级的技术、管理培训及多层次的学历教育。由于公司在培训方面的持续投入，员工在技术、知识和能力上不断提高，摩托罗拉公司在同业竞争中一直保持领先地位。

三是科学的工作安排。摩托罗拉公司普遍实行工作轮换制度，使员工能够得到多方面的锻炼，培养跨专业解决问题的能力，也便于发现最适合自己的工作岗位。对于管理人员，通常也采用轮换的方式进行培养。人力资源、行政、培训、采购等非生产部门的领导多数具备生产管理经历，这不但有利于各部门更好地为生产服务，也有利于管理人员全面掌握公司情况并成为合格的领导者。

四是公正的评估体系。摩托罗拉公司制定薪资报酬时所遵循的原则是“论功定酬”，员工有机会通过不断提高业绩水平及对公司的贡献而获得加薪。在“论功定酬”中，对员工进行公平、公开、公正的绩效评核，营造出相互尊重、相互信任的良好工作环境。有了这样的环境，员工才会有归属感，才不会转向其他途径寻求个人发展机会。

五是优厚的福利待遇。摩托罗拉公司员工每年有 80 小时的带薪休假，以保持身体健康和良好的工作状态；公司通过员工援助计划向员工及其家庭成员提供保密的心理健康咨询、矫正不当行为和其他个人问题的专业服务；公司主要的办公处内部设有应急医疗服务并举办健康和保健教育；摩托罗拉公司员工享受所在国政府规定的所有医疗、养老、失业等保障。在中国，摩托罗拉公司还为员工提供免费午餐、免费班车，并成为第一个向员工提供住房的外资公司。

六是真正的人格尊重。摩托罗拉公司组织文化的基石是对人保持不变的尊重。对人的尊重主要是通过“肯定个人尊严”活动体现出来的。在摩托罗拉公司，人的尊严被定义为：实质性的工作；了解成功的条件；有充分的培训并能胜任工作；在公司有明确的个人前途；及时中肯的反馈；无偏见的工作环境。每个季度，员工的直接主管会与其进行单独面谈，就以上几个方面或更广的范围进行探讨，在双方取得共识后，员工会将自己对以上几个方面的评价输入一个全球性的电子系统中传送到总公司汇总并存档。在谈话中发现的问题将通过正式的渠道加以解决。

此外，摩托罗拉公司的员工还享有充分的隐私权。员工的机密记录，包括病例、心理咨询记录和公安调查清单等都与员工的一般档案分开保存，公司内部能接触到雇员档案的仅限于“有必要知道”的有关人员。员工的私人资料，只有在得到本人书面同意的情况下才能对外界公开。这种对员工隐私的周密保护也充分体现了公司尊重人性的原则。

七是开放的沟通渠道。摩托罗拉公司的开放沟通政策是指公司为促进员工关系、鼓励和增强员工参与意识所采取的双向沟通策略。它充分体现了摩托罗拉以人为本、尊重个人、发挥人的潜能、实现个人价值与组织共同发展的经营理念，使员工和组织共同营造开放的沟通环境及相互尊重的文化氛围成为可能。通过开放式的沟通，员工可以使用不同的沟通方式进行直接沟通，管理层也可以根据存在的问题及时有效地处理好员工事务，不断促进员工的关系，创造良好的工作环境。

八是平和的离职安排。在摩托罗拉公司，即使是在离职问题上也能体会到公司对员工的尊重。公司尽最大的可能将裁员人选降至最低点。当必须裁员时，裁员人选将根据员工业绩、技能和服务年限等各方面做出抉择。在公司服务满 10 年的员工未经董事长和总裁批准不被列入裁员的名单。当员工由于个人或公司业务需要而离开时，公司还将视情况提供诸如安排其他工作、帮助介绍工作、发放补偿金和继续发给某些福利和工资的帮助等。

三、权变管理理论

权变管理理论是 20 世纪 70 年代在美国形成的一种管理理论。这一理论的核心就是力图研究组织的各子系统内部和各子系统之间的相互联系，以及组织和它所处的环境之间的联系，并确定各种变数的关系类型和结构类型。它强调在管理中要根据组织所处的内外部条件随机应变，针对不同的具体条件寻求不同的最合适的管理模式、方案或方法。

1. 权变管理理论的主要内容

美国尼布拉加斯大学教授弗雷德 •卢桑斯在其 1976 年出版的《管理导论：一种权变学》一书中系统地概括了权变管理理论。他认为：

（1）权变管理理论就是要把环境对管理的作用具体化，并使管理理论与管理实践紧密地联系起来。

（2）权变管理理论就是考虑到有关环境的变数同相应的管理观念和技术之间的关系，使采用的管理观念和技术能有效地达到目标。在通常情况下，环境是自变量，而管理的观念和技术是因变量。这就是说，如果存在某种环境条件可以更快地达到目标，就要采用该种管理原理、方法和技术。例如，如果在经济衰退时期，组织在供过于求的市场中经营，采用集权的组织结构就更适于达到组织目标；如果在经济繁荣时期，在供不应求的市场中经营，那么采用分权的组织结构可能会更好一些。

（3）环境变量与管理变量之间的函数关系就是权变关系，这是权变管理理论的核心内容。环境可分为外部环境和内部环境。外部环境又可以分为两种：一种由社会、技术、经济和政治、法律等组成；另一种由供应者、顾客、竞争者、雇员、股东等组成。内部环境基本上是正式组织系统，它的各个变量与外部环境各变量之间是相互关联的。

2. 权变管理理论的特点

（1）它强调根据不同的具体条件，采取相应的组织结构、领导方式、管理机制。权变管理理论认为不存在一成不变的、无条件适用于一切组织的最好的管理方法，强调在管理中要根据组织所处的内外环境的变化而随机应变，针对不同情况寻求不同的方案和方法。

（2）把一个组织看作社会系统中的分系统，要求组织各方面的活动都要适应外部环境的要求。管理是由计划、组织、控制等一系列活动构成的动态过程。管理的动态性不仅体现在管理的主体、管理的对象以及管理手段和管理方法上，组织的目标、管理的目标也是处于动态变化之中的。辩证唯物主义认为：世界是运动的，任何事物都处在不断的发展变化之中。组织的内、外部环境也处在不断变化之中，这说明不存在固定的管理模式，也不存在普遍适用于任何组织的管理方法和管理手段。

3. 权变管理的管理原则

1）随机制宜原则

任何管理思想、管理理论和方法都只适用于特定的管理活动，不可能存在一种能够解决各种管理问题的“灵丹妙药”。因此，这一原则要求任何管理活动都必须从具体实际出发，而不能凭主观臆断行事。

这一原则对于管理活动具有普遍的指导意义，它要求管理者辩证地对待管理理论和管理实践，充分认识和把握管理环境在不同条件下所表现出来的特点，选择符合实际的管理方法。

2）弹性原则

“弹性”通常是指物体受外力作用变形后，除去作用力时能恢复原来形状的性质，常用于借喻事物的伸缩性。弹性原则在管理上的意义是说管理应具有伸缩性，即富有弹性。

管理富有弹性，是由管理活动的性质决定的。管理活动纷繁复杂，影响管理的因素有许多，而管理所涉及的各种因素又存在着千丝万缕的联系。管理者在处理特定管理问题时，这些因素总是处于相对静止的状态，管理者素质和能力水平再高，他也不可能考虑到所有的影响因素以及这些因素之间的相互关系及其变化。因此，弹性原则要求管理者在进行决策和处理管理问题时除尽可能考虑多种因素之外，还要留有余地，以求综合平衡。

弹性原则体现在管理组织机构的设计上，强调在管理层次和管理部门的划分上应富有弹性，使组织机构能适应环境的变化。例如，西方一些国家主张建立弹性工作部门，根据组织环境的变化随时调整某些部门，决定其取舍。此外，他们在计划和控制方法上积极采用弹性预算技术，并设计富有弹性的工作内容，设置弹性工作时间等。

管理案例

欣欣玻璃厂王经理准备去外埠办事，出发前把交通、食宿等费用算得十分仔细，共计1500元。但到了车站，票价上升了；途中汽车出了故障停了一天；办事不顺利又多费了两天时间。王经理的钱不够了，不得不打电话让本单位速寄500元，非常狼狈。

以上案例说明组织环境是变幻莫测的，所以管理者在制订计划时不能满打满算，要留有一定的弹性。

四、系统管理理论

社会系统学派的代表人物巴纳德最早提出了协作系统的概念，并指出管理的职能就在于保持组织同外部环境的平衡。在20世纪30年代，福莱特也明确地提出了管理的整体性思想，她把企业组织视为一个不断运动着的统一整体，指出管理必须着眼于整体内部的协调。此后，管理科学学派也把系统分析作为一种基本方法用于解决某些工程项目的规划和复杂管理问题的决策。但是，应用一般系统理论建立一种管理理论并形成一个学派，则是20世纪60年代的事情。

第二次世界大战之后，企业组织规模日益扩大，企业内部的组织结构也更加复杂，从而提出了一个重要的管理课题，即如何从企业整体的要求出发，处理好企业组织内部各个单位或部门之间的相互关系，保证组织整体的有效运转。以往的管理理论只侧重于管理的某一个方面，或者侧重于生产技术过程的管理，或者侧重于人际关系，或者侧重于一般的组织结构问题。为了解决组织整体的效率问题，产生了系统管理理论学派。

1. 系统管理理论学派的主要观点

系统管理理论学派亦称系统学派，是指将企业作为一个有机整体，把各项管理业务看作相互联系的网络的一种管理学派。该学派重视对组织结构和模式的分析，应用系统理论的范畴、原理，全面分析和研究企业和其他组织的管理活动和管理过程，并建立起系统模型以便于分析。这一理论是卡斯特、罗森茨韦克和约翰逊等美国管理学家在一般系统论的基础上建立起来的。卡斯特是美国管理学家、华盛顿大学教授，他于 1963 年与约翰逊和罗森茨韦克三人合写了《系统理论和管理》，1970 年与罗森茨韦克两人合写了《组织与管理——一种系统学说》，这两本书比较全面地论述了系统管理理论。该理论的主要观点是：

（1）组织作为一个开放的社会技术系统，是由五个不同的分系统构成的整体。这五个分系统包括目标与价值分系统、技术分系统、社会心理分系统、组织结构分系统、管理分系统。这五个分系统之间既相互独立，又相互作用，不可分割，从而构成一个整体。这些系统还可以继续分为更小的子系统。

（2）企业是由人员、物资、机器和其他资源在一定的目标下组成的一体化系统，它的成长和发展同时受到这些组成要素的影响。在这些要素的相互关系中，人是主体，其他要素则是被动的。管理人员须力求保持各部分之间的动态平衡、相对稳定以及一定的连续性，以便适应情况的变化，达到预期目标。同时，企业还是社会这个大系统中的一个子系统，企业预定目标的实现不仅取决于内部条件，还取决于企业外部条件，如资源、市场、社会技术水平、法律制度等。它只有在与外部条件的相互影响中才能达到动态平衡。

（3） 如果运用系统观点来考查管理的基本职能，可以把企业看成是一个投入-产出系统，投入的是物资、劳动力和各种信息，产出的是各种产品（或服务）。运用系统观点使管理人员不至于只重视某些与自己有关的特殊职能而忽视了大目标，也不至于忽视自己在组织中的地位与作用，可以提高组织的整体效率。

2. 系统管理理论的管理原则

1）统一指挥原则

自西方古典管理理论开始，统一指挥原则就一直备受管理理论研究者的重视。系统是有层次的，它要求明确划分管理的层次。各管理层次要明确自己相应的职责与权力。系统的有效运行是有规律的，杂乱无章的多头领导必然导致责权不明、指令重复而相互矛盾。因此，在实现组织既定目标的过程中，必须强调统一指挥原则，强调组织目标实现过程中的合力，以形成组织行为的整体效益。

2）分权与授权原则

管理是一种综合性的系统活动，管理目标的实现需要管理系统中各个子系统的协同工作。这就必须改变集权管理的传统观念，要求管理者对其下属进行适度的分权和授权。按照这一原则，组织内最高管理层应将决策的部分工作分配给各个下属管理层，并正确授权，这不仅有利于组织系统内部的信息沟通，而且有利于创造职工参与管理的机会。

3）等级原则

按照等级原则，组织内的职权和责任应按照明确而连续不断的系统，从最高管理层一直贯穿到组织的最低层，即做到责权分明，分级管理。

4）分工协作原则

分工协作是社会化大生产的内在要求，这也是管理的基础。没有分工协作就不需要管理，也无所谓管理。因此，按照这一原则，组织内的各种活动应加以细分并组成专业化的群体，实行部门化。这有利于简化管理人员的工作，提高工作效率。分工协作原则符合系统管理的基本原理，分工协作体现了管理系统内部各个子系统之间的有机联系。

5）整体效应原则

系统整体效应的概念出自于著名的贝塔朗菲定律——整体大于各部分的总和。就是说，系统的整体功能大于各组成部分的功能之和，即“1+1>2”效应。这一效应说明系统内部各部分之和在功能上发生了质变。它启发管理者重视组织管理的整体效应，在进行决策和处理管理问题时应以系统整体效应为重，从系统整体功能的角度分析系统内部各部分之间相互联系和相互制约的关系，从整体出发协调好要素之间的关系，做到子系统的目标服从于大系统整体目标的实现。

管理案例

一只沿口不齐的木桶，它盛水的多少不在于木桶上那块最长的木板，而在于木桶上最短的那块木板。要想使木桶多盛水——提高木桶的整体效应，不是去增加最长的那块木板的长度，而是下功夫补齐木桶上最短的那块木板。

在管理过程中要下功夫狠抓单位的薄弱环节，否则，单位的整体工作就会受到影响，人们常说“取长补短”，即取长的目的是为了补短，只取长而不补短，就很难提高工作的整体效率。此外，人能否做成事取决于最短的能力或资源。

关于该法则，还有几种演变：

演变 1：一个木桶的储水量，还取决于木桶的直径大小。

演变 2：在每块木板都相同的情况下，木桶的储水量还取决于木桶的形状。

演变 3：木桶的最终储水量，还取决于木桶的使用状态和相互配合。

6）信息反馈原则

按照系统的观点，任何特定的组织都是一个闭环控制系统。它在管理上的意义则体现为管理方式和手段必须构成一个连续封闭的回路。在这个相对封闭的系统中，反馈起着关键的作用。反馈就是把经过处理后输出的信息又回送到输入端，以提高系统的性能，从而达到控制的目的。没有信息的反馈，就不可能形成有效的管理。信息反馈原则要求各个层次的管理者及时、准确、有效地收集和分析有关管理活动的信息，把握各项工作的实际成效，及时纠正偏差，不断提出改进措施。

五、现代管理理论的新发展

20 世纪 90 年代以来，市场竞争愈趋激烈，企业外部环境复杂多变，管理学界开始重点研究如何适应充满危机和动荡的国际经济环境的变化，以谋求企业发展，并获得竞争优势。其中影响较大的有企业再造理论和学习型组织理论。

1. 企业再造理论

企业再造也被译为“再造工程”，它是 1993 年由原美国麻省理工学院教授迈克尔·哈默与詹姆斯·钱皮创造的关于企业经营管理方式的一种理论和方法。所谓“再造工程”，简单地说就是以工作流程为中心，重新设计企业的经营、管理及运作方式。

1）企业再造理论产生的背景

20 世纪 70 年代以来，信息技术革命使企业的经营环境和运行方式发生了很大的变化，而西方国家经济的长期低增长又使市场竞争日益激烈，企业面临着严峻挑战。面对挑战，企业只有在更高水平上进行一场根本性的改革与创新，才能在低速增长时代提高自身的竞争力。在这种背景下，结合美国企业为挑战日本、欧洲企业的威胁而展开的实际探索，哈默和钱皮提出："20 年来，没有一个管理思潮能将美国的竞争力倒转过来，如目标管理、多样化、Z 理论、零基预算、价值分析、分权、矩阵管理、内部创新等""应在新的企业运行空间条件下，改造原来的工作流程，以使企业更适应未来的发展空间"。这一全新的思想震动了管理学界，在较短的时间里该理论便成为企业和学术界研究的热点。

2）企业再造的主要程序

企业再造就是重新设计和安排企业的整个生产、服务和经营过程，使之合理化。在具体实施过程中，可以按以下程序进行：

① 对原有流程进行功能和效率的全面分析，发现其存在的问题。

② 设计新的流程改进方案，并进行评估。

③ 制订与流程改进方案相配套的组织结构、人力资源配置和业务规范等方面的改进规划，形成系统的企业再造方案。

④ 组织实施与持续改善。实施企业再造方案，必然会触及原有的利益格局。因此，必须精心组织，谨慎推进。既要态度坚定，克服阻力，又要积极宣传，形成共识，以保证企业再造的顺利进行。

企业再造方案的实施并不意味着企业再造的终结。在社会发展日益加快的时代，企业总是不断面临新的挑战，这就需要对企业再造方案不断地进行改进，以适应新形势的需要。

3）企业再造的效果与问题

企业再造在欧美企业中受到了高度的重视，因而得到迅速推广，带来了显著的经济效益，涌现出大批成功的范例。1994 年，CSC Index 公司（战略管理咨询公司）对北美和欧洲 6000 家大公司进行了抽样问卷调查，调查结果显示北美 69%、欧洲 75%的公司已经进行了一个或多个再造项目；某公司的半导体部门，通过再造，使集成电路的订货处理周期缩短了一半多，改变了顾客的满意度，由最坏变为最好，并使企业获得了前所未有的收入；联邦快递公司通过企业再造使年度开支下降了 10 亿多美元；塔果贝尔快餐公司实施流程再造以来，公司的销售额每年增长 22%，平均利润增长率为 31%。

在企业再造取得成功的同时，另一部分学者也在严肃地探讨其在企业实施中失败率高的原因。大家认为，企业再造理论在实施中易出现的问题在于，再造时未考虑企业的总体经营战略思想，忽略作业流程之间的联结作用，未考虑经营流程的设计与管理流程的相互关系等。

总体来说，企业再造理论顺应了通过变革创造企业新活力的需要，有越来越多的学者加入再造工程的研究中。有些管理学者针对再造工程的理论缺陷，发展出一种被称为 MTP（即流程管理）的新方法，其内容是以流程为基本的控制单元，按照企业经营战略的要求，对流程的规划、设计、构造、运转及调控等所有环节实行系统管理，全面考虑各种作业流程之间的相互配置关系，以及与管理流程的适应问题。可以说，MTP是再造工程的扩展和深化，它使企业经营活动的所有流程实行统一指挥，综合协调。

2. 学习型组织理论

20世纪80年代以来，随着信息革命、知识经济时代进程的加快，企业面临着前所未有的竞争环境的变化，传统的组织模式和管理理念已越来越不适应当前的环境，其突出表现就是许多在历史上名噪一时的大公司纷纷退出历史舞台。因此，研究企业组织如何适应新的知识经济环境，提高自身的竞争能力，延长组织寿命，成为世界企业界关注的焦点。

1990年，美国麻省理工学院教授彼得·圣吉的代表作《第五项修炼——学习型组织的艺术与实务》在美国出版，该书于1992年荣获世界企业学会最高荣誉的开拓者奖，圣吉本人也于同年被美国《商业周刊》推崇为当代的最杰出的新管理大师之一。学习型组织理论认为，在新的经济背景下，企业要持续发展，必须增强企业的整体能力，提高整体素质。也就是说，企业的发展不能再只靠像福特、斯隆、沃森那样伟大的领导者一夫当关、运筹帷幄、指挥全局，未来真正出色的企业将是能够设法使各阶层人员全心投入并有能力不断学习的组织——学习型组织。

所谓学习型组织，是指通过培养弥漫于整个组织的学习气氛、充分发挥员工的创造性思维能力而建立起来的一种有机的、高度柔性的、扁平的、符合人性的、能持续发展的组织。这种组织具有持续学习的能力，具有高于个人绩效总和的综合绩效。学习型组织具有以下几个特征：

（1）组织成员拥有一个共同的愿景。组织的共同愿景来源于员工个人的愿景而又高于个人的愿景。它是组织中所有员工的共同理想，它能使不同个性的人凝聚在一起，朝着组织共同的目标前进。

（2）组织由多个创造性个体组成。在学习型组织中，团体是最基本的学习单位，团体本身应理解为彼此需要他人配合的一群人。组织的所有目标都是直接或间接地通过团体的努力来达到的。

（3）善于不断学习。这是学习型组织的本质特征，所谓“善于不断学习”，主要有四点含义：一是强调终身学习，即组织中的成员均应养成终身学习的习惯，这样才能形成组织良好的学习气氛，促使其成员在工作中不断学习；二是强调全员学习，即组织的决策层、管理层、操作层都要全心投入学习；三是强调全过程学习，即学习必须贯彻于组织系统运行的整个过程之中；四是强调团体学习，即不但重视个人学习和个人智力的开发，更强调组织成员的合作学习和群体智力的开发。

（4）扁平式结构。传统的企业组织通常是金字塔式的，学习型组织结构是扁平的，它尽最大可能将决策权向组织结构的低层移动，让最低层单位拥有充分的自主权，并对产生的结果负责。只有这样，企业内部才能形成互相理解、互相学习、整体互动思考、协调合作的群体，才能产生巨大的、持久的创造力。

（5）自主管理。学习型组织理论认为自主管理是使组织成员能边工作边学习，使工作和学习紧密结合的方法。自主管理可使组织成员自己发现工作中的问题，自己选择伙伴组成团队、选定改革进取的目标、进行现状调查、分析原因、制订对策、组织实施、检查效果、评定总结。团队成员在自主管理的过程中，能形成共同愿景，能以开放求实的心态互相切磋，不断学习新知识，不断进行创新，从而增加组织快速应变、创造未来的能量。

（6）组织的边界将被重新界定。对学习型组织的边界的界定建立在组织要素与外部环境互动关系的基础上，超越了传统的根据职能或部门划分的法定边界。例如，把销售商的反馈信息作为市场营销决策的固定组成部分，而不是像以前那样只是作为参考。

（7）员工家庭与事业平衡。学习型组织努力使员工丰富的家庭生活与充实的工作生活相得益彰。学习型组织对员工承诺支持每位员工充分的自我发展，而员工也以承诺对组织的发展尽心作为回报。这样个人与组织的界限将变得模糊，工作与家庭之间的界限也将逐渐消失，两者之间的冲突也必将大为减少，达到家庭与事业之间的平衡。

（8）领导者的新角色。在学习型组织中，领导者是设计师、仆人和教师。领导者的设计工作是一个对组织要素进行整合的过程，他不只是设计组织的结构和组织政策、策略，更重要的是设计组织发展的基本理念；领导者的仆人角色表现在他对实现愿景的使命感，他自觉地接受愿景的召唤；领导者作为教师的首要任务是界定真实情况，协助人们对真实情况进行正确、深刻地把握，提高他们对组织系统的了解能力，促进每个人的学习。

学习型组织有着它不同凡响的作用和意义。它的真谛在于：学习一方面是为了保证组织的生存，使组织具备不断改进的能力，提高组织的竞争力；另一方面学习更是为了实现个人与工作的真正融合，使人们在工作中活出生命的意义。

尽管学习型组织的前景十分迷人，但如果把它视为一贴“万灵药”则是危险的。事实上，学习型组织的缔造不应是最终目的，重要的是通过迈向学习型组织的种种努力，引导一种不断创新、不断进步的新观念，从而使组织日新月异，不断创造未来。

本章重点知识归纳

1. 中国古代管理思想主要包括儒家的管理思想——仁政德治论、法家的管理思想——法治刑治论和道家的管理思想——无为而治论。

2. 西方管理思想的产生与发展的三个阶段及主要的代表人物。

3. 泰勒的科学管理理论内容包括确定合理的日工作量、工作标准化、合理配备员工、实行差别计件工资制、管理职能与执行职能分离、实行职能工长制、例外原则等七个方面。

4. 法约尔的一般管理思想包括第一次提出了计划、组织、指挥、协调和控制等管理职能；14 条管理的一般原则；管理者的素质等。

5. 韦伯的理想行政组织体系内容包括权力和权威是组织形成的基础、理想的行政组织体系。

6. 梅奥的人际关系理论内容包括工人是“社会人”而不是“经济人”；工人的情绪和

工作态度对生产效率具有更大的影响；组织中存在着非正式组织。

7. 现代管理理论包括决策理论、人本管理理论、权变管理理论等。

第二章想一想

第二章做一做

第二章 PPT

第三章
计　　划

学习目标

通过本章的学习，学生应理解计划的概念及地位；了解计划种类、计划编制的影响因素；掌握计划编制的原则和程序；能够进行科学预测及编制计划；能够开展目标管理。

第一节 计划职能

引导案例

冷冻食品厂的问题在哪里

王中是一家冷冻食品厂厂长，该厂专门生产一种奶油含量特别高的冰激凌。在过去的4年中，这种冰激凌每年的销售量都稳步递增。但是，今年的情况发生了较大的变化，到8月份，该厂累计销量比去年同期下降17%，生产量比计划少15%；员工缺勤率比去年高20%，迟到早退现象也有所增加。王中认为这种情况的发生很可能与管理有关，但他不能确定发生这些问题的原因，也不知道应该怎样去改变这种情况。

思考：你认为该厂的问题出在哪里？

案例启示：冷冻食品厂的主要问题是生产经营计划的制订有问题，没有科学地拟订企业的生产经营计划，企业的生产计划应该是以销定产，满足社会需求。而冷冻食品厂没有对市场进行调研，制订的产品生产计划不符合市场需求，并且企业的管理制度不健全，即王中没有很好地履行计划职能，使企业陷于困境。要解决目前企业面临的困境，作为厂长的王中应该充分学习和理解计划职能，在此基础上才能确定适合本企业的经营目标。

一、计划职能概述

1. 计划的定义

计划有广义和狭义之分。广义的计划是指制订计划、执行计划和检查计划的执行情况三个阶段的工作过程。而狭义的计划则是指制订计划。这里的计划概念是从狭义上讲的，就是在分析和预测的前提下，对组织未来所从事的活动事先进行的谋划和安排，即通过一定的科学方法，为决策目标的实现做出具体的安排。计划工作是事先选择预定目标的一种管理方法，表现出管理者在创新方面的能力。计划职能可从如下几个方面理解：

（1）计划的前提是预测。组织在制订计划前要开展调查工作，收集足够多的信息，在对信息进行充分分析的基础上才能制订计划。

（2）计划是对未来活动的具体谋划和安排。就是预先决定做什么、为什么要做、确定何时做、何地做、谁去做以及如何做，即通常所说的5W1H。“5W1H”的具体内容如下：

① What——做什么？即明确活动的内容及要求。

② Why——为什么要做？即明确计划工作的原因及目的。

③ When——何时做？即规定计划中各项工作的起始时间和完成时间。

④ Where——何地做？即规定计划的实施地点。

⑤ Who——谁去做？即规定由哪些部门和人员负责实施计划。

⑥ How——如何做？即规定实现计划的手段和措施。

一份详细的计划应该包括上述六个方面的内容。通过这六项内容，管理者明确了做什么、工作的步骤、存在的约束条件、采取的措施以及最后要完成的目标。

2. 计划工作的基本特征

（1）目的性。计划是有目的性的，计划工作旨在促使组织目标的实现。组织是通过精心安排的合作去实现目标而得以生存和发展的。计划工作的一个主要方面就是确立目标，并进行科学的规划去实现目标。

管理故事

有一位父亲带着三个孩子到沙漠中去猎杀骆驼。他们到了目的地。父亲问老大：“你看到了什么？”老大回答：“我看到了猎枪，还有骆驼，还有一望无际的沙漠。”父亲摇摇头说：“不对。”父亲以同样的问题问老二。老二回答说：“我看见了爸爸、大哥、弟弟、猎枪，还有沙漠。”父亲又摇摇头说：“不对。”父亲又以同样的问题问老三。老三回答：“我只看到了骆驼。”父亲高兴地说：“你答对了。”

父子打猎的故事充分说明做事要成功，首先必须要有明确的目标。目标一经确立，就要心无旁骛，集中全部精力，勇往直前。

（2）普遍性。计划工作的核心是决策，不管是哪个层次的管理者，不管是企业管理活动中的大事还是小事，在活动开展之前，管理者都要进行谋划和安排。即各级主管人员的工作中始终存在着决策问题，因而计划工作是各级主管人员的一个基本职能，具有普遍性。

（3）适应性。在制订计划时，因为环境是变幻莫测的，对管理目标的实现有影响的因素太多，在制订计划时，管理者不可能把所有的影响因素全部考虑在内，所以在制订计划时要留有充分的余地，使计划能够灵活地适应变化着的客观环境。

（4）经济性。计划工作要讲究效率，要考虑投入与产出之间的比例。编制计划的目的之一就是实现以小的投入获得大的产出。计划的效率不仅体现在有形物上，还包括满意度这类无形的评价标准。

3. 计划的意义

计划对组织的经营管理活动起着直接的指导作用，但一个计划对组织的工作可以起积极作用，也可能起消极作用。一个好的计划即科学性、准确性很强的计划，对于组织工作的开展将起到事半功倍的作用。制订计划的工作是十分重要的。计划工作的重要性主要表现在以下几个方面：

（1）计划有利于管理者进行协调和控制。计划工作可以使人们的行动对准既定的目标。由于周密、细致、全面的计划工作会统一部门之间的活动，主管人员才能从日常的事务中解放出来，而将主要精力放在随时检查、修改、扩大计划上来，放在对未来不肯定的研究上来。这既能保证计划的连续性，又能保证全面地实现奋斗目标。计划和控制是一个事物的两个方面。未经计划的活动是无法控制的。控制活动就是通过纠正脱离计划的偏差来使活动保持既定的方向。计划是控制的标准，是控制的基础。

（2）计划有利于提高工作效率。由于计划工作强调了经营的效率和一贯性，组织经营活动的费用才被降至最低限度。计划工作能细致地组织经营活动，是有效、经济地组织经营管理活动的工具。同时由于有了计划，管理者在领导下属实现组织目标的管理活动中就有了行动的纲领，下属也知道该如何配合管理者去实现组织目标，少走了弯路，提高了工作的效率。

（3）计划是面向未来的，而未来又是不肯定的。计划工作的重要性就在于如何适应存在不肯定性的未来。因此在制订计划时管理者需要进行周密和准确的预测，预测在未来生产经营活动中会遇到的困难，制订相应的补救措施，随时检查计划的落实情况，遇到问题则须重新制订相应的计划措施。即使将来的事情是肯定的，也需根据已知事实的基本数据计算采用哪种方案能以最低的代价取得预期的结果。

因此，计划工作是一项指导性、科学性和预见性很强的管理活动，同时也是一项复杂而又困难的工作。

二、计划的种类

由于人类活动具有复杂性与多元性，计划的种类也变得十分复杂和多样。计划按不同的标准可分为很多种类型，常见的有以下几种。

1. 按计划的期限分类

按计划的期限，可把计划分为短期计划、中期计划和长期计划。

一般说来，人们习惯于把 1 年或 1 年以下的计划称为短期计划；把 1 年以上到 5 年的计划称为中期计划；而把 5 年以上的计划称为长期计划。这种划分不是绝对的。例如，一项航天发展项目的短期实施计划可能需要 5 年；而一家小的制鞋厂，由于市场变化较快，它的短期计划仅能适用 2 个月。所以尽管我们按上述时间界限划分出长期计划、中期计划和短期计划，在讨论各期计划时还是应从它们本身的性质出发来说明。

2. 按计划的层次分类

按层次，可把计划分为战略计划、战术计划和作业计划。

1）战略计划

战略计划是由高层管理者制订的，涉及企业长远发展目标的计划。它的特点是长期性，一次计划可以决定在相当长的时期内大量资源的运动方向；它的涉及面很广，相关因素较多，这些因素的关系既复杂又不明确，因此战略计划要有较大的弹性。战略计划还应考虑许多无法定量化的因素，管理者必须借助非确定性分析和推理判断才能对它们有所认识。战略计划的这些特点决定了它对战术计划和作业计划的指导作用。

2）战术计划

战术计划是由中层管理者制订的，涉及企业生产经营、资源分配和利用的计划。它将战略计划中具有广泛性的目标和政策转变为确定的目标和政策，并且规定了达到各种目标的确切时间。战术计划中的目标和政策比战略计划更具体、详细，并具有相互协调的作用。

此外，战略计划是以问题为中心的，而战术计划是以时间为中心的。一般情况下，战术计划是按年度分别拟订的。

3）作业计划

作业计划是由基层管理者制订的。战术计划虽然已经相当详细，但在时间、预算和工作程序方面还不能满足实际实施的需要，管理者还必须制订作业计划。作业计划根据管理计划确定计划期间的预算、利润、销售量、产量以及其他更为具体的目标，确定工作流程，划分合理的工作单位，分派任务和资源，以及确定权力和责任。

3. 按计划对象分类

按对象，可把计划分为综合计划、局部计划和项目计划。顾名思义，综合计划所包括的内容是多方面的，局部计划只包括单个部门的业务，而项目计划则是为某种特定任务而专门制订的。

1）综合计划

综合计划一般指具有多个目标和多方面内容的计划。就其涉及对象来说，它关联到整个组织或组织中的许多方面。习惯上人们把预算年度的计划称为综合计划。在企业中，它是指年度的生产经营计划，主要包括销售计划、生产计划、劳动工资计划、物资供应计划、成本计划、财务计划、技术组织措施计划等。

2）局部计划

局部计划限于指定范围的计划。它包括各种职能部门制订的职能计划，如技术改造计划、设备维修计划等；还包括执行计划的部门划分的部门计划。局部计划是在综合计划的基础上制订的，它的内容专一性强，是综合计划的一个子计划，是为达到整个组织的分目标而确立的。

3）项目计划

项目计划是针对组织的特定课题做出决策的计划。例如，某种产品开发计划、企业的扩建计划、与其他企业联合计划、职工俱乐部建设计划等都是项目计划。项目计划在某些方面类似于综合计划，它的特殊性在于其目的是实现企业结构的变革，即针对企业的结构问题选择解决问题的目标和方法。它的计划期很可能为 1 年，这时它就要包括在年度计划之内。也许它需要几年才能完成。例如，企业扩建计划，这时年度计划仅包括它的一部分。项目计划是与组织结构的变革相关的。结构的组成要素有许多，如企业中的市场、设备、产品、财务和组织等，几乎包括企业的一切领域。项目计划就是使这些因素具体地朝着将来的方向发展下去。我们必须注意把项目计划同在原有结构上的实现有效经营的管理计划相区别。

三、计划的表现形式

1. 目的或任务

组织的目的或任务，是社会赋予它们的基本职能，是组织存在的理由，用来回答组织是做什么的以及应该做什么这类问题。

2. 目标

目标是在目的或任务指导下，提出整个组织所要达到的具体目标。目标不仅是计划工作的终点，也是管理者开展指挥、激励、人员配备以及控制等活动所要达到的结果。

3. 战略

战略是一个组织为全面实现目标而对主攻方面以及资源进行全面布置的总纲，即对企业的所有资源进行的总体长远规划。

4. 政策

政策是指组织在决策时或处理问题时指导及沟通思想活动的方针和一般规定。在制定和执行政策时，必须具有一贯性和完整性。

5. 程序

程序规定了处理问题的例行方法、步骤，即办事手续。程序详细地说明了完成某种活动的准确方式，是为确保政策的落实而制订的。

6. 规则

规则是根据具体情况采取或不采取某个特殊的或特定的行动。在通常情况下，一系列规则的总和构成程序。

7. 预算

在组织中预算是一种常用的计划表现形式，预算是量化了的计划，常用在现金收支预算、投资预算、资产负债预算等财务方面。预算是控制组织经营活动不可缺少的内容，是使组织的各级计划协调统一的重要手段。

四、编制计划要考虑的因素和计划编制程序

1. 编制计划应考虑的因素

编制计划应考虑的因素主要有时间因素和成本因素。

（1）时间因素主要考虑如下几个方面：编制计划所需的时间，取决于计划对象的复杂性及所采用的计划方法的特点；计划的提前期，即从编制计划起到开始实施这一计划所需的时间跨度的长短；计划的实施时间，即全面执行计划所需的时间；计划本身所包含的时间长度。

（2）成本因素就是考虑计划的经济性，即为编制此计划所付出的代价。在实现计划确定的目标时，管理者必然要付出一定的成本。实现组织目标有多种可采取的途径和手段，采用不同的途径和手段会产生不同的成本，当然最终实现的目标也有一定的差异，所以在制订计划时要考虑成本问题。

2. 编制计划的程序

计划职能是管理的最基本职能。由于管理的环境是动态的环境，管理活动是发展变化

的过程，计划是作为行动之前的安排，因此计划工作应是一种连续不断的循环。任何计划工作的步骤都是相近的，依次包括以下内容：

1）识别机会

分析环境是在实际的计划工作开始之前就着手进行的，是对将来可能出现的机会加以估计，并在清楚全面地了解这些机会的基础上进行初步的探讨。严格来讲，估量机会不是计划工作过程的一个组成部分，却是计划工作的真正起点，在估量机会的基础上，确定可行性目标。内、外部环境为确定可行性目标提供依据。

2）确定目标

计划工作的第一步是在估量机会的基础上为组织及其所属的下级单位确定计划工作的目标，即组织在一定时期内所要达到的效果。

计划目标是企业预定的、在计划期内生产经营活动的结果，它应在分析企业外部和内部情况的基础上确定。各种情况与计划目标的具体内容的关系是错综复杂的，往往某种情况对计划目标中的一个或几个具体内容有利，而对另一个或几个具体内容不利；也可能某个情况对某个具体内容适用，却受到另一种情况的限制。因此，对各种情况都要进行全面的分析和衡量，权衡利弊得失，避免顾此失彼，然后再确定计划目标。通常，计划目标有以下四类：

（1）贡献目标。贡献目标即对社会贡献的大小，可用产品品种、质量、数量以及上缴税金和利润等表示。

（2）市场目标。企业生产经营活动有无活力，就要看它占有市场的深度和广度，即市场面和市场占有份额的大小。企业的市场目标应是通过扩大市场范围和提高市场占有率来增加销售额。

（3）发展目标。企业为了对社会做出更大贡献，为企业和职工谋求更多的利益，必须不断发展自己。为了实现这一目标，企业可以通过改造和更新设备，扩大再生产，也可以通过联合的办法来壮大自己。

（4）利益目标。利益目标是企业生产经营活动的内在动力，不仅关系到企业职工利益，也关系到企业自身发展。因此，企业应争取扩大经济效益，增加盈利，提高盈利水平。

3）拟订可行方案

拟订可行性行动计划要求拟订尽可能多的计划。可供选择的行动计划数量越多，对被选计划的相对满意程度就越高，行动就越有效。因此，在可行的行动计划拟订阶段，要发扬民主，广泛发动群众，充分利用组织内外的专家，通过他们献计献策，产生尽可能多的行动计划。企业应拟订各种实现计划目标的方案，以便寻求实现目标的最佳计划方案。拟订各种可行的计划方案，一方面要依赖过去的经验，已经成功的或失败的经验对于拟订可行的计划方案都有借鉴作用；另一方面也是更重要的方面就是依赖于创新。因为，企业内、外部情况的迅速发展变化，使昨天的方案不一定适应今天的要求，所以，计划方案还必须创新。

4）进行方案可行性评估

根据企业的内、外部条件和对计划目标的研究，分析各个方案的优缺点，注意每个方案的制约因素和隐患，全局考虑。要注意考虑以下几点：①认真考查每一个计划的制约因素和隐患。②要用总体的效益观点来衡量计划。③既要考虑到每一计划的许多有形的可以用数量表示的因素，又要考虑到许多无形的不能用数量表示的因素。④要动态地考查计划的效果，不仅要考虑计划执行可能带来的利益，还要考虑计划执行可能带来的损失，特别注意那些潜在的、间接的损失。评价方法分为定性和定量两类。⑤按一定的原则选出一个或几个较优计划。

5）选择最优方案

这是编制计划的一个重要环节，因为它关系到计划目标的实现，关系到企业的经济效益甚至是经营的成败。

从众多的可行性方案中选择最优方案，要充分比较各个方案的优缺点。选择方案的标准，主要是看哪一个方案最接近许可的条件和计划目标的要求，风险最小。在比较各方案的时候，如果必须考虑的条件不多且较肯定，那么方案的比较就容易一些，可以利用数学方法帮助确定最优方案。如果需要考虑的因素较多，而其中又包括一系列不确定的因素，方案的比较就困难一些，这时就主要依靠决策人员的经验、实验和研究分析进行比较。

6）制订派生计划

派生计划是为了支持主计划实现而由各个职能部门和下属单位制订的计划。例如，一家公司年初制订了“当年销售额比上年增长 15%”的销售计划，这一计划的实现需要生产计划、促销计划等的辅助。再如，当一家公司决定开拓一项新的业务时，这个决策是要制订很多派生计划的信号，如雇佣和培训各种人员的计划、筹集资金计划、广告计划等。

7）编制预算

在做出决策和确定计划后，赋予计划含义的最后一步就是把计划转变成预算，使计划数字化。编制预算，一方面是为了计划的指标体系更加明确，另一方面是企业更易于对计划执行进行控制。定性的计划，执行起来往往会比较困难，在可比性、可控性和奖惩方面难把握，而定量的计划则具有较强的约束性。

第二节 计划方法

一、滚动计划法

滚动计划法是一种一次性编制几个计划周期，将短期计划、中期计划和长期计划有机地结合起来，采用近细远粗的方法编制，即计划期近的计划编制得详细，计划期远的计划编制得粗略，根据计划的执行情况和环境的变化情况修订未来计划期的计划，使计划期不断向前滚动的计划方法。

1. 具体做法

在已编制出的计划的基础上，每经过一段固定的时期（如一年或一个季度，这段固定的时期被称为滚动期）便根据变化了的环境条件和计划的实际执行情况，从确保实现计划目标出发对原计划进行调整。每次调整时，保持原计划期限不变，而将计划期顺序向前推进一个滚动期。即在制订计划时，同时制订未来若干期的计划，但采用近细远粗的办法制订，即近期计划尽可能详细，远期计划则较粗略；在计划期的第一阶段结束时，根据该阶段计划的执行情况和内、外环境的变化情况，对原计划进行修订，并将计划向前滚动一个阶段；以后根据同样的原则逐期滚动。

例如，某企业在 2017 年年底制订了 2018～2022 年的五年计划，如采用滚动计划法，到 2018 年年底，根据当年计划完成的实际情况和客观条件的变化，对原订的五年计划进行必要的调整，在此基础上再编制 2019～2023 年的五年计划。其后依此类推（图 3-1）。

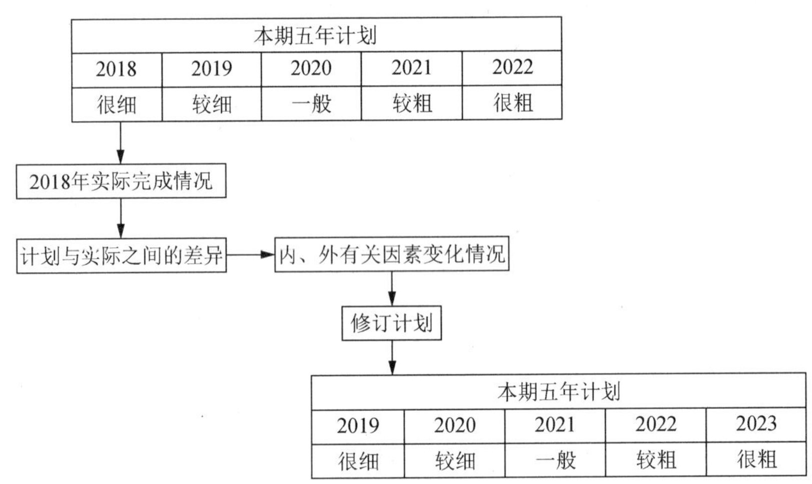

图 3-1　某企业五年计划的滚动计划

可见，采用滚动计划法能够根据变化了的组织环境及时调整和修正组织计划，体现了计划的动态适应性。而且，它可使中长期计划与年度计划紧紧地衔接起来。

滚动计划法既可用于编制长期计划，也可用于编制年度、季度生产计划和月度生产作业计划。不同计划的滚动期不一样，一般长期计划按年滚动，年度计划按季滚动，月度计划按旬滚动等。

2. 滚动计划法的优点

（1）使计划更加符合实际。由于人们无法对将来的变化做出准确估计，因此计划往往不够准确，计划期越长，计划越不准确，而滚动计划相对缩短了计划期，从而提高了计划的准确性和质量。

（2）使短期计划、中期计划和长期计划相互衔接，可根据变化及时进行调节，使各期计划基本一致。

（3）大大增加了计划的弹性，提高了组织在剧烈变化的环境中的应变能力。

3. 滚动计划法的缺点

滚动计划法的缺点主要是编制计划的工作量太大。但是随着计算机的普及和辅助计算功能的加强，这一问题已得到较好解决。

管理案例

每逢岁末年初，各企业的领导者都会暂时放下手中的其他工作，与自己的核心团队一同踏踏实实地坐下来，专门花些时间制订来年的工作计划，以求为下一年插上希望和成功的翅膀，让企业各项事业在当年业绩的基础上更上一层楼。但外部环境千变万化，内部条件变数难料，怎样的计划才能让企业来年12个月的计划科学合理、高效务实，所有的工作都能按部就班、一帆风顺呢？

S公司是中国东部地区一家知名企业，原有的计划管理水平低下，粗放管理特征显著，计划管理与公司实际运营情况长期脱节。为实现企业计划制订与计划执行的良性互动，在管理咨询公司顾问的参与下，S公司开始逐步推行滚动计划管理。

首先，S公司以全面协同量化指标为基础，将各年度分解为四个独立的、相对完整的季度计划，并将其与年度计划紧密衔接。在企业计划偏离和调整工作中，S公司充分运用了动态管理的方法。

所谓动态管理，就是S公司年度计划执行过程中要对计划本身进行三次定期调整：第一季度的计划执行完毕后，就立即对该季度的计划执行情况与原计划进行比较分析，同时研究、判断企业近期内、外环境的变化情况。根据统一得出的结论对后三个季度计划和全年计划进行相应调整；第二季度的计划执行完毕后，使用同样的方法对后两个季度的计划和全年计划执行相应调整；第三季度的计划执行完毕后，仍然采取同样方法对最后一个季度的计划和全年计划进行调整。

其次，S公司各季度计划的制订是根据近细远粗、依次滚动的原则开展的。这就是说，每年年初都要制订一套繁简不一的四季度计划：第一季度的计划率先做到完全量化，计划的执行者只要拿到计划文本就可以一一遵照执行；第二季度的计划要至少做到50%的内容实现量化；第三季度的计划也要至少使20%的内容实现量化；第四季度的计划只要做到定性即可。同时，在计划的具体执行过程中对各季度计划进行定期滚动管理——第一季度的计划执行完毕后，将第二季度的计划滚动到原第一计划的位置，按原第一季度计划的标准细化到完全量化的水平；第三季度的计划则滚动到原第二季度计划的位置并细化到至少量化50%内容的水平，依次类推。第二季度或第三季度计划执行完毕时，按照相同原则将后续季度计划向前滚动一个阶段并予以相应细化。本年度四个季度计划全部执行完毕后，下年度计划的周期即时开始，如此周而复始，循环往复。

最后，S 公司以全面协同量化指标为基础建立了三年期的跨年度计划管理模式，并将其与年度计划紧密对接。

跨年度计划的执行和季度滚动计划的思路一致。S 公司每年都要对计划本身进行一次定期调整：第一年度的计划执行完毕后，就立即对该年度的计划执行情况与原计划进行比较分析，同时研究、判断企业近期内外环境的变化情况，根据得出的结论对后三年的计划和整个跨年度计划进行相应调整；当第二年的计划执行完毕后，使用同样的方法对后三年的计划和整个跨年度计划进行相应调整，依次类推。

S 公司立足于企业长期、稳定、健康的发展目标，将季度计划—年度计划—跨年度计划环环相扣，前后呼应，形成了独具特色的企业计划管理体系，极大地增强了企业计划制订和执行相辅相成的功效，明显提升了企业计划管理、分析预测和管理咨询的水平，为企业整体效益的提高奠定了坚实的基础。

（资料来源：http://baike.baidu.com/view/1359753.htm，案例研究）

二、网络计划技术法

网络计划技术法又称为统筹法，是以网络图反映、表达计划安排，据以选择最优工作方案，组织协调和控制生产（项目）的进度（时间）和费用（成本），使其达到预定目标，获得最佳经济效益的一种优化决策方法。

1. 箭线式网络图的组成

网络图（network planning）是一种图解模型，形状如同网络，由箭线（作业）、结点（事项）和路线三个因素组成的。

1）箭线（⟶）

每一条箭线代表一项活动（要消耗资源），箭尾表示活动的开始，箭头表示活动的结束。通常在箭线的上方写上活动的名称或代号；下方写上完成这项活动需要花费的时间。

为了说明一项活动的开始必须在另外一些活动结束后才能进行，即为了表明活动之间的逻辑关系，有时需用虚箭线（--->）来表示。虚箭线不占用时间，也不消耗资源。

在网络技术法中，称进行某一道工序（活动）前必须完成的工序（活动）为紧前工序，称一道工序（活动）结束后紧接着进行的工序（活动）为紧后工序。例如，“产品设计”为“工艺准备”的紧前工序；“工艺准备”为“产品设计”的紧后工序。

2）结点

结点代表事项。事项，是指某项作业的开始或结束，它不消耗任何资源，在网络图中用○表示，是两条或两条以上箭线的交结点。网络图中第一个事项称为网络的始点事项，表示一项计划或工程的开始；最后一个事项称为网络的终点事项，表示一项计划或工程的完成；介于始点与终点之间的事件叫作中间事项，它既表示前一项作业的完成，又表示后一项作业的开始。为了便于识别、检查和计算，在网络图中往往对事件进行编号，编号应标在○内，由小到大，可为连续或间断的数字。

3）路线

路线是指自网络始点开始，顺着箭线的方向，经过一系列连续不断的作业和事件直至网络终点的通道。一条路线上各项作业的时间之和是该路线的总长度（路长）。在一个网络图中有很多条路线，其中总长度最长的路线称为“关键路线”（critical path），关键路线上的各事项为关键事项，关键事项的周期等于整个工程的总工期。有时一个网络图中的关键路线不止一条，即若干条路线长度相等。除关键路线外，其他的路线统称为非关键路线。关键路线并不是一成不变的，在一定的条件下，关键路线与非关键路线可以相互转化。例如，当采取一定的技术组织措施，缩短了关键路线上的作业时间，就有可能使关键路线发生转移，即原来的关键路线变成非关键路线，与此同时，原来的非关键路线变成关键路线。

2. 绘制网络图的规则

（1）网络图是单向图，不能出现回路。箭线方向一律指向右边，箭线没有量的含义。

（2）一个网络图，只能有一个始点事项、一个终点事项。

（3）一条箭线的首尾必须有结点，箭头结点号大于箭尾结点号，编号可以非连续，从左到右，从上到下。

（4）相邻两个结点只允许画一条箭线（只允许表示一项活动），当由于活动之间的关系需要在两结点之间画多条箭线时，应增设结点，并利用虚线来表示活动之间的相互关系。

3. 网络图的绘制

【例 3-1】根据表 3-1 绘制网络图，如图 3-2 所示。

表 3-1 工序表

工序	A	B	C	D	E	F	G	H
紧后工序	C	D	E，F	E，F	G	H	—	—
作业时间	3	2	2	5	2	1	3	2

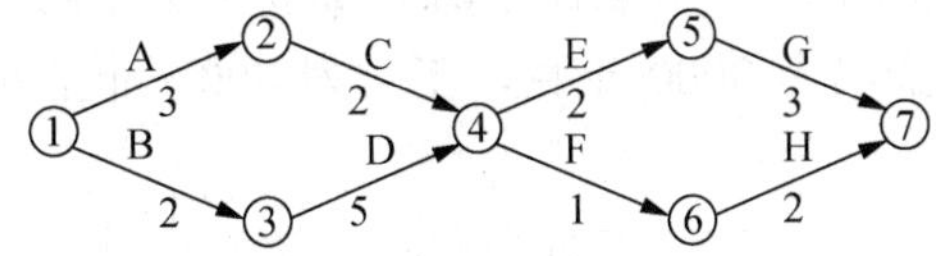

图 3-2 网络图（例 3-1）

【例 3-2】根据表 3-2 绘制网络图，如图 3-3 所示。

表 3-2 工序表

工序	A	B	C	D	E	F	G	H
紧前工序	—	—	—	A	B	C	B，D	E，F
作业时间	10	7	12	8	15	10	12	15

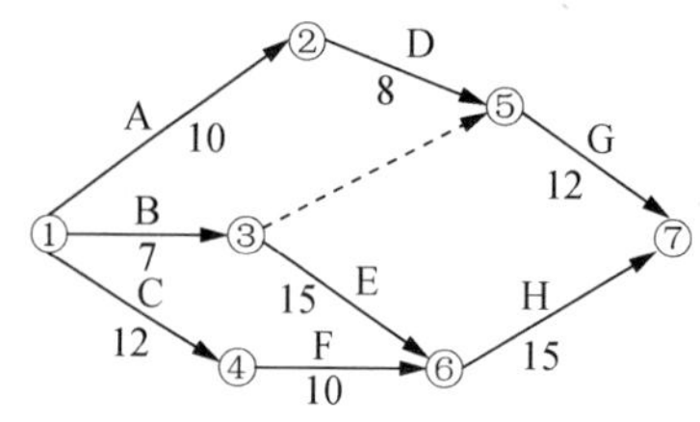

图 3-3　网络图（例 3-2）

三、线性规划法

当资源限制或约束条件表现为线性等式或不等式，目标函数表示为线性函数时，可运用线性规划法进行决策。线性规划法就是在线性等式或不等式的约束条件下，求解线性目标函数的最大值或最小值的方法。其中，目标函数是决策者要求达到目标的数学表达式，用一个极大值或极小值表示。约束条件是指实现目标的能力资源和内部条件的限制因素，用一组等式或不等式来表示。

线性规划是决策系统的静态最优化数学规划方法之一。作为经营管理决策中的数学手段，它在现代决策中的应用非常广泛，可以用来解决科学研究、工程设计、生产安排等多方面问题。

运用线性规划法建立数学模型的步骤是：①确定影响目标的变量；②列出目标函数方程；③找出实现目标的约束条件；④找出使目标函数达到最优的可行解，即该线性规划的最优解。

建立线性规划的数学模型必须具备以下几个基本条件：①变量之间有线性关系；②问题的目标可以用数字表达；③问题中应存在能够实现目标的多种方案；④目标在一定的约束条件下实现，且这些条件能用不等式描述。

【例 3-3】某企业生产合金钢 A 和 B，每生产 1 千克合金钢 A 需要稀有金属 30 千克，工时为 4，利润为 80 元；每生产 1 千克合金钢 B 需要稀有金属 60 千克，工时为 3，利润为 100 元。可供资源稀有金属为 3000 千克，工时为 300，企业利润最大时可生产 A 和 B 各多少？（运用线性规划法）

解：设生产 A、B 产品分别为 X、Y 时企业利润最大，则

目标函数：

$$P_{\max}=80X+100Y$$

约束条件：

$$4X+3Y\leqslant 300$$
$$30X+60Y\leqslant 3000$$
$$X，Y\geqslant 0$$

建立数字模型，如图 3-4 所示。

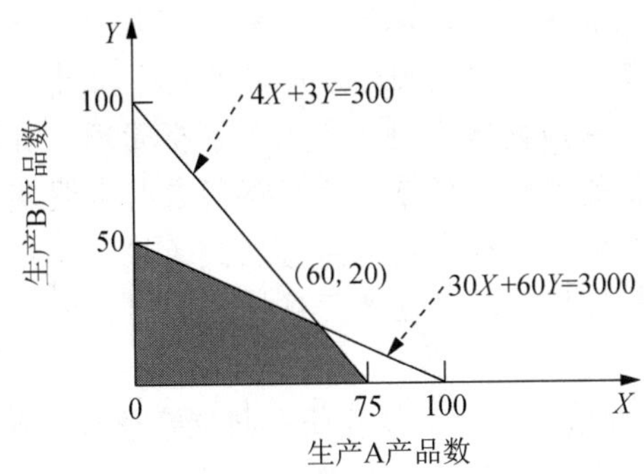

图 3-4 线性规划图解

当 X=60，Y=20 时，企业可获得最大利润：

$$P_{max}=80X+100Y=80\times60+100\times20=6800\text{（元）}$$

第三节 目 标 管 理

引导案例

光明印刷公司的目标管理

光明印刷公司是光明集团下属的一家印制类中型企业，现有员工 1500 余名。2010 年，为促进总公司发展纲要的实施及战略目标的达成，推动印制企业现代化、集体化、国际化的建设进程，建立和完善印制企业的激励约束机制，科学解析和真实反映印制企业的管理绩效，总公司制定了印制企业管理绩效评价规则，对印制企业一定生产经营期间的安全质量、资产运用、成本费用控制等管理成效进行定量及定性对比分析，做出综合评价。

光明印刷公司为了更好地完成总公司下达的各项考核指标，提高本企业的管理能力、优化企业的管理水平，并充分发挥企业各职能部门的作用，充分调动 1500 余名员工的积极性，在各个处室、车间、工段和班组逐级实施了目标管理。多年的实践表明，目标管理改善了企业经营管理，挖掘了企业内部潜力，增强了企业的应变能力，提高了企业素质，取得了较好的经济效益。

1. 目标的确定

总公司制定的印制企业管理绩效评价规则的内容主要包括四个方面：企业成本费用控制状况、企业专业管理能力状况、企业资产效益状况、企业发展能力状况。光明印刷公司每年的企业总目标是根据总公司下达的考核目标，结合企业长远规划，并根据企业的实际，兼顾特殊产品要求，总目标主要体现在光明印刷公司每年的行政报告上。依据厂级行政报告，光明印刷公司将企业目标逐层向下分解，将细化分解的业绩、安全、质量、纪律、精神文明等指标，落实到具体的处室、车间，明确具体的负责部门和责任承担人，并签署《企业管理绩效目标责任状》以确保安全、保质、保量、按时完成任务，此为二级目标即部门目标。然后部门目标进一步向下分解为班组和个人目标，此为三级目标，由于班组的工作性质，不再继续向下分解。部门内部小组（个人）目标管理，其形式和要求与部门目标确定相类似，签订班组和员工的目标责任状，由各部门自行负责实施和考核。具体方法是：先把部门目标分解落实到职能组，任务再分解落实到工段、工段再下达给个人。要求各小组（个人）努力完成各自的目标值，保证部门目标的如期完成。

2. 目标的实施

《企业管理绩效目标责任状》实行承包责任人归口管理责任制，责任状签订后，承包方签字人为承包部门第一责任人，负责组织在部门内部进行目标分解，细化量化指标，进行第二次责任落实，实行全员承包。各部门可以根据具体情况在部门内部制订实施全员交纳风险抵押金制度。各部门的第二次责任分解可根据具体情况按两种形式进行，部门负责人直接与全员签字落实责任。部门负责人与班组长签字落实责任，班组长再与全员签字落实责任。管理绩效目标责任状签订并经主管人员批准后，一份存上一级主管部门，另一份由制订单位或个人自存。承包方责任人负责组织进行本部门日常检查管理工作。专业部门负责人负责组织进行本专业日常检查管理工作；企管处负责组织对处室、车间的日常检查管理工作。在此基础上还实行了承包责任人交纳风险抵押金制度。副主办以上责任承包人依据级别的不同，分别向厂交纳一定数额的责任风险抵押金，并在目标达成后给予一定倍数的返还。

3. 目标考评

考评机构上，光明印刷公司成立了专门负责考核工作的厂绩效考核小组，厂长任组长，三位副厂级领导任组员，共由 9 位管理部门的相关人员组成。厂考核领导小组下设部门绩效考核小组。由责任状的承包方责任人负责组织本部门的日常检查管理工作。专业部门负责人负责组织本专业日常检查管理工作。企管处负责组织对处室、车间的日常检查管理工作。考核领导小组、部门考核工作组负责对各自的处室、车间进行考评。

在考评周期上，企业对部门的考核周期是一年，平时有日常考核和月度报告，对班组和管理技术人员的综合考核一般也是在年底，平时主要是对日常出勤的考核。

在考评办法上，光明印刷公司对绩效目标落实情况每月统计一次，年终进行总考评，并将考评结果与奖惩挂钩。各部门于每季度末将其完成管理绩效目标责任状情况的季度工作总结与下一季度的工作计划交与相关部门。各专业处室按照绩效目标责任状中本专业的管理目标和工作要求，对车间及有关部门进行每半年一次的专业考评。

在考评方式上，考核中采用了“自我评价”和上级部门主观评价相结合的做法，在每季度末月的 29 日之前，将本部门完成的管理绩效目标责任状、行政工作计划情况的季度工作总结与下一季度的工作计划一并报企管处。企管处汇总核实后，由考核工作组给予恰当的评分。

在考评处理上，对日常考核中发现的问题，由相应主管负责人实施相应奖惩。年终，企管处汇总各处室、车间的考核目标完成的情况，上报厂级考核小组，由其根据各部门的重要性和完成情况，确定奖惩标准。各处室、车间内部根据企业给予本部门的奖惩情况，确定所属各部门或个人的奖惩标准。考评结果一般不公开，对奖惩有异议的可以层层向上一级主管部门反映。

思考：光明印刷公司目标管理存在的问题有哪些？

案例启示：光明印刷公司目标管理问题主要表现在以下几个方面：一是缺乏明确量化的厂级目标体系；二是目标值的制订缺乏系统明确的量化方法体系；三是考核工作主观化，负激励明显；四是部门之间协调困难；五是目标管理组织体系不健全。

为了更好地实施目标管理，管理者必须遵循科学的工作程序，并且注意实施中的一些具体方式：要有一套完整的目标体系。目标的制定必须是一个上下级反复协商的过程，不是由上级独自决定的。制定的目标不要过高或过低。一般目标要略高于执行者的能力水平。组织实施目标管理。目标既定，主管人员就应放手把权力交给下级成员，鼓励他们自我管理和自我控制。检验目标实施的结果。对各级目标的完成情况和取得结果，要及时地进行检查和评价，并且根据评价的结果，制订相应的奖惩措施，形成新的循环。再制定新的目标，开展新的循环。

管理者要能正确开展目标管理，必须理解目标管理的含义、目标管理的特点和目标管理的优缺点。

一、目标管理的含义

目标管理是在泰勒的科学管理和行为科学理论基础上形成的一套管理制度。1954 年，德鲁克在他所著的《管理的实践》一书中首先提出了“目标管理和自我控制”的主张。他认为，通过目标管理就可以对管理者进行有效的管理。之后，他又在此基础上发展了这一主张，认为“企业的目的和任务，必须转化为目标”，企业的各级主管必须通过这些目标对下级进行领导，以此实现到企业的总目标。如果每个职工和主管人员都完成了自己的分目标，则整个企业的总目标就有可能实现。

目标管理是一种通过使组织成员亲自参与工作目标的制定来实现“自我控制”，并努力完成工作目标的管理制度，是以制定和实现目标为中心的，被管理者自主控制达标过程，管理者实行最终成果控制的一种现代管理思想与方法。

组织的最高领导层根据组织面临的形势和社会需要，制定一定时期内组织经营活动所需达到的总目标，然后层层落实，要求下属各部门主管人员以至于每个职工根据上级制定的目标，分别制定目标和拟订保证措施，形成一个目标体系，并把目标的完成情况作为各部门或个人考核的依据。

二、目标管理的特点

1. 强调以目标为中心

实施目标管理，首先由管理层确定一定时期的总目标，然后对总目标进行分解，层层下达，逐级展开，形成不同层次、不同要求的多个目标。这些目标之间相互关联、相互支持，形成整体的目标网络系统，从而保证组织目标的整体性和一致性。

2. 开展自我管理

目标管理有一个哲学假设，就是员工愿意承担责任，愿意在工作中发挥自己的特长和创造力，努力实现目标。目标管理是用“自我控制管理”代替“压制性管理”，激励员工尽自己最大的努力把工作做好。

3. 授予下级权力

目标管理要将总目标层层分解后下达到基层，最后落实到人，这就要求各级管理人员要明确自己的管理目标和管理责任。上级要根据目标的需要，授予下级部门和个人相应的权力，做到权责对等，这样才能激励下级部门和个人充分发挥自己的最大能力，保证目标的顺利实现。因此，组织开展目标管理，管理者就必须将适度的权力下放，以保证目标的实现。

4. 注重成果

由于目标管理有一套完整的目标考核体系，能够对组织成员的实际贡献和业绩大小进行评价，从而克服了以往凭印象、主观判断等传统管理方式的不足。管理者在目标管理结束后，要对下属的目标完成情况进行考核，并依据考核结果进行奖惩。

三、目标管理的基本过程

由于各个组织活动的性质不同，目标管理的步骤可以不完全一样。每个组织的性质不同，目标管理的步骤也不尽相同。一般地，目标管理可分为以下几步。

1. 制定企业总目标

企业的总目标如实现利润200万元或使利润提高5%。制定企业总目标的原则：一是要具有挑战性；二是要具有可考核性，尽量量化，对不能量化的要说明其特点，如“改善服务”，要说明达到的标准；三是要留有修改的余地。

2. 目标分解

组织的最高管理层首先要制定出年度内组织经营活动要达到的总目标，经过上下协商，定出下级以及个人的分目标。组织内部上下左右各自都有具体的目标，从而形成一个目标体系。目标也可由下级部门或职工自行提出，由上级批准。下级要参与上级目标的制定工作。

3. 组织实施

目标既定，管理人员就应放手把权力交给下级成员，而自己去抓重点的综合性管理。实现目标主要靠下级的自我管理。如果在明确了目标之后，上级主管人员还像从前那样事必躬亲，便违背了目标管理的主旨，不能获得目标管理的效果。当然，这并不是说，上级在确定目标后就可以撒手不管了。上级的管理应主要表现在指导、协助、提出问题，提供情报以及创造良好的工作环境方面。

4. 成果评价

对各级目标的完成情况和取得的结果，要及时地进行检查和评价。对于完成情况不好的单位和个人，给以必要的惩罚，甚至在职务上给予降级。但在成果评价时，要根据目标的完成程度、目标的复杂程度以及工作的努力程度将结果分为四个等级。一般先由执行者自我评定等级，经过评议，最后由上级核定。

四、目标管理的优缺点

1. 目标管理的优点

（1）有助于提高管理水平。目标管理方式的实施可以切切实实地提高组织管理的效率。目标管理方式比计划管理方式在推进组织工作、保证组织最终目标实现方面更胜一筹。因为目标管理是一种结果式管理，而不仅仅是一种计划的活动式工作。这种管理迫使组织的每一层次、每个部门及每个成员首先考虑目标的实现，尽力完成目标，因为这些目标是组织总目标的分解，故若组织的每个层次、每个部门及每个成员的目标实现了，也就意味着组织总目标实现了。实行目标管理，一旦确定了分解目标，且不规定各个层次、各个部门及各个组织成员实现各自目标的方式、手段，反而给了大家在实现目标方面一个创新的空间，这就有效地提高了组织管理的效率。

（2）实现自我管理。目标管理实际上是一种自我管理方式，或者说是一种引导组织成员自我管理的方式。在实施目标管理过程中，组织成员不再只是做工作，执行指示，等待指导和决策，组织成员此时已成为有明确目标的单位或个人。一方面组织成员已参与了目标的制定，并获得了组织的认可；另一方面，组织成员在努力工作实现自己目标的过程中，除目标的确定以外，如何实现目标则是他们自己决定的事。从这个意义上看，目标管理至少可以算作自我管理的方式，是以人为本的管理的一种过渡性试验。

（3）有利于调动人们的积极性、创造性，增强其责任心。目标管理使人们不再只是做工作、执行指导和等待指导与决策，他们都是有着明确目的的个人。

（4）有利于进行更有效的控制。目标管理方式本身也是一种控制的方式，即通过目标分解后的实现最终保证组织总目标实现的过程就是一种结果控制的方式。目标管理并不是把目标分解下去便没有事了，事实上组织高层在目标管理过程中要经常检查、对比目标，进行评比，看谁做得好，如果有偏差就及时纠正。从另一个方面来看，一个组织如果有一套明确的可考核的目标体系，那么其本身就是进行监督控制的最好依据。

总之，目标管理可以形成一种全体职工都关心组织的整体目标的局面，从而增加组织的活力，使组织焕发生机。

2. 目标管理的缺点

（1）对目标管理的原理和方法阐明得不够。目标管理看起来简单，但要把它有效地付诸实施，尚需各级管理人员对它有详尽的了解和认识。这就需要对目标管理的整个体系做耐心的解释工作，说明目标管理是什么；它怎样发挥作用；为什么要这样做；它在评价管理工作成效时起什么作用；以及参与目标管理的人能得到什么好处等。

（2）给予目标制定者的指导不够。目标管理和其他各种计划工作一样，如果那些拟订目标的各级管理人员得不到必要的指导，不了解计划工作的前提条件和企业的基本战略和政策，那么他们就无法制定出正确的目标，也就无法发挥目标管理的作用。

（3）目标难以确定。一方面，可考核的目标是难以确定的；另一方面，使同一级管理人员的目标都具有正常的“紧张”和“费力”程度更是困难的，而这两个问题恰是使目标管理取得成效的关键。这就为目标管理的有效实施设置了难以逾越的障碍。

（4）目标一般是短期的。几乎在所有实行目标管理的组织中，所确定的目标一般都是短期的，很少超过一年，常常是一个季度或更短些。强调短期目标的弊病是显而易见的，因此，为防止短期目标所导致的短期行为，上级管理人员必须从长期目标的角度提出总目标和制定目标的指导方针。

（5）具有不灵活的危险。实施目标管理，要想取得成效，必须保持目标的明确性和肯定性，如果目标经常改变，就难以说明它是经过深思熟虑和周密计划的结果，这样的目标是没有意义的。但是，计划是面向未来的，而未来存在许多不肯定因素，因此必须根据已经变化了的计划工作对目标进行修正。然而修订一个目标体系与制定一个目标体系所花费的精力相差无几，结果可能迫使管理人员不得不中途停止目标管理的过程。

尽管目标管理还存在一些欠缺，但其一旦被管理人员认识并加以灵活运用，就将起到很大的作用。目标管理的关键在于企业领导人对实行目标管理有坚定信心；国家、集体和个人利益的结合；对目标的重视，目标一经制定，绝不能放任自流和随意改动；实事求是，脚踏实地，认真执行，不搞形式主义。

本章重点知识归纳

1. 计划有广义和狭义之分。广义的计划是指制订计划、执行计划和检查计划的执行情况三个阶段的工作过程。狭义的计划则是指制订计划。这里的计划概念是从狭义上讲的，就是在分析和预测的前提下，对组织未来所从事的活动事先进行的谋划和安排，即通过一定的科学方法，为决策目标的实现做出具体的安排；就是预先决定做什么、为什么要做、确定何时做、何地做、谁去做以及如何做，即通常所说的 5W1H。

2. 计划工作的基本特征：目的性、普遍性、适应性、经济性。

3. 计划的种类：按期限划分，计划可分为短期计划、中期计划和长期计划；按层次划分，计划可分为战略计划、战术计划和作业计划；按对象划分，计划可分为综合计划、局部计划和项目计划。

4. 编制计划应考虑的因素：时间因素和成本因素。

5. 编制计划的程序：①识别机会；②确定目标；③拟订可行方案；④进行方案可行性评估；⑤选择最优方案；⑥制订派生计划；⑦制订预算。

6. 滚动计划法是一种一次性编制几个计划周期，将短期计划、中期计划和长期计划有机地结合起来，采用近细远粗的方法编制，即计划期近的计划编制得详细，计划期远的计划编制得粗略，根据计划的执行情况和环境的变化情况修订未来计划期的计划，使计划期不断向前滚动的计划方法。滚动计划法使计划更加符合实际，使短期计划、中期计划和长期计划相互衔接，大大增加了计划的弹性。

7. 网络技术法又称统筹法。它是以网络图反映、表达计划安排，据以选择最优工作方案，组织协调和控制生产（项目）的进度（时间）和费用（成本），使其达到预定目标，获得最佳经济效益的一种优化决策方法。

8. 目标管理是一种通过使组织成员亲自参加工作目标的制定来实现“自我控制”，并努力完成工作目标的管理制度，是以制定和实现目标为中心的，被管理者自主控制达标过程，管理者实行最终成果控制的一种现代管理思想与方法。目标管理强调以目标为中心、开展自我管理、授予下级权力、注重成果。

9. 目标管理的基本过程：制定企业总目标；目标分解；组织实施；成果评价。

10. 目标管理的优点：①有助于提高管理水平；②实现自我管理；③有利于调动人们的积极性、创造性，增强其责任心；④有利于进行更有效的控制。

目标管理的缺点：①对目标管理的原理和方法阐明得不够；②给予目标制定者的指导不够；③目标难以确定；④目标一般是短期的；⑤具有不灵活的危险。

第三章想一想

第三章做一做

第三章 PPT

第四章
预测与决策

学习目标

通过本章的学习，学生应掌握预测的概念、预测的方法；理解决策的概念、特点，决策在管理中的地位和作用；掌握决策的原则、程序和方法；初步具有对管理问题进行科学决策的能力。

第一节　预　　测

引导案例

A 公司的新产品开发预测问题

A 公司是饮料产品市场的“Number 1”,占据 50%以上的市场份额，目前 A 公司的主要竞争对手是 B 公司。B 公司是饮料市场的后起之秀，B 公司产品的市场占有率连续 5 年一直在不断上升，市场地位直逼 A 公司，让 A 公司胆战心惊。

为了能够稳固市场地位，A 公司的高层管理者中有人建议开发新口味的饮料产品，为此，A 公司开展了多次调查，调查顾客是否愿意接受新口味的饮料。他们通过对调查数据的分析发现，60%以上的调研对象表示愿意尝试公司的新口味的饮料。高层管理者根据调研的数据预测得知新口味的产品是受欢迎的，于是，公司满怀信心地开始开发新口味饮料。

3 个月后，新口味饮料面世，新口味饮料比原来的口感更柔和，更甜。开始新产品销路不错，有 1 亿多人进行了尝试。然而，新口味的饮料并不是每个人都能接受，新口味的饮料市场推广逐渐受阻，于是 A 公司再一次开展了市场调研。30%的受访者表示喜欢新口味的饮料，60%的受访者表示不喜欢。A 公司高层管理者认为新产品被认可需要一个过程，所以他们决定两种口味的产品同时继续生产，根据以后的市场销售情况再做进一步决定。

思考：A 公司对新口味饮料的开发预测是正确的吗？

案例启示：科学的预测是企业正确决策的先导和必要条件。“凡事预则立，不预则废”，要做出符合未来发展的重大决策，拟订先进、可靠的计划，必须对科技、经济、市场等领域进行科学的预测，使决策者能真正研究出未来确实会出现的前景，并使计划对各方面确有预见性，以增进计划的科学性，减少盲目性。经验证明，在计划工作中出现的很多失误都是前期预测工作做得不到位造成的。现代管理强调预见性，管理者需要对诸多环境因素进行预测。

一、预测概述

1. 预测的概念

预测是指对未来环境做出的估计。它以过去为基础推测未来，以昨天为依据估算今后，以已知预计未知。预测是联系过去和未来的桥梁。

计划是对未来行动的部署，预测是对未来事件的陈述，是计划工作的一个环节。预测要说明的问题是将来会怎样，即在一定的条件下，如果不采取措施和行动，预计将会发生什么样的变化。

预测对象涉及自然界和人类社会的各个领域，如社会预测、经济预测、科学预测、技术预测等。

2. 预测的作用

（1）帮助我们认识和控制未来的不确定性，使人们对未来的未知降到最低限度。

（2）使计划的预期目标同可能变化的周围环境与经济条件保持一致。

（3）事先了解计划实施后可能产生的结果。对于一个组织来讲，无论是制订计划还是做出决策，都必须对未来的状况做出估计，并以这种估计作为计划和决策的依据。

3. 预测的种类

1）按内容分类

按内容，预测可分为社会未来预测和技术经济预测。

社会未来预测的主要对象是由于科学技术的发展而产生的种种社会问题，目的是协助政府机构制定政策，选择最佳方案，提出改进措施。同时，社会未来预测还能及时预测各种社会现象和发展趋势，以便促进对社会有益的发展趋势，阻止对社会不利的发展趋势。

技术经济预测又分为技术预测和经济预测两类。

技术预测是预测研究中最为活跃的活动。它研究与技术发明、技术应用有关的一系列问题。技术预测的发展在很大程度上受到实际需要的制约和影响。

经济预测从大的方面来说，是为制定国民经济规划、经济计划和经济政策服务的。工业企业的经济预测主要是进行销售预测、原材料预测、设备投资预测和人力预测。

2）按时间长短分类

按时间的长短，预测可分为长期预测、中期预测和短期预测。

长期预测一般在 5 年以上，属于长期预测；中期预测的时间在 3 个月到 2 年；短期预测的时间在 3 个月以内，一般是一周或一个月。微观预测以中、短期为主，宏观预测以长期预测为主。中、短期预测常用时间系列法，长期预测常用因果关系法。不同期限的预测要采取不同方法。

4. 预测的原理

（1）可知性原理。世界是可知的，事物的发展变化是有规律的，因而是可以预测的。

（2）连续性原理。任何事物的发展变化都有合乎自身规律的连续性。

（3）因果性原理。任何客观事物的存在都依赖于其他事物的存在而存在，即客观事物是相互联系的。

（4）类推性原理。客观事物之间在结构和发展模式上往往存在某些相似性，可以根据事物之间某种相似结构和发展模式类推某个未知事物的结构和发展模式。

二、预测的程序

（1）提出课题和任务。根据社会要求、一般情报和创造性思维，提出预测的课题，规定目标和任务、对象、基本假设，确定研究方法、结构和组织工作等。

（2）调查、收集和整理资料。把与预测对象有关的过去的、现在的资料尽量收集齐全。此外，还要大量收集预测的背景材料并收集国内外同类预测研究的成果。

（3）建立预测模型。对于计量经济模式分析，建立表示因果关系的模型；对于时间系列分析，则要抓住主要变动的因素，找出数学模型。

（4）确定预测方法。可采取几种预测方法同时进行预测，以互相验证。

（5）评定预测结果。就预测结果再次征询专家意见，以检验预测结果，并进一步检验预测模型。

（6）将预测结果交付决策。

三、定性预测方法

定性预测法也称经验判断法，主要是利用市场调查得到的各种信息，根据预测者个人的知识、经验和主观判断，对市场的未来发展趋势做出估计和判断。这种方法的优点是时间短，费用低，简单易行，能综合多种因素。缺点是主观随意性较强，预测结果不够准确。常用的定性预测方法有意见综合预测法、专家会议综合预测法和德尔菲法。

（一）意见综合预测法

意见综合预测法又称集合判断预测法，是指对某一预测问题先由企业的专业人员和聘请的专家内行分别进行预测，得出预测结果，然后由决策者综合所有人员的预测结果做出问题的最终预测。意见综合预测法能集思广益，克服个人预测的局限性，提高问题的预测质量。

意见综合预测法适用于企业产品市场销售前景、商品型号和质量等方面问题的预测。例如，可以开展销售人员意见综合预测。销售人员是产品的直接推销者，了解市场，熟悉商品销售情况，因而，他们的预测结果有较大的参考价值。决策者将经验丰富的销售人员组织起来，先由管理者向他们介绍预测目标、内容和预测期的市场经济形势等情况，要求销售人员利用平时掌握的信息，结合提供的情况，对预测期的市场产品销售前景提出自己的预测结果和意见，最后提交给管理者进行综合分析，以得出最终的预测结论。

（二）专家会议综合预测法

专家会议综合预测法由预测者召开专家会议，在广泛听取专家预测意见的基础上，综合专家们的预测意见得出最终预测结论。

专家会议的人数应由主持人根据实际情况的需要与可能而定，一般以 10 人左右为宜。

专家会议综合预测法适用于新产品开发、技术改造和投资可行性研究。为了使会议开得有成效，预测组织者应事先向专家们提供与预测问题有关的资料，以及需要讨论研究的具体题目和要求。在会议上，预测者不发表影响会议的倾向性意见，只是广泛听取意见，最后综合专家意见确定预测结果。

（三）德尔菲法

德尔菲法为美国兰德公司首创，该公司用此方法成功预测了 20 世纪 50 年代中国人民志愿军的出兵、70 年代初中美关系的正常化、苏联卫星发射的时间（误差仅 14 天）。

1. 德尔菲法的实施步骤

（1）拟订预测课题。首先管理者根据组织的实际经营情况，确定要决策的课题，并针对决策问题设计相关的调查问卷。

（2）选择专家（10～50 人）。根据要决策的问题，寻找对决策问题有一定研究的专家，与专家取得联系，与其进行沟通，邀请其参与到管理者要决策的问题讨论中。

（3）通信调查。将事先设计好的调查问卷发给那些愿意参与的专家，请其对调查问卷作答，作答后返还给决策者，由决策者对专家的答案进行汇总，将汇总结果再次发给各位专家，让专家作为参考，决定是否修改自己的答案。专家给出答案后再次返还给决策者。

（4）预测结果的定量处理。一般经过三四个来回，不同意见不超过 20%就可以结束，决策者就可以参考各位专家提供的答案进行决策。

2. 德尔菲法的要点

（1）不记名投寄征询意见。就预测内容写成若干条含义十分明确的问题，规定统一的评价方法，然后将这些问题邮寄给所选的专家，背对背地征询意见。

（2）统计归纳。收集各位专家的意见，然后对每个问题进行定量统计归纳。通常用回答的中位数反映专家的集体意见。

（3）沟通反馈意见。将统计归纳后的结果再反馈给专家，每个专家根据这个结果，慎重地考虑其他专家的意见，提出自己的意见。然后对收回的第二轮征询意见进行统计归纳，再反馈给专家。如此多次反复，一般经过三四轮，就可以取得较集中一致的意见。

3. 使用德尔菲法进行预测时应注意的问题

（1）问题必须十分清楚，只能有一种解释。

（2）问题的数量不要太多，一般以回答者可在 2 小时内答完一轮为宜。要求专家们独自回答。

（3）要忠实于专家们的回答，调查者不得显露自己的倾向。

（4）对于不熟悉这一方法的专家，应事先讲清楚意义与方法，还应给专家们以适当的精神与物质奖励。

四、定量预测方法

1. 时间系列分析法

1）简单算术平均法

简单算术平均法就是用历史上若干期的产量（销量）计算简单算术平均数，将其作为产量决策的依据。设 1～n 期的产量（销量）为 Q_i，则 n+1 期的产量预测值为

$$Q_{n+1}=\frac{1}{n}\sum_{i=1}^{n}Q_i$$

【例 4-1】企业 1～9 月份产品实际销量见表 4-1，试确定 10 月份的产量。

表 4-1 企业产品销量表

时间	1月	2月	3月	4月	5月	6月	7月	8月	9月
销量/件	851	831	848	874	868	870	868	873	876

解：该企业 10 月份的产量为

$$Q_{10}=\frac{1}{9}\sum_{i=1}^{9}Q_i=\frac{851+831+\cdots+876}{9}\approx 862\text{（件）}$$

当历史上各期数据比较稳定时，采用时间系列分析法比较合适。

2）加权移动平均法

由于市场环境及企业条件的不断变化，产量也会随之变化，最近的数据更加能反映需求的趋势。而简单算术平均法对数据不分远近同等对待，预测结果可能会有一定的误差。这时，可将比较远期的数据舍弃，并对近期的数据赋予较大的权重，以弥补简单算术平均法的不足。设将 1～t-1 期的数据舍弃，即仅用 n-t+1～n 期的产量（即移动周期为 t）进行预测，则 n+1 期的产量预测值为

$$Q_{n+1}=\sum_{i=n-t+1}^{n}Q_i f_i$$

式中，f_i 为权数，且 $\sum_{i=1}^{n}f_i=1$。

按例 4-1，选 4 个月移动一次进行预测，并设 6～9 月份销量的权数依次为 0.1，0.2，0.3，0.4，则 10 月份的产量应确定为

$$Q_{10}=\sum_{i=6}^{9}Q_i f_i=870\times 0.1+868\times 0.2+873\times 0.3+876\times 0.4\approx 873\text{（件）}$$

2. 指数平滑法（一次指数平滑法）

指数平滑法是另一种形式的加权移动平均，加权移动平均仅考虑最近 t 期的实际数据，而指数平滑法则是考虑 n 期所有的数据，只不过近期数据权重较大，而远期数据权重很小，其计算公式为

$$SQ_t=\alpha\times Q_{t-1}+(1-\alpha)\times SQ_{t-1}$$

式中，SQ_t 为 t 期的一次指数平滑预测值；Q_t 为第 t 期的实际值；α 为平滑系数。

注：预测的关键在于 α，α 越小，过去历年资料所占比重越大；α 越大，过去历年资料所占比重越小，预测值就显得平滑而稳定。α 可以用试算法确定。

【例 4-2】已知企业今年 1～7 月的销售量依次为 460 件、420 件、500 件、460 件、600 件、550 件、700 件，设平滑系数为 0.7，试确定该企业 8 月份的产量（用 1～3 月份销售量的简单算术平均数作为初始值）。

解：计算如下：

$$SQ_4=(460+420+500)/3=460\text{（件）}$$
$$SQ_5=0.7\times 460+(1-0.7)\times 460=460\text{（件）}$$

$$SQ_6=0.7\times600+(1-0.7)\times460=558\text{（件）}$$
$$SQ_7=0.7\times550+(1-0.7)\times558\approx552\text{（件）}$$
$$SQ_8=0.7\times700+(1-0.7)\times552\approx655\text{（件）}$$

该企业8月份的产量为655件。

3. 相关分析法

采用相关分析法进行预测，计算公式为

$$\text{相关系数}\ r=\frac{\sum_{i=1}^{n}\left(x_i-\bar{x}\right)\left(y_i-\bar{y}\right)}{\sqrt{\sum_{i=1}^{n}\left(x_i-\bar{x}\right)^2\sum_{i=1}^{n}\left(y_i-\bar{y}\right)^2}}=\frac{n\sum_{i=1}^{n}x_iy_i-\sum_{i=1}^{n}x_i\sum_{i=1}^{n}y_i}{\sqrt{n\sum_{i=1}^{n}x_i^2-\left(\sum_{i=1}^{n}x_i\right)^2}\cdot\sqrt{n\sum_{i=1}^{n}y_i^2-\left(\sum_{i=1}^{n}y_i\right)^2}}$$

r=1，表示两者完全线性相关；

$r\geqslant0.7$，表示两者高度相关（可用一直线方程来表示两者关系，进行预测）；

$r\geqslant0.3$，表示两者一般相关；

$r<0.3$，表示两者低度相关；

r=0，表示两者完全不相关。

直线方程为

$$y=a+bx$$

式中：

$$a=\frac{\sum_{i=1}^{n}y_i}{n}-\frac{b\sum_{i=1}^{n}x_i}{n}$$

$$b=\frac{n\sum_{i=1}^{n}x_iy_i-\sum_{i=1}^{n}x_i\sum_{i=1}^{n}y_i}{n\sum_{i=1}^{n}x_i^2-\left(\sum_{i=1}^{n}x_i\right)^2}$$

4. 直线趋势法

在企业生产实际中，产品的产量（销量）往往呈现一定的发展趋势（如递增），用平均预测的方法可能会产生较大的误差。此时，可运用直线趋势法来进行预测，其基本公式是

$$Q=a+bt$$

式中，t 为时间变量；a、b 为回归系数，通常用最小二乘法来确定：

$$a=\frac{\sum_{i=1}^{n}Q_i-b\sum_{i=1}^{n}t_i}{n}$$

$$b=\frac{n\sum_{i=1}^{n}Q_it_i-\sum_{i=1}^{n}Q_i\sum_{i=1}^{n}t_i}{n\sum_{i=1}^{n}t_i^2-\left(\sum_{i=1}^{n}t_i\right)^2}$$

根据最小二乘法的原理，对时间变量可根据规则重新取值，令 $\sum_{i=1}^{n} t_i = 0$，则可简化为

$$a = \frac{\sum_{i=1}^{n} Q_i}{n}$$

$$b = \frac{\sum_{i=1}^{n} Q_i t_i}{\sum_{i=1}^{n} t_i^2}$$

【例 4-3】某汽车厂 2004～2008 年产品销量见表 4-2，试确定该汽车厂 2009 年的产量。

表 4-2　某汽车厂产品销量

时间	2004 年	2005 年	2006 年	2007 年	2008 年	合计
销量 Q/辆	20 000	25 000	28 000	30 000	35 000	138 000
t	−2	−1	0	1	2	0
t^2	4	1	0	1	4	10
Q_t	−40 000	−25 000	0	30 000	70 000	35 000

解：a=138 000/5=27 600，b=35 000/10=3500，则

$$Q = a+bt = 27\,600+3500t$$

预测 2009 年产量，令 t=3，则

$$Q_{2009} = 27\,600+3500\times3 = 38\,100（件）$$

注：一般，时期数为奇数项时，令中间的一个时期取值为 0，其他分别用-1、1、-2、2…代替；时期数为偶数项时，令中间的两个时期取值分别为-1、1，其他分别用-3、3、-5、5…代替。预测时，也要按时期取值规律进行取值。

第二节　决　　策

引导案例

新民钟表公司决策问题

新民钟表公司有固定资产 6000 万元，是一个拥有 1000 名员工的国有中型企业。公司自成立以来，有过辉煌的历史。目前，全国手表行业大多数企业经营状况不好，新民钟表公司也出现了经济效益恶化的局面。经过竞选，李宏担任了公司总经理。李宏一上任就大刀阔斧地精简机构，把公司科室人员由 80 人精简到 40 人，加强了现场管理和质量管理。

新民钟表公司的主要产品是机械表和机芯。经市场调查发现，机械表在内地市场已不受欢迎，全行业销售额呈逐年下降趋势。公司年产机芯 100 万只，主要卖给香港的中间商，每只机芯的售价在 20～25 元。由于没有达到 1000 万只的经济规模，每只机芯的成本为 18

元左右，比同行厂家高出许多。公司生产的低档机械表在省外根本卖不出去，在本省的市场占有率已由前几年的 10%下降到了 5%，并且其主要购买对象在农村。目前企业实际上已处于亏损状态。李经理担心，一旦香港中间商停止订货，企业将陷入更大困境。公司经过多次研究，认为必须实行多元化经营。为此，公司在厂区外租了几间房和一块空地，开设了餐厅与卡拉 OK 厅，建造了钓鱼池和游泳池，并办起了一个“新民度假村”。公司还涉足第一产业，办了养猪、养鸡、养兔场。

公司了解到在距公司 100 多千米的山区，许多农民开采铁矿砂非常赚钱。李经理通过亲自考察，并经全体员工讨论，决定开办铁矿砂厂。在征得有关金融管理部门同意后，公司召开了全体职工大会，李经理在会上说：“当前公司严重亏损，机芯和机械表销售情况不好，资金极为短缺。我们每个职工一定要认清形势，团结一条心，黄土变成金。今天我动员大家集资自救，自力更生。我本人愿出 1 万元。希望同志们在保证生活不受影响的情况下，自愿集资，不要勉强。我们保证集资款的利率高于银行利息率。将来铁矿砂厂盈利后，再按资分红。尽快把铁矿砂厂办起来，就可以帮助公司解决当前发展的难题。”在李经理的号召和带动下，仅两周时间，公司就集资 100 余万元，又从各车间抽调了得力人员，经过紧张的筹备，半年后铁矿砂厂就上马了。开工第一个月盈利 40 万元。李经理非常兴奋地说：“我们现在是一、二、三产业并举，农、工、商齐上，照这样的势头发展下去，我们的公司是大有希望的。”但是好景不长，刚刚上马的铁矿砂厂出了事故，山坡上的废泥浆由于堆放过多，流进了农民的庭院，冲毁了几间民房。环保部门勒令铁矿砂厂停产并处以罚款。由于地理位置不好，游客不多，再加经营不善，“新民度假村”也出现了亏损。公司的养殖业原来是由一个农业大学毕业生管理，但他认为新民公司没有发展前途，不久前离职而去。这使李经理及公司陷入了极度困难之中。

思考：试分析新民钟表公司的决策问题。

案例启示：这是一个有关决策的案例，案例中新民钟表公司的失败主要是由于管理者没有进行科学决策。决策是管理的核心，决策失误必然会给企业带来损失，如何才能做出正确的决策呢？这需要了解什么是决策，掌握决策的类型、决策的过程及方法，在这个基础上才能做出正确的决策。

一、决策的概念和类型

（一）决策的概念

决策是为了解决问题和实现目标，依据评定准则和标准，从多种可行性方案中选择一个满意方案的分析与判断过程。即决策是管理者识别并解决问题的过程，或者管理者利用机会的过程。其含义有四层：

（1）决策是为解决问题和实现目标服务的，在对决策方案做出选择前一定要有明确的目标。

（2）进行决策必须要有两个以上的可行性方案；如果只有一个方案，那就不需要选择，也就不存在决策问题。这些方案应该能解决设想的问题或实现预定的目标，并且可以进行定性和定量分析。

（3）决策要对可行性方案进行比较，按满意原则选择一个满意的方案。

（4）决策是一个决策系统。从搜集信息到分析、判断，再到实施、反馈活动，是一个完整的过程，经过执行活动的反馈，又进入下一轮的决策。决策是一个循环过程，贯穿整个管理活动的始终。

决策是各级、各类主管人员的首要工作。决策不仅仅是上层主管人员的事，上至国家的高级领导者，下到基层的班组长，均要做出决策，只是决策的重要程度和影响的范围不同而已。在实际管理工作中，决策作为主管人员的首要工作已得到普遍验证。西蒙曾说过："管理就是决策。"

决策是行为的选择，行为是决策的执行，正确的行为源于正确的决策。对于每个主管人员来说，不是有无必要做出决策的问题，而是如何做出更好、更合理、更有效的决策的问题。不同管理层次上的决策，其影响不同。因而，改进管理决策、提高决策水平，应当成为各级主管人员经常注意的重要问题之一。

（二）决策的类型

1. 按决策问题的重要程度分类

1）战略决策

战略决策主要由高层管理者负责，是所有决策中最重要的，是涉及组织大政方针、战略目标等重大事项的决策活动，是全局性、长期性、关系到组织生存和发展的根本性决策。战略决策包括组织资本的变化、国内外市场的开拓与巩固、组织机构的调整、高级经理层的人事变动等。

2）战术决策

战术决策主要由中层管理者负责，属于执行战略决策过程中的具体决策，旨在实现组织内部各环节活动的高度协调和资源的合理使用，以提高经济效益和管理效能，如企业的生产计划、销售计划、更新设备的选择、新产品定价、流动资金筹措等决策。战术决策不直接决定企业组织的命运，但决策行为的质量将在很大程度上影响组织目标的实现程度和组织效率的高低。

3）业务决策

业务决策主要由基层管理者负责，是涉及组织中的一般管理和工作的具体决策活动，直接影响日常工作效率。主要的决策内容包括：日常工作任务的分配与检查、工作日程（生产进度）的监督与管理、岗位责任制的制订与执行、企业的库存控制、材料采购等方面的决策。

2. 按决策的重复程度分类

1）程序化决策

程序化决策是指按原来规定的程序、处理方法和目标去解决管理中经常重复出现的问题，又称重复性决策、定型化决策、常规决策，如订货采购、日常的生产技术管理等。在企业中大量的决策都是程序化决策，而且，不同的管理层面对的程序化决策数量不同。

2）非程序化决策

非程序化决策是指解决以往无先例可循的新问题，所决策的问题具有极大的偶然性和随机性，很少发生重复，这类决策又称一次性决策、非定型化决策和非常规决策。非程序化决策通常是有关重大战略问题的决策，如新产品开发、组织结构调整、市场开拓人员培训、企业发展等。

程序化决策和非程序化决策的关系如图 4-1 所示。

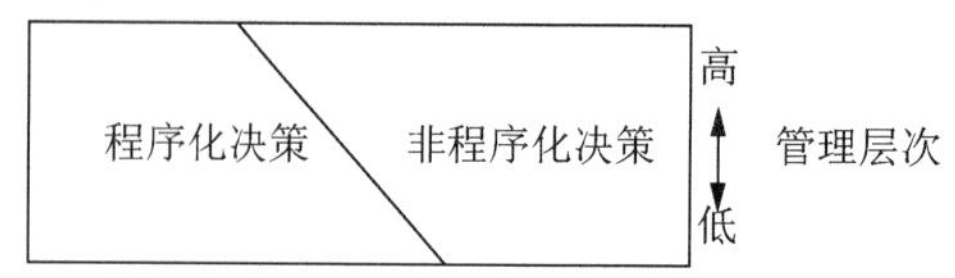

图 4-1　不同管理层次所面临的决策情况

3．按决策问题的可控程度分类

（1）确定型决策。确定型决策是指每种备选方案只有一种确定的结果的决策，即决策事件未来的自然状态明确，决策者只要比较各方案的结果即能选出最优方案。

（2）风险型决策。风险型决策方法是指决策者在对未可能发生的情况无法做出肯定判断的情况下，通过预测各种情况发生，根据不同概率来进行决策的方法。即决策事件未来的自然状态虽不能预先确定，但可以测出各种状态出现的概率的决策。属于有一定风险的决策。

（3）非确定型决策。非确定型决策是指决策事件未来的各种自然状态完全未知，只能凭决策者主观做出的决策。决策者在对决策问题不能确定的情况下，通过对决策问题的各种因素进行分析，估计其中可能发生的自然状态。但各种状态出现的概率无法估计，在没有概率保证下进行决策，风险很大。

4．按决策主体分类

（1）个体决策。决策者是单个人。

（2）群体决策。决策者可以是几个人、一群人，甚至可以扩大到整个组织的所有成员。

群体决策与个体决策相比有两个优点：一是群体决策通常能比个人做出质量更高的决策，因为它具有更完整的信息和更多的备选方案；二是以群体方式做出决策，增强了员工对决策方案的接受性，执行力强。但群体决策的效果受到群体大小、成员从众现象等因素的影响，效率相对较低，并且责任不明晰。

5．按决策层次分类

1）高层决策

高层决策是由企业最高领导者所做出的决策。高层决策解决的是企业全局或涉及面大、比较重要、政策性较强、利害关系影响较大的决策。

2）中层决策

中层决策是由企业中级管理人员所做出的决策，如企业执行性的管理决策和业务决策。

3）基层决策

基层决策是由基层管理人员所做出的决策，主要是解决作业任务的安排问题。

一般地，越是组织的高级主管人员，其做出的决策越倾向于战略型的、非常规的、非肯定型的决策；而越是组织的下层主管人员，其做出的决策越倾向于战术型的、常规的、经验的、肯定型的决策。

高层决策、中层决策和基层决策的比较如表 4-3 所示。

表 4-3 高层决策、中层决策和基层决策的比较

决策种类	高层决策	中层决策	基层决策
决策问题	战略性的多	执行性的多	业务性的多
决策的复杂程度	很复杂	复杂	比较复杂
风险程度	风险大	风险较大	风险较小
决策结果的确定程度	不完全确定	确定	很确定

二、决策的原则

管理环境是复杂的，在复杂的环境中进行决策，一定要遵循决策原则，将决策的失误可能降低到最小。决策必须遵循的原则有以下几条。

1. 系统性原则

决策是一个系统，由决策主体、对象、信息、方法、反馈渠道等要素构成，各要素之间相互联系、相互影响、相互依存、彼此制约。同时，决策系统又是企业管理大系统中的子系统，管理者在决策时要兼顾各方利益，才能满足各方的需要，决策的结果要实现组织整体优化。

2. 科学性原则

遵循科学性原则，才可做出科学的决策。决策科学性的基本要求是决策思想、决策程序、决策方法等科学化。管理者要对组织现有人力、物力、财力及科学技术能力等进行认真审定，使决策方案与各种客观条件和因素相统一，做出高质量的决策。

3. 效益性原则

组织决策的根本目的是追求良好的社会效益与经济效益。应将当前效益与长远效益、局部效益与整体效益有机结合起来，通盘考虑，全面安排，协调发展，树立正确的决策价值观念。

4. 信息化原则

决策的依据是信息，管理者决策是以全面的和准确的信息为基础的。没有全面的和准确的信息就不可能做出正确的决策。决策过程是信息处理的过程，对信息的要求一是全面，二是准确，三是及时。管理者在进行决策时要深入基层，充分了解组织基层实际情况，收集对决策目标有影响的各种信息，充分听取广大群众的意见，避免决策失误。

5. 预测性原则

预测是实现科学决策的前提。要想做出科学、正确、切实可行的决策，必须开展市场调查，收集决策信息，在信息分析的基础上对未来发展做出预测，在高效能的基础上进行决策。

6. 民主性原则

决策民主化是让下级参与到决策中，充分听取下级的意见，防止决策出现片面性。下级由于参与到决策中，可以充分理解上级的意图，在今后的决策执行时，保证执行的正确性。同时，决策时要听取专家的意见，让管理专家参与到决策中，可以提高决策的质量。

7. 反馈性原则

决策做出后，并未结束。完整的决策还应包括决策方案的实施与检查。决策付诸实施后，要随时进行信息反馈，一旦发现决策与客观情况不相符，必须及时采取措施，进行修正，以免偏差不断积累，给组织带来重大损失。如果实施过程表明决策正确，就应采取强有力的措施将决策贯彻执行下去。

8. 满意性原则

满意性原则是针对“最优化”原则提出的。“最优化”的理论假设把决策者作为完全理性的人，以“绝对的理性”为指导，按最优化准则行事。但是，处于复杂多变环境中的企业和决策者对未来做出“绝对理性”的判断是不可能的。因此，决策者不可能做出“最优化”的决策，只能做到满意决策。满意决策包括以下内容：

（1）决策目标追求的不是使企业及其期望值达到理想的要求，而是使它们能够得到切实的改善，实力得到增强。

（2）决策备选方案不是越多越好、越复杂越好，而是要达到能够满足分析对比和实现决策目标的要求，能够较充分利用外部环境提供的机会，并能较好地利用内部资源。

（3）决策方案选择不是要避免一切风险，而是对可实现决策目标的方案进行权衡，做到“两利相权取其大”“两弊相权取其小”。

三、影响决策的因素

决策者在决策过程中，一般要受到以下几个因素的影响。

1. 环境

环境对组织决策的影响是不言而喻的。一是环境的特点影响着组织的活动选择。例如，企业需经常对经营方向和内容进行调整；处于垄断市场的企业通常将经营重点放在内部生产条件的改善、生产规模的扩大以及生产成本的降低上，而处在竞争市场的企业，则需密切注意竞争对手的动向，不断推出新产品，努力改善营销宣传，建立健全销售网络。二是对环境的习惯反应模式也影响着组织的活动选择。即使在相同的环境背景下，不同的组织也可能做出不同的反应。而这种调整组织与环境之间关系的模式一旦形成，就会趋向固定，限制着人们对行动方案的选择。

2. 管理者的特质以及对风险的态度

决策是管理者最基本的职责。管理者每天面临的各项工作实际上都是不断地做出决策。对出现的各种问题进行分析研究，找到解决问题的方法。而决策的过程实际上是对诸多处理方案或方法的提出与选择。在这个过程中，管理者面对着各种影响决策的因素，他必须依靠自身的经验、学识、能力、一定的价值观念进行利益取舍或权衡。

决策是人们确定未来活动的方向、内容和目标的行动。由于人们对未来的认识能力有限，目前预测的未来状况与未来的实际状况不可能完全相符，因此，决策是有一定风险的。组织及其决策者对待风险的态度将直接影响决策方案的选择。愿意承担风险的组织，通常会在被迫对环境做出反应以前就已采取进攻性的行动，而不愿承担风险的组织通常只对环境做出被动的反应。愿意冒风险的组织经常进行新的探索，而不愿承担风险的组织，其活动则受到前面执行过的决策的影响较大。

3. 已执行的决策

在组织的经营活动过程中，在大多数情况下都是对已执行的决策进行完善、调整或改革。组织前面执行过的决策是目前决策过程的起点。前面选择的方案的实施，不仅伴随着人力、物力、财力等资源的消耗，而且伴随着内部状况的改变，带来了对外部环境的影响。前面已执行的决策对现在决策的影响程度大小，要看前面的决策是否是现任决策者做出的。如果前面的决策是由现任决策者做出的，决策者通常要对自己的选择及其后果负管理上的责任，因此对组织活动的重大调整倾向于仍把大部分资源投入过去方案的执行中，以证明自己的一贯正确。

4. 组织资源

任何一个组织的资源都是有限的，决策的目的就是将资源进行有效配置。组织不管做出什么样的决策，决策的结果一定要是可行的，符合组织的实际情况，即根据组织现有资源拟订备选方案。组织的现有资源就是限制因素。

5. 时间

时间对组织决策会产生重要影响。主要表现在：当外部环境突然发生难以预料的变化，对组织造成重大威胁时，组织如不迅速做出反应，就可能出现生存危机。这种时间压力可能限制人们考虑方案的数量，或使人们得不到评价方案所需要的足够的信息，从而影响决策的正确性和完善性。

四、决策的基本过程

决策活动是一个科学的动态过程，人们在具体进行决策时，要遵循一定的程序和步骤，如图 4-2 所示。

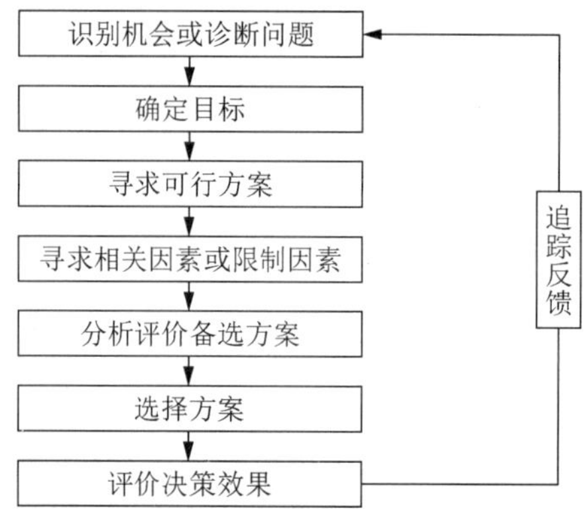

图 4-2　决策过程示意

1. 识别机会或诊断问题

决策者必须知道哪里需要行动，从而决策过程的第一步是识别机会或诊断问题。管理者通常密切关注与其责任范围有关的各类信息，包括外部的信息和报告以及组织内的信息。实际状况和所想要状况的偏差提醒管理者潜在机会或问题的存在。识别机会和问题并不总是简单的，因为要考虑组织中人的行为。有些时候，问题可能植根于个人的过去经验、组织的复杂结构或个人和组织因素的某种混合。因此，管理者必须特别注意要尽可能精确地评估机会和问题。评估机会和问题的精确程度有赖于信息的精确程度，所以管理者要尽力获取精确的、可信赖的信息。

2. 确定目标

这一阶段的目的在于澄清解决问题的最终目的，明确应实现的目标，并对目标的优先级进行排序，从而减少以后决策过程中不必要的麻烦。

决策目标往往不止一个，而且多个目标之间有时还会有矛盾，这就给决策带来了一定的困难。要处理好多目标的问题，可采取以下三种办法：一是把要解决的问题尽可能地集中起来，减少目标数量；二是把目标依据重要程度进行排序，把重要程度高的目标先行安排决策，减少目标间的矛盾；三是进行目标的协调，即以总目标为基准进行协调。

3. 寻求可行方案

在诊断出目标的问题，澄清解决此问题的真正目标之后，应寻求所有可能用来消除此问题的对策及有关的限制因素。在这些可能的备选方案之间，应具有互相替代作用。选用何种方案，视其在各相关限制因素的优劣地位及成本效益而定。通常来说，一个问题往往可以用一种以上的办法来解决，所以在选择之前应把所有可能的候选方案及相关因素罗列出来，以便清楚地加以考查和评估。提出的可行方案应尽可能详尽，方案的数量越多、质量越好，选择的余地就越大。

4. 寻求相关因素或限制因素

寻求相关因素与限制因素，即列出各种对策可能牵涉到的有利或不利的考虑因素。所谓备选方案的限制因素或相关因素，是指评价方案优劣后果应考虑的对象，如采购问题的决策考虑因素有价格（成本）、品质、交货时间、交货持续性、售后服务、互惠条件、累计折扣等。不同的决策问题，将有不同的考虑因素，决策者必须针对特定问题，思考可能的相关因素，以免遗漏。

5. 分析评价备选方案

在比较备选方案优劣的过程中，必须先确定相关的限制因素，并把它们作为计算与比较的基础。之后，再针对每一备选方案及相关因素，估计方案的结果，以利于备选方案之间的比较。

6. 选择方案

在进行详尽的方案分析与比较之后，应选取一个最合意的方案加以实施。在方案的评价和选择中，应注意以下问题：

（1）确定评价的价值标准。评价的价值标准要根据决策目标而定。凡是能够定量化的都要定出量化标准，如利润达到多少等；难于定量化的，可以做出详细的定性说明，如安全可靠性。如果使用评分法进行综合评价，就要规定出评分标准和档次等。这样才能做出较有科学依据的评价。

（2）注意方案之间的可比性和差异性。即把不可比的因素转化为可比因素，着重对其差异进行比较与分析。

（3）从正反两方面进行比较。目的在于考虑到方案可能带来的不良影响和潜在的问题，以权衡利弊得失，做出正确的决断。

7. 评价决策效果

方案的评价必须是全方位的，并要在方案实施过程中不断地进行追踪。如果在方案实施过程中发现重大差异，应及时采取措施加以调整，以保证决策的效果；如果方案本身有误，应会同有关部门和人员修改方案。

反馈是评价决策效果的一个重要环节。反馈可对原方案不断地再审查和再改进。实施一段时间后，需要对方案运行及预测的结果做出评价，目的是检查方案是否实现了预定的目标或是否解决了问题，随时发现偏差的程度并查明原因，并及时给予纠正。

五、定性决策方法

定性决策方法又称主观决策法，指的是运用心理学、社会学的成就，采取有效的组织形式，在决策过程中，直接利用专家们的知识和经验，根据已掌握的情况和资料，提出决策目标及实现目标的方法，并做出评价和选择。

1. 头脑风暴法

头脑风暴法的创始人为英国心理学家奥斯本。头脑风暴法是比较常用的集体决策方法，通常是将对解决某一问题有兴趣的人集合在一起，在完全不受约束的条件下，让大家开动脑筋，畅所欲言，充分发挥个人和集体的创造性，经过互相启发，产生连锁反应，集思广益，然后进行决策的方法。

头脑风暴法的目的在于创造一种敞开思路、畅所欲言、自由思考的氛围，诱发创造性思维的共振和连锁反应，产生更多的创造性思维。这种方法的时间安排应在 1～2 小时，参加者以 5～6 人为宜。

头脑风暴法的实施要遵循如下三项原则：

（1）对别人的建议不做任何评价，将相互讨论限制在最低限度内，但可以补充和完善已有的建议。

（2）建议越多越好，在这个阶段，参与者不要考虑自己建议的质量，想到什么就说出来。

（3）鼓励每个人独立思考，广开思路，想法越新颖、越奇异越好。

2. 名义小组技术

在对组织的管理问题进行决策时，如果员工对问题的形式不完全了解且意见分歧严重，可采用名义小组技术。具体做法是：成立决策小组，小组只是名义上的，小组的成员互不通气，也不在一起讨论、协商。管理者先召集一些核心人员，把要解决的问题的关键告诉他们，并请他们独立思考，激发小组中每个人的创造力和想象力，要求他们每个人把自己的备选方案和意见写下来。然后小组开会，让他们每个人陈述自己的方案和意见。在此基础上，由小组成员对提出的全部备选方案进行投票，管理者根据投票结果做出决策。

3. 哥顿法

哥顿法又称提喻法。由会议主持人先把决策问题向会议成员做笼统的介绍，然后由会议成员讨论解决方案；当会议进行到适当时机，决策者将决策的具体问题展示给小组成员，使小组成员的讨论进一步深化，最后由决策者吸收讨论结果进行决策。基本观点就是“变熟悉为陌生”，即抛开对事物性质原有的认识，在“零起点”上对事物进行重新认识，从而得出相应的结论。

4. 淘汰法

淘汰法是指根据一定的标准和条件，将全部备选方案筛选一遍，淘汰达不到要求的方案，缩小选择的范围的决策方法。淘汰法在很多企业得到了很好的应用。实行淘汰法，能给员工以压力，在企业内形成竞争气氛，有利于提高员工的绩效。但也容易造成员工心理负担过重、同事关系紧张、对企业不信任等，如很多企业采用“末位淘汰”法对员工绩效考核：企业根据设定的绩效考核指标体系，运用特定的考核方法对员工进行绩效评价，将员工考核成绩进行排序，确定排在最后面的一定比例的员工为绩效最差目标，不能为企业继续任用，并与其解除聘用关系。

5. 方案前提分析法

这种方法以每个方案都有几个前提假设作为依据，方案是否正确，关键看它的前提假设是否成立。即组织者让与会者只分析讨论方案的前提能否成立，据此判断决策方案。方案前提分析法由于一般不讨论具体方案，只讨论假设条件，可以摆脱掉具体方案的束缚，做到集思广益，增加方案的可信性和可靠性；可以比较容易地集中正确的意见，保证方案选择的科学性；可以对方案的论据了解得更具体、更深刻、更透彻，使方案选择更有把握，从而减少失误。

方案前提分析法一般要经过以下三个环节：

（1）分析方案，找出各种方案的前提假设。方案前提分析法的实施必须以前提的存在为先决条件。通常是先找出各个方案的初步前提，然后深入下去，找出初步前提的前提，这样渐次推进，越深入越好。为了取得方案前提分析方法满意的效果，应当尽量做到所提出的前提假设同方案本身没有明显的联系，否则将有可能妨碍结论的客观性。

（2）在找出各种方案的前提假设之后，将前提假设提交全体参会人员讨论。在没有任何暗示和限制的情况下，全体参会人员畅所欲言，对这些前提假设展开充分的论证。

（3）在充分讨论的基础上，决策中心对各种不同的意见进行综合，集思广益，做出比较科学的选择。

六、定量决策方法

定量决策方法常用于数量化决策，应用数学模型和公式来解决一些决策问题，即运用数学工具建立反映各种因素及其关系的数学模型，并通过对这种数学模型的计算和求解，选择出最佳的决策方案。对决策问题进行定量分析，可以提高常规决策的时效性和准确性；可以使决策者从常规决策中解脱出来，把注意力集中在关键性、全局性的重大战略决策方面，这又促使领导者提高重大战略决策的正确性和可靠性。下面介绍几种常见的定量决策方法。

1. 盈亏平衡分析法

盈亏平衡分析法（确定型决策方法）是研究生产一种产品达到不盈不亏状态的产量，即确定盈亏平衡点，了解企业生产产品的最低限度的决策方法。盈亏平衡点一般用实物产量表示。

（1）盈亏平衡点确定。如图 4-3 所示，设产量等于销量（即产销率为 100%），用 Q 表示，销售单价为 P，则销售收入 $S=PQ$；成本（C）可分为固定成本（F，与产销量无关，为常数）和变动成本（VC=VQ，VC 随产销量的变化而变化，而单位产品变动成本 V 为常数）；利润（R）=收入（S）−成本（C），即

$$R = S - C = PQ - (\mathrm{F} + \mathrm{V}Q)$$

令 R=0，得

$$Q_0=\frac{\mathrm{F}}{P-V}$$

式中，Q_0 为盈亏平衡点（保本点）产量（销量）。

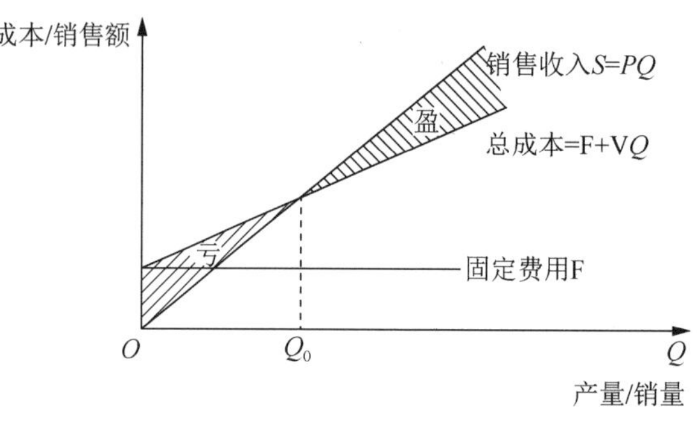

图 4-3　盈亏平衡分析

（2）经营安全状况分析。一般用经营安全率（B）来衡量，根据表 4-4 确定企业的经营安全状况。B 的计算公式为

$$B=\frac{Q_1-Q_0}{Q_1}\times 100\%$$

式中，Q_1 为实际产销量。

表 4-4　经营安全状态判断

经营安全率	≥30%	25%～30%	15%～25%	10%～15%	<10%
经营安全状态	安全	较安全	不太好	要警惕	危险

【例 4-4】某企业生产某种产品固定费用总额为 50 000 元，该产品的单位变动费用为 80 元，单位产品的售价为 120 元，求盈亏平衡点及生产量为 2000 件时的经营安全率。

解：Q_0=50 000/(120−80)=1250（件）

B=(2000−1250)/2000×100%=37.5%

根据表 4-4，可判断该企业经营状况为安全。

2. 决策树分析法

决策树分析法（风险型决策方法）是把每一种决策方案各种状态的相互关系用树形图表示出来，并且注明对应的概率及其报酬值，从而选择出最优决策方案。由于根据这种方法的基本要素就可以描画出一个树状的图形，因而管理学把这一树状图形称为决策树。

决策树一般包括五个要素：一是决策点，用○表示；二是方案枝，用一表示；三是结点，用○+编号表示；四是概率枝，用一表示；五是各方案在不同状态下的损益。决策树分析法在决策的定量分析中应用相当广泛，有许多优点：第一，可以明确地比较各种方案的优劣；第二，对某一方案有关的状态一目了然；第三，可以表明每种方案实现目标的概率；第四，可以计算出每一方案预期的收益和损失；第五，可以用于对某一个问题的多级决策分析。具体步骤如下：

第一步，画决策树，即画出决策点、方案枝、状态结点、概率枝和期望值，注明时间长度。

第二步，计算各种状态下的期望值。

第三步，选择最佳方案：①将各方案的期望值标在各个方案结点上；②比较各方案的期望值，从中选出期望值最大的作为最佳方案；③把最佳方案的期望值写到决策结点的方框的上面，同时减去（用//表示）其他方案枝。

【例 4-5】某企业研制成功一种新产品，根据表 4-5 对该产品的批量生产用决策树分析法进行决策。

表 4-5　某企业数据　　单位：万元

方案	投资使用 10 年	产品不同销路情况下的利润		
		畅销（概率 0.3）	一般（概率 0.4）	滞销（概率 0.3）
大批量生产	800	500	350	-100
中批量生产	600	350	220	20
小批量生产	400	150	100	80

解：根据表 4-5 画出决策树，如图 4-4 所示。

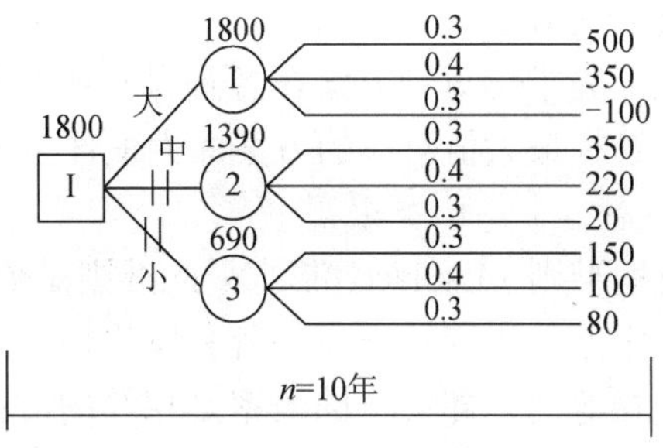

图 4-4　决策树

$$大批量生产的期望值=[500\times0.3+350\times0.4+(-100)\times0.3]\times10-800=1800（万元）$$

$$中批量生产的期望值=(350\times0.3+220\times0.4+20\times0.3)\times10-600=1390（万元）$$

$$小批量生产的期望值=(150\times0.3+100\times0.4+80\times0.3)\times10-400=690（万元）$$

因此，应采用大批量生产的方案。

3. 非确定性决策方法

由于非确定性决策各种自然状态出现的概率难以估计出来，因而现代决策理论根据非确定型决策问题的特点总结出一套方便可行的方法，即先假定一些准则，根据这些准则求出方案的期望值，然后确定每一决策问题的最优值。非确定型决策方法主要有乐观准则、悲观准则、等概率准则、后悔值准则等。

1）乐观准则

乐观准则也称大中取大准则。管理者既然决定要开展某项活动，就要对未来充满信心，认为未来会出现最好的自然状态，所以，在进行决策时，从每种方案中选择一个最大值，在这些最大值中再选择最大值，把这个最大值对应的方案作为决策的依据。

乐观准则被偏好冒险的决策者所推崇，他们往往着眼于每个方案的最大可能收益，从而决定自己的行动，但是由于并不能总是保证最有利的状态出现，因此采用乐观准则风险很大。持乐观准则的决策者对未来充满信心，态度乐观，但难免冒较大风险。

乐观准则的决策步骤是：先求出每个方案在各种自然状态下的最大效益值；再找出各最大效益值的最大值；最后选择最大值对应的方案即为最佳方案。

2）悲观准则

悲观准则也称为小中取大准则、瓦尔德准则。决策者是从保守的角度考虑做决策，即在未来会出现的最差的自然状态下进行决策，因此，决策时从每个方案中选择一个最小的收益值，然后从这些最小的收益值中选取最大值，把这个最大值对应的方案作为最佳方案。悲观准则是一种保守的决策方法。决策者从最谨慎的观点出发，对每个决策方案只考虑其最坏的可能收益，即假定每种方案都只会出现最坏的环境与之对应，以此作为标准，从中选取最好的方案。

悲观准则被偏于保守、谨慎的决策者采用。他们往往着眼于保证取得一个有保障的收益，决策原则是从最坏的可能出发，取得最好的结果。悲观准则没有风险，但是有机会损失，即失去可能获得更高收益的机会。

悲观准则的决策步骤是：先求出每种方案在各种自然状态下的最小效益值；再找出各最小效益值的最大值；最后选择最大值对应的方案即为最佳方案。

3）等概率准则

等概率准则又称拉普拉斯准则（Laplace 准则）。此准则是数学家拉普拉斯于 19 世纪提出的。当决策者在决策过程中不能确定这一事件容易发生还是那一事件容易发生时，只好认为各种事件发生的机会是相等的，即发生的概率是相等的，在假定的概率保证下进行决策，计算每一个方案的期望值，选择期望值最大对应的方案作为最佳方案。

此法可用于资料缺乏或由于其他原因难以确定各自然状态发生的概率时，假设各自然状态发生的概率相等，以求出各方案的期望收益值。有几种自然状态，则每种自然状态发生的概率就为几分之一。

等概率准则的具体决策步骤是：先确定各种自然状态发生的概率；再根据概率计算各方案等概率收益值之和；比较各方案的等概率收益值的大小，选择收益最大值对应的方案即为决策的最佳方案。

4）后悔值准则

后悔值准则也称为最小最大后悔原则、沙万奇准则或遗憾准则。决策者在选择方案并组织实施时，如果遇到的自然状态表明采用另外的方案会取得更好的收益，企业就会遭到机会损失，决策者将为此而感到后悔。采用后悔值准则就是力求使后悔值尽量小。

后悔值准则的具体决策步骤是：决策时先计算出各方案在各种自然状态下的后悔值，它是根据方案在某种自然状态下的收益值与该自然状态下的最大收益值的差，找出每种方案的最大后悔值，并据此对不同方案进行比较，选择最大后悔值中最小的方案作为最佳方案。

【例 4-6】某公司计划生产一种新产品。该产品在市场上的需求量有四种可能：需求量较高、需求量一般、需求量较低、需求量很低。对每种情况出现的概率均无法预测。现有三种方案：A 方案是自己动手，改造原有设备；B 方案是全部购进新设备；C 方案是购进关键设备，其余自己制造。该产品计划生产 5 年，如表 4-6 所示。

表 4-6 各个方案在各种自然状态下 5 年内的预期损益 单位：万元

方案 \ 需求量	较高	一般	较低	很低
A	90	60	40	20
B	130	90	30	−25
C	80	50	35	10

解：根据各个准则做出的决策如下。

① 乐观准则。在需求量较高的状态下，A 方案的预期损益是 90 万元；B 方案的预期损益是 130 万元；C 方案的预期损益是 80 万元。Max{90，130，80}=130（万元），所以选 B 方案。

② 悲观准则。在需求量很低的状态下，A 方案的预期损益是 20 万元；B 方案的预期损益是−25 万元；C 方案的预期损益是 10 万元。Max{20，−25，10}=20（万元），所以选 A 方案。

③ 等概率准则。需求量较高、需求量一般、需求量较低和需求量很低四种状态出现的概率均为 1/4，在此概率保证下计算 A、B、C 三个方案的期望值：

A 方案的期望值=(90+60+40+20)/4=52.5（万元）

B 方案的期望值=(130+90+30−25)/4=56.25（万元）

C 方案的期望值=(80+50+35+10)/4=43.75（万元）

所以选 B 方案。

④ 后悔值准则。计算 A、B、C 三个方案在需求量较高、需求量一般、需求量较低和需求量很低四种状态下的后悔值，然后确定三个方案的最大后悔值，取最小值，如表 4-7 所示。

表 4-7 各个方案在各种自然状态下的后悔值 单位：万元

方案 \ 需求量	较高	一般	较低	很低	最大后悔值
A	40	30	0	0	40
B	0	0	10	45	45
C	50	40	5	10	50

所以选 A 方案。

本章重点知识归纳

1. 预测是指对未来环境做出的估计。它以过去为基础推测未来，以昨天为依据估算今后，以已知预计未知。预测是联系过去和未来的桥梁。

2. 预测的种类：①按内容分为社会未来预测和技术经济预测；②按时间的长短分为长期预测、中期预测和短期预测。

3. 预测的程序：①提出课题和任务；②调查、收集和整理资料；③建立预测模型；④确定预测方法；⑤评定预测结果；⑥将预测结果交付决策。

4. 专家意见调查法（德尔菲法）：①拟订预测课题；②选择专家（10～50 人）；③通信调查；④预测结果的定量处理。

5. 定量预测方法：时间系列分析法、指数平滑法（一次指数平滑法）、相关分析法、直线趋势法。

6. 决策是为了解决问题和实现目标，依据评定准则和标准，从多种可行性方案中选择一个满意方案的分析与判断过程。即决策是管理者识别并解决问题的过程，或者管理者利用机会的过程。

7. 决策类型：①按决策问题的重要程度分为战略决策、战术决策和业务决策；②按决策的重复程度分为程序化决策和非程序化决策；③按决策问题的可控程度分为确定型决策、风险型决策和非确定型决策；④按决策主体分为个体决策和群体决策；⑤按决策层次分为高层决策、中层决策和基层决策；

8. 决策的原则：系统性原则、科学性原则、效益性原则、信息化原则、预测性原则、民主性原则、反馈性原则、满意性原则。

9. 影响决策的因素：环境、管理者的特质以及对风险的态度、已执行的决策、组织资源和时间。

10. 决策的基本过程：①识别机会或诊断问题；②确定目标；③寻求可行方案；④寻求相关因素或限制因素；⑤分析评价备选方案；⑥选择方案；⑦评价决策效果。

11. 定性决策方法：头脑风暴法、名义小组技术、哥顿法、淘汰法和方案前提分析法。

12. 盈亏平衡分析法是研究生产一种产品达到不盈不亏状态的产量，即确定盈亏平衡点，了解企业生产产品的最低限度的决策方法。计算公式为 $Q_0=\dfrac{\mathrm{F}}{P-V}$。经营安全率计算公式为 $B=\dfrac{Q_1-Q_0}{Q_1}\times 100\%$。

13. 决策树分析法是把每一决策方案各种状态的相互关系用树形图表示出来，并且注明对应的概率及其报酬值，从而选择出最优决策方案。具体步骤：①画决策树；②计算各种状态下的期望值；③选择最佳方案。

14. 非确定型决策方法：乐观准则、悲观准则、等概率准则、后悔值准则。

第四章想一想

第四章做一做

第四章 PPT

第五章
组　　织

学习目标

通过本章的学习，学生应理解组织的含义及组织工作的特点、组织结构设计的基本原则、组织结构的基本类型及特点、组织变革的程序和途径；掌握组织结构设计、职权划分、人员配备；能够进行适当授权，开展人员配备等组织活动。

第一节 组织结构设计

引导案例

润达铁合金有限公司的组织结构

常州润达铁合金有限公司专业从事炼钢脱氧剂、铸造孕育剂的科研和生产，年生产能力在 10 000 吨左右，有职工 30 人。公司经理的管理方式属于专断型，由于企业内部人员较少，经理下达任务或者收到由下级反馈的信息比较容易，而且企业内部上级与下级之间的沟通环节较少，信息传递也比较快。经理是企业的一把手，公司的每件事都要在她同意之后才由下属去实施，但有些事做起来却事倍功半。例如，公司一般要从外地采购所需的物资，如硅、铝、铁等。公司的业务员小汤联系到了几家出售该公司所需物资的企业，经过仔细审核、反复计算，他认为应该购买青海企业的产品，并向经理提出了购买方案。但经理却吩咐小汤去另一家福建企业购买，因为她认为福建企业的货比较便宜。小汤再次与经理讨论这件事，并向经理说明公司所有人都认为青海企业的货比较好，但最终经理还是决定购买福建企业的产品。

公司主要管理者都是经理的亲信或亲属，企业内部“任人唯亲”的现象十分严重。当然，为了公司的前途考虑，经理在提拔管理者方面也有她自己的看法，她认为管理者需要胆魄，有识人的本领，最重要的是有丰富的工作经验。公司在人员配备上也存在着很多问题，如公司的推销人员阿伟不但负责外出跑供销，还要下车间干活，厂里有客人的时候，他甚至还要负责做饭、炒菜，厂里什么零碎的活都交给他去做。另外，现金会计杨会计在负责每天的现金出纳的同时，还负责通电话和客人谈生意，或者是应付一些日常的琐事。他在记账时，往往会被打断数次。

思考：润达铁合金有限公司的组织结构是怎样的？公司在管理上存在哪些问题？

案例启示：常州润达铁合金有限公司在管理中存在的问题主要是企业没有进行合理的组织结构设计，没有明确的部门划分及职责划分不清，管理工作分工不明确，同时权责不对等，让下属无所适从。公司的经理应该正确履行组织职能，即根据企业目前的情况及未来的发展规划，科学地设计组织结构，进行适当授权，使企业各部门分工协作，有序开展各项工作。

一、组织职能与组织结构

1. 组织的含义和作用

美国管理学家切斯特·巴纳德认为，由于生理的、心理的、物质的、社会的限制，人们为了达到个人和共同的目标，就必须合作，于是形成群体，即组织。一般意义上的组织是具体机构的代名词，泛指各种各样的社会组织和事业单位，如企业、机关、学校、医院、军队等，它们是为了达到一定的目标，通过分工与合作所构成的人的集合。

管理学中组织的含义有静态与动态之分，其静态意义是指一个系统形成的一种体现分工和协作关系的框架，即组织结构；其动态意义是指管理者所开展的组织行为、组织活动过程。正是从动态的意义上，我们把组织作为管理的一项重要职能，其重要内容是进行组织结构的设计与再设计。我们一般称设立组织结构为“组织设计”，称变革组织结构为“组织再设计”或“组织变革”。

组织在一切管理活动中居于中心地位，是行使其他各项管理职能的依托。组织的作用具体体现在：

（1）设置职位或工作岗位，确定责权范围，使每个成员各司其职，努力做好本职工作。

（2）明确成员之间、工作单位（部门）之间的隶属关系和协作关系，从而形成集体的协作力。

（3）调配人力、物力、财力，在时间上和空间上，实现工作、人员、物料等的有效结合，合理组织生产力。

（4）建立管理机构和指挥系统，有效地行使各项管理职能。

2. 组织职能

组织职能是指为有效实现组织目标，建立组织结构，配备人员，使组织协调运行的一系列活动。主要包括以下内容：①设计并建立组织结构；②职权分配与授权；③人员配备与人力资源开发；④组织协调与变革。

3. 组织结构

组织结构是组织内的全体成员为实现组织目标，在管理工作中进行分工协作，通过职务、职责、职权及相互关系构成的结构体系。组织结构的本质是组织成员间的分工协作关系。组织结构的内涵是人们的职、责、权关系，因此，组织结构又可称为权责结构。组织结构的内容一般包括：

（1）职能结构。即完成组织目标所需的各项业务工作及其比例和关系。例如，一个企业有经营、生产、技术、后勤、管理等不同的业务职能，企业各项工作任务都为实现企业的总目标服务，但各部门的权责关系却不同。

（2）层次结构。即管理层次的构成，又称组织的纵向结构。如公司机构的纵向层次大致可分为股东大会、董事会、总经理、各职能部门等，而各部门又下设基层部门，基层部门下边又设立班组，这样就形成了一个自上而下的纵向组织结构层次。

（3）部门结构。即各管理或业务部门的构成，又称组织的横向结构。如企业设置生产部、技术部、财务部、人事部、营销部等职能部门。

（4）职权结构。即各层次、各部门在权力和责任方面的分工，各职能层次、部门之间的协作关系、监督与被监督的关系。

例如，××煤矿机械厂的组织结构如图 5-1 所示。

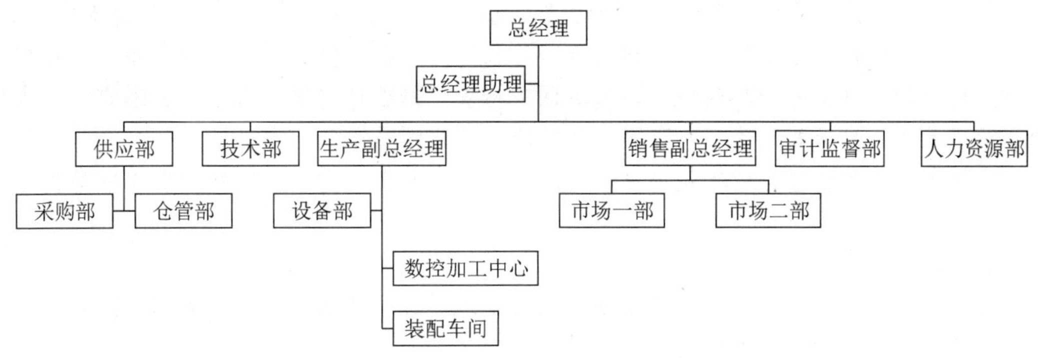

图 5-1 ××煤矿机械厂组织结构

组织结构设计处于组织工作的中心环节。组织结构设计就是把为实现组织目标而需完成的工作划分为若干性质不同的业务工作，然后把这些工作组合成若干部门，并确定各部门的职责与职权。组织结构设计的结果体现在组织手册上。组织手册中包括组织系统图和职位说明书，它表示各部门、各职位的职责与职权，以及各部门、主要职责之间的相互关系。

组织系统图又称为组织树，它用图形的方式表示组织内各机构、岗位、上下左右的相互关系。其垂直形态表示职权关系，水平形态表示分工或部门化。

职位说明书是用文字说明各工作的名称、主要职能、职责及相应的职权，通常也称为岗位标准或工作标准。

4. 组织结构设计的原则

1）统一指挥原则

组织的各级机构以及个人必须只服从一个上级的命令和指挥，只有这样才能保证命令和指挥的统一，避免多头领导和多头指挥。无论是在组织机构的设计还是在管理权限的划分等方面都应考虑这一原则。

管理案例

10 月的某一天，产科护士长黛安娜给巴恩斯医院的院长戴维斯博士打来电话，要求立即做出一项新的人事安排。从黛安娜的急切声音中，院长感觉到一定发生了什么事，因此要她立即到办公室来。5 分钟后，黛安娜递给院长一封辞职信。

"戴维斯博士，我再也干不下去了，"她开始申述，"我在产科当护士长已经 4 个月了，我干不下去了。我有两个上司，每个人都有不同的要求，都要求优先处理。要知道，我只是一个凡人，我已经尽最大的努力适应这种工作，但看来这是不可能的。让我举个例子吧，请相信我，这是一件平平常常的事，像这样的事情，每天都在发生。"

"昨天早上 7:45，我来到办公室就发现桌上留了张纸条，是杰克逊（医院的主任护士）给我的。她告诉我，她上午 10 点需要一份床位利用情况报告，供她下午向董事会做汇报用。我知道，这样一份报告至少要花一个半小时才能写出来。30 分钟以后，乔伊斯（黛安娜的直接主管，基层护士监督员）走进来质问我为什么我的两位护士不在班上。我告诉她雷诺兹医生（外科主任）从我这要走了她们两位，说是急诊外科手术正缺人手，需要借用一下。我也反对过，但雷诺兹坚持说只能这么办。你猜，乔伊斯说什么？她叫我立即让这些护士回到产科。她还说，一个小时以后，她会回来检查我是否把这事办好了！我跟你说，这样的事情每天都会发生好几次。一家医院就只能这样运作吗？”

案例中医院的管理违背了统一指挥的原则，存在双重领导，黛安娜在工作中感到无所适从。

2）分工协作原则

分工协作原则指组织结构越能反映为实现组织目标所必需的各项任务和工作分工以及相互间的协调，组织结构就越精干、高效。

分工协作原则规定了组织结构中管理层次的分工（即分级管理）、部门的分工（即部门划分）和职权的分工。组织层次一般分上、中、下三层，每一管理层次都有相对应的责权，均有相应才能的人与之适应。管理层次须分明。划分部门是为了把整体任务分散化，是为了有效地完成组织目标。因此，部门划分应该是有利于目标的完成，有利于部门之间的协调。组织结构中有三种职权类型：直线职权、参谋职权和职能职权。

3）有效管理幅度原则

有效管理幅度原则指组织中主管人员监督管辖其直接下属的人数越是适当，就越能够保证组织的有效运行。影响管理幅度的因素很多，主管人员应根据自己的实际情况确定自己的理想管理幅度。

4）集权与分权相结合原则

集权与分权相结合原则指对组织结构中职权的集中与分散关系处理得越适中，就越有利于组织的有效运行。

集权管理是社会化大生产保持统一性与协调性的内在需要。但集权又有其致命的弱点：弹性差，适应性弱，特别是在社会化大生产的复杂性和多样性面前，无弹性的集权甚至可能造成组织的窒息。因此，必须实行局部管理权力的分散。

5）责权一致原则

责权一致原则指在组织结构设计中，职位的职权和职责越是对等一致，组织结构就越是有效。

主管人员在组织中占据一定的职位，从而拥有一定的职务、一定的职权，必然要负一定的责任，即其职务、职责和职权三者是对等的。随着组织层次的增多，要明晰职务、职权、职责关系和责任范围便越困难；由于活动日趋广泛和复杂，权与责更难明确。为坚持权责对等，最好的方法在于提高管理者的个人素质，尤其是道德素质。

6）稳定性与适应性相结合原则

稳定性与适应性相结合原则即越是能在组织结构的稳定性与适应性之间取得平衡，就越能保证组织的正常运行。

环境条件的变化必定影响组织的目标以及组织人员的态度和士气，为此，必须针对这些变化做适应性调整。主管人员必须在稳定与变化之间寻求一种平衡，既能保证组织结构的适应性，又有利于组织目标的实现。

5. 组织结构设计的程序

组织结构设计主要针对三种情况：一是新建组织需进行组织结构设计；二是原有组织结构出现较大问题或组织目标发生变化；三是组织结构需进行局部调整和完善。在三种不同的情况下，组织结构设计的基本程序是一致的，一般包括：

（1）确定组织结构设计的方针和原则。例如，公司的管理幅度是宽还是窄，是实行集权式管理还是分权式管理等。

（2）进行职能分析与职能设计。例如，根据企业目标设置各项经营、管理职能，明确关键职能，把公司总的管理职能分解为具体的管理业务和工作等。

（3）设计组织结构框架。即设计承担这些管理职能和业务的各管理层次、部门、岗位及其职责。

（4）设计联系方式。即设计纵向管理层次之间、横向管理部门之间的协调方式和控制手段。

（5）设计管理规范。即确定各项管理业务的管理工作程序、管理工作应达到的要求和管理人员应采用的管理方法等。

（6）人员配备和管理训练。即为组织结构运行配备相应的管理人员和工作人员，并训练他们适应组织结构各要素的运作方式，使他们了解企业内的管理制度或掌握所需技术等。

（7）设计各类运行制度。如部门和人员的考评制度、激励制度和培训制度等。

（8）反馈与修正。即要在组织运行过程中，根据出现的新问题、新情况，对原有组织结构设计进行修正，使其不断完善。

二、管理幅度与组织层次

组织结构设计的内容之一是划分组织层次，解决组织的纵向结构问题。

（一）管理幅度与组织层次的关系

1）管理幅度

组织的主管人员因受时间和精力的限制，需委托一定数量的人分担其管理工作。委托的结果是减少了他必须直接从事的业务工作量，但增加了他协调受托人之间关系的工作量。因此，任何主管能够直接有效地指挥和监督下属的数量总是有限的。这个有限的直接领导的下属数量就是管理幅度。

2）组织层次

由于同样的原因，最高主管的受托人也需将受托承担的部分管理工作再委托给另一些人来协助执行，以此类推，直至受托人能直接安排和协调组织成员的具体业务活动，由此形成组织中最高主管到具体工作人员之间的不同管理层次，这就是组织层次。

3）管理幅度与组织层次的关系

显然，一个组织管理层次的多少，受到组织规模和管理幅度的影响。在管理幅度给定的条件下，管理层次与组织的规模大小成正比，组织规模越大，包括的成员数越多，需要的管理层次就越多。在组织规模已定的前提下，管理层次与管理幅度成反比，每个主管所能直接控制的下属人数越多，所需的管理层次就越少，相反，管理幅度减小，则管理层次增加。其中，起主导作用的是管理幅度，即管理幅度决定组织层次，这是由管理幅度的有限性决定的。同时，组织层次对管理幅度也存在一定的制约作用，这是因为组织层次具有较高的稳定性，这就要求管理幅度在一定程度上应服从既定的组织层次。

（二）管理幅度的确定

由于有效管理幅度是决定组织层次的基本因素，因此，在划分组织层次、解决组织的纵向结构问题时，首先需要根据组织的具体条件，正确确定管理幅度；然后，再考虑组织层次的其他因素，提出组织层次的设计方案。

管理学者通过研究发现，高层管理人员的管理幅度一般为4～8人，而较低层的管理人员的管理幅度则为8～15人。英国著名的管理学家林德尔·厄威克认为“对所有的上级管理人员来说，理想的下属人数是4人”，而“在组织的最低层次，下属人员的责任是要完成任务，而不是管理他人，这时人数可以是8～12人”。但在实际工作中，一个主管人员能够直接有效地监督、管理其直接下属的人数多少，即管理幅度是多少，没有最好的、普遍适用的方案。因为管理幅度不是一个常数，它有很大的弹性。因此，我们更重要的不是研究数字，而是要全面了解影响管理幅度的因素。

1. 影响管理幅度的因素

有效管理幅度受到诸多因素的影响，主要有管理者与被管理者的工作能力、工作内容和性质、工作条件与工作环境。

1）工作能力

主管人员的综合能力、理解能力和表达能力强，则可以迅速地把握问题的关键，就下属的请示提出恰当的指导建议，并使下属明确地理解，从而可以缩短与每一位下属在接触中占用的时间。同样，如果其下属具备符合要求的能力，受过良好的系统培训，则可以在很多问题上根据自己的符合组织要求的主见去解决，从而可以减少向上级请示、占用上级时间的频率。这样，管理幅度可适当宽些。

2）工作内容和性质

（1）主管所处的管理层次。主管的工作在于决策和用人，处在管理系统中的不同层次，决策和用人的比重各不相同。越接近组织的高层，主管人员的决策职能就越重要，其决策的工作量就越大，用于指导、协调下属的时间就越少，所以其管理幅度较中层和基层管理人员要小。

（2）下属工作的相似性。下属从事的工作内容和性质相近，则对每个人的指导和建议也大体相同，这样同一主管对较多下属的指挥和监督是不会有什么困难的。

（3）计划的完善程度。下属如果单纯地执行计划，且计划本身制订得详尽、周到，下属对计划的目的和要求明确，那么，主管对下属指导所需的时间就不多；相反，如果下属不仅要执行计划，而且要将计划进一步分解，或计划本身不完善，那么，主管对下属指导、解释的工作量就会相应增加，从而减小有效管理幅度。

（4）非管理事务的多少。主管作为组织不同层次的代表，往往必须占用相当时间去进行一些非管理事务，这种现象对管理幅度也会产生消极的影响。

3）工作条件

（1）助手的配备情况。如果有关下属的所有问题，不分轻重缓急，都要主管亲自去处理，那么，必然要花费他大量的时间，他能直接领导的下属数量也会受到限制。如果给主管配备了必要的助手，由助手去和下属进行一般的联络，并直接处理一些明显的次要问题，则可以大大减少主管的工作量，增加其管理幅度。

（2）信息手段的配备情况。掌握信息是进行管理的前提。利用先进的技术去收集、处理、传输信息，不仅可以帮助主管更早、更全面地了解下属的工作情况，从而可以及时地提出忠告和建议，而且可以使下属更多地了解与自己工作有关的信息，从而更能自如、自主地处理分内的事务。这显然可以扩大主管的管理幅度。

（3）工作地点的相似性。不同下属的工作岗位在地理上的分散，会增加下属与主管以及下属之间的沟通困难，从而会影响主管直属部下的数量。

4）工作环境

组织环境稳定与否，会在很大程度上影响组织活动的内容和政策的调整频率与幅度。环境变化越快、变化程度越大，组织中遇到的新问题就越多，下属向上级的请示就越有必要、越经常。而此时上级能用于指导下属工作的时间和精力就越少，因为他必须花更多的时间去关注环境的变化，考虑应变的措施。因此，环境越不稳定，各层次主管人员的管理幅度就越受到限制。

上述影响管理幅度的主要因素表明，必须根据组织自身的特点来确定适当的管理幅度和相应的管理层次。

2. 确定管理幅度的方法

（1）经验统计法。即先对不同类型组织的管理幅度进行抽样调查，再以调查所得的统计数据为参照，结合本组织的具体情况去确定管理幅度。经验统计法简便易行，其局限性是缺少对影响特定组织管理幅度诸多因素的具体分析，提出的管理幅度建议难免与特定组织的实际条件不符。

（2）变量依据法。这是洛克希德导弹与航天公司研究出的一种方法，通过研究影响中层管理人员管理幅度的六个关键变量（职能的相似性、地区的相似性、职能的复杂性、指导与控制的工作量、协调的工作量和计划的量），把这些变量按困难程度排成五级，并加权使之反映重要程度，最后加以修正，从而提出建议的管辖人数标准值。与经验统计法相比，由于全面考虑了影响特定组织管理幅度的主要因素，并进行了定量分析，因此，它所规定的管理幅度更为科学、合理。缺点是在选择主要变量和确定变量时仍受到主观判断的影响。

（3）格拉丘纳斯的上下级关系理论。法国管理顾问格拉丘纳斯在1933年分析了上下级关系后提出一个数学模型，用来计算任何管理幅度下可能存在的人际关系数，即

$$C = N(2^{N-1} + N - 1)$$

式中，C为可能存在的人际关系数；N为管理幅度。

该理论区分了三种类型的上下级关系：直接的单一的关系、直接的多数关系和交叉关系。当管理幅度以算术级数增加时，主管人员和下属之间可能存在的相互关系将以几何级数增加。因此，上下级相互关系的数量和频数减少，能够增加管理幅度。

（三）组织层次设计

1. 层次产生的原因

随着生产的发展、科技的进步和经济的增长，组织的规模越来越大，管理者与被管理者的关系随之复杂化。为处理这些错综复杂的关系，管理者需要花费大量的时间与精力。而每个管理者的能力、精力与时间都是有限的，主管人员为有效地领导下属，必须考虑能有效地管理直接下属的人数问题。当直接管理的下属人数超过某个限度时，就必须增加一个管理层次，通过委派工作给下一级主管人员而减轻上层主管人员的负担。如此下去，就形成了有层次的组织结构。

2. 层次的划分

组织中管理层次的多少，应根据组织的任务量与组织规模的大小而定。一般地，管理层次分为上、中、下三层，每个层次都应有明确的分工。上层也称最高经营管理层或战略决策层，其主要职能是从整体利益出发，对组织实行统一指挥和综合管理，并制定组织目标和大政方针。中层也称为经营管理层，其主要职能是为达到组织总目标，为各职能部门制定具体的管理目标，拟订和选择计划的实施方案、步骤与程序，评价生产经营成果和制订纠正偏离目标的措施等。下层也称为执行管理层或操作层，其主要职能是按照规定的计划和程序，协调基层组织的各项工作和实施计划。各管理层的职能可用“安东尼结构”来加以说明，如表5-1所示，这是美国斯隆管理学院提出的一种经营管理的层次结构，它把经营管理分成三个层次，即战略规划层、战术计划层和运行管理层，相当于上、中、下三个层次的主要功能。

表5-1　安东尼结构中各管理层的职能

管理层	战略规划层	战术计划层	运行管理层
主要关心问题	是否上马及何时上马	怎样上马	怎样干好
时间幅度	3～5年	0.5～2年	周、月
视野	宽广	中等	狭窄
信息来源	外部为主，内部为辅	内部为主，外部为辅	内部
信息特征	高度综合	中等汇总	详尽
不肯定和冒险程度	高	中	低

（四）组织结构形态

管理层次与管理幅度成反比的数量关系，决定了两种基本的管理组织结构形态，即扁平结构形态和锥形结构形态。

1. 扁平结构

扁平结构是指管理幅度较大、管理层次较少的一种组织结构形态，如图 5-2 所示。

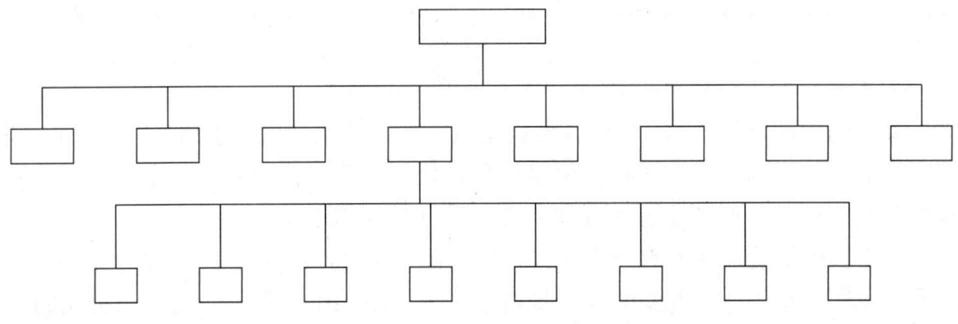

图 5-2 扁平结构

这种结构的优点是：①由于管理层次的减少，管理人员也就相应地会减少，不仅可以大大降低人工费用，还有助于实现工作的内容丰富化；②管理幅度加大，上级必须适度授权，上级放权下属就能自主，这对开发员工潜能和发挥员工的创造性极为有利，上司放权、放手、放心，才能换来下属尽职、尽责、尽力；③削减中间层次，缩短上下层的距离，既可以提高信息传递的速度，又可以提高领导决策的效率，还可以促进上下级之间的沟通；④层次减少、人员精干，加大员工的工作责任，增大工作职位的挑战性，迫使员工自我加压，促使人才快速成长。

但过大的管理幅度也会带来一些局限性：①每个主管从较多的下属那里获得信息，信息量太多，可能影响及时利用，且主管负担过重，容易成为决策的“瓶颈”；②主管不可能对每位下属进行充分、有效的指导和监督，有失控的危险；③要求管理人员具备较高的素质。

2. 锥形结构

锥形结构（高架结构）是指管理幅度较小、管理层次较多的高、尖、细的金字塔形态的结构，如图 5-3 所示。

其优点与局限性正好与扁平结构相反。优点是结构严谨、等级森严、分工明确、便于监控。局限性表现为：①多层次引起管理人员增加，导致机构臃肿、人员膨胀，造成管理成本上升，且易导致人浮于事，影响管理效率；②信息传递速度慢，并容易发生失真和误解；③计划和控制工作复杂；④权力集中在上层，下属自主性小，参与决策的程度低，创造潜能难以释放，最高层与最低层之间距离过长，不容易了解基层现状并及时处理问题。

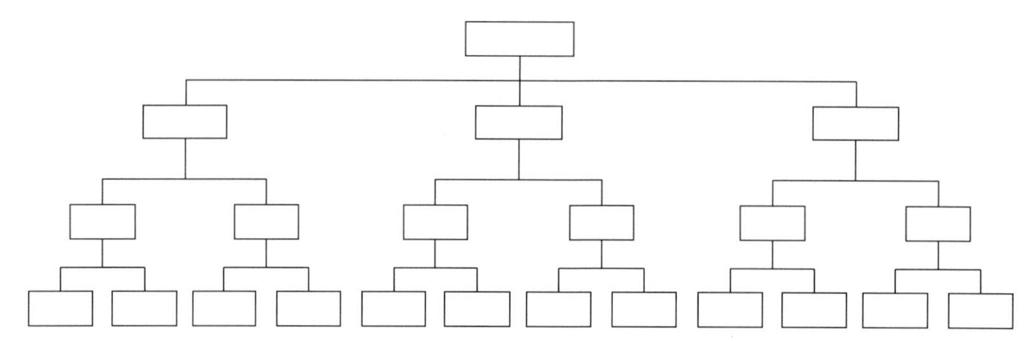

图 5-3　锥形结构

对于扁平结构和锥形结构，关键是要根据企业的具体条件加以选用，扬其长而避其短，以取得良好的效果。但是，随着社会的发展和时代的变迁，特别是经济全球化进程的加快和市场竞争的加剧，企业经营者在管理上必须进行持续的创新才能适应形势的需要。反映在组织设计上，就是越来越多的企业正努力扩大管理幅度，拓宽到 10～12 个下属，同时对下属的要求也不断提高。因此受过良好训练、经验丰富的下属管理者可以在更宽的管理幅度下开展工作。

1992 年，沃尔玛超过西尔斯成为美国的第一号零售商。而美国的一位管理大师早在几年前就预见到了这一结果，他说："西尔斯是不会有机会的，因为一个 12 个层次的公司无法与一个只有 3 个层次的公司竞争。"虽然他的话有点夸大其词，但在现代企业管理中，注重采用扁平结构已成为一种趋势。

就我国目前的情况来看，多数企业基本上还属于锥形结构，虽然这与我国传统文化有着一定的联系，但其已经无法适应发展市场经济和迎接知识经济的要求，严重地束缚了员工的手脚，极大地挫伤了下属的积极性，阻碍了人才的健康成长，不利于优秀人才的脱颖而出，其弊端已日益凸显。按照扁平化的原理变革传统的组织构架，已成大势所趋，势在必行。

三、部门划分

组织结构设计的内容之二是部门划分，主要是解决组织的横向结构问题，目的在于确定组织中各项任务的分配与责任的归属，以求分工合理、职责分明，有效地达成组织的目标。

1. 部门的含义

部门是指把工作和人员组织成若干管理单元，并组建相应的机构或单位。法约尔认为，部门是"为了用同样多的努力生产出更多更好产品的一种分工"。因此部门划分的实质是对管理劳动的分工，即将不同的管理人员安排在不同的管理岗位和部门中，通过他们在特定环境、特定相互关系中的管理工作来使整个管理系统有机地运转起来。

2. 部门划分应遵循的原则

（1）力求维持最少。组织结构要求精简，部门必须力求最少，但这是以有效地实现目标为前提的。

（2）组织结构应具有弹性。组织中的部门应随业务的需要而增减，可设立临时部门或工作组来解决临时出现的问题。

（3）确保目标的实现。必要的职能均应确保目标的实现，组织的主要职能都必须有相应的部门来实施。当某一职能与两个以上的部门有关系时，应明确规定每一部门的责任。

（4）坚持指标均衡原则。各部门职务的指标分派应达到平衡，避免忙闲不均，工作量分摊不均。

（5）分设检查部门与业务部门。考核、检查业务部门的人员不应隶属于受其检查评价的部门，这样才能真正发挥检查部门的作用。

3. 部门划分的方法

长期的管理实践积累了具有普遍适用性的一些部门划分的方法，主要有按职能划分、按产品划分、按人数划分、按时间划分、按服务对象划分、按地区划分等。

（1）按职能划分。这是采用最普遍的划分部门的方法。它遵循专业化的原则，以工作或任务的性质为基础划分部门，并按这些工作或任务在组织中的重要程度分为主要职能部门和次要职能部门。主要职能部门处于组织的首要一级，在主要职能部门内再划分从属派生部门。

其优点是：遵循专业化原则，能充分发挥专业职能，有利于目标的实现；简化了训练工作；加强了上层控制手段。但易导致所谓的“隧道视野”现象：各职能部门的专业人员除了本部门外，不顾及其他的部门。这种部门主义或本位主义给部门之间的相互协调带来了很大的困难。

（2）按产品划分。即按照组织向社会提供的产品来划分部门。它是随着科学技术的发展，为了适应新产品的生产而产生的。

其优点是：有利于发挥专用设备效益；有利于发挥个人的技能和专业知识；有利于部门内的协调；有利于产品的增长和发展。其缺点是：要求更多的人具有全面管理的能力；产品部门独立性强，整体性差，增加了主管部门协调、控制的困难。

（3）按地区划分。即按照地理位置来划分部门，目的是调动地方、区域的积极性，谋求取得地方化经营的某种经济效果。只有当各地区的政治、经济、文化等因素影响到管理时，按照地区划分部门才能充分发挥其优势。

其优点是：有利于改善地区的协调，取得地区经营的经济效益；有利于培养管理人才。其缺点是：需要更多具有全面管理能力的人才；增加了主管部门控制的困难；地区部门之间往往不易协调等。

（4）按服务对象划分。即按照组织服务的对象类型来划分部门，适用于容器制造业（医药部、化工部、塑料部、饮料容器部等）、零售业（服装部：男服装部、女服装部、儿童服装部等）、肉类包装业（奶品部、家禽部、羊肉部、牛肉部、副食品部等）、教育机构（学历教育，非学历教育：培训、夜大、函授等）等。

（5）按时间划分。这是在正常的工作日不能满足工作需要时所采用的划分部门的方法，也是一种古老的部门划分方法，适用于组织的基层。

（6）按人数划分。这是最原始、最简单的划分方法，在现在高度专业化的社会有逐渐被淘汰的趋势。这种划分部门的方法是抽出一定数量的人，在主管人员的指挥下去执行一定的任务。

以上仅仅是组织在实现目标的过程中划分部门的基本方法，但不是唯一的。划分部门的目的是按照某种方式划分业务，以起到最好地实现组织目标的作用。在现实的管理活动中，常常是用混合的方法划分部门。

管理案例

从1998年起，海尔集团建立了以市场为导向的经营体制，锁定了以“订单为中心”的竞争机制；同时打破了原有的集团组织架构，全面发展“推进本部制度”。在海尔集团的组织结构规划中，各推进本部隶属于集团的董事局，直接对海尔集团最高层负责，并且各推进本部的首脑也均由集团内各总裁直接领衔。

从2000年开始的海尔集团内部结构改制的两年时间里，商流推进本部、海外推进本部、物流推进本部、资金流推进本部相继建设完成，但处于规划核心的订单推进本部却始终未见有所行动。是因为此机构过于重要而没有合适的人选，还是集团骨架建设尚未成熟，张瑞敏的“犹豫”一时间引发了业界众多猜测。

直到2003年5月，海尔集团的订单推进本部终于露出了庐山真面目，新任的订单推进本部的主要负责人为史春洁女士，此前任职于海尔集团规划中心。史春洁认为，海尔订单推进本部的最终确立将帮助集团经营上实现“生产与市场的零距离”。

在订单推进本部成立后，海尔集团的市场链流程结构也更加明确，有关订单的获取执行贯穿于业务流程的始终，同时具备了相应的指导地位。目前订单、物流、商流、资金、海外和研发推进本部已经成为海尔集团最重要的支柱部门。

四、组织结构的类型

组织结构是组织的框架，而框架是否合理、完善，很大程度上决定了组织目标能否顺利实现。但客观地说，设计一种适合各种组织的理想组织结构形式是非常困难的，因为每个组织所依托的环境、经营战略、技术要求和管理体制等都有各自的特点。即使针对某一特定的企业，也难以设计出能满足各种要求的组织结构形式，因为有许多要求实际上是相互矛盾的，如希望某种组织结构形式既能满足迅速做出决策的要求，又能保证决策的高质量；既具有较强的创新和应变能力，又要保证相对稳定等。

实际上，组织结构也不能解决所有的组织问题，一个组织能否正常运转，除了要选择合理的组织结构形式外，还取决于人员配备、工作激励、行为控制和组织文化等诸多因素。组织结构的形式有很多，这里着重介绍几种典型的组织结构形式。

1. 直线制组织结构

直线制组织结构是工业发展初期的一种简单的组织结构形式，也是最早使用、最为简单的一种组织结构类型。其领导关系按垂直系统建立，不设专门的职能机构，自上而下形成直线，下属只接受一个上级的指挥，如图 5-4 所示。

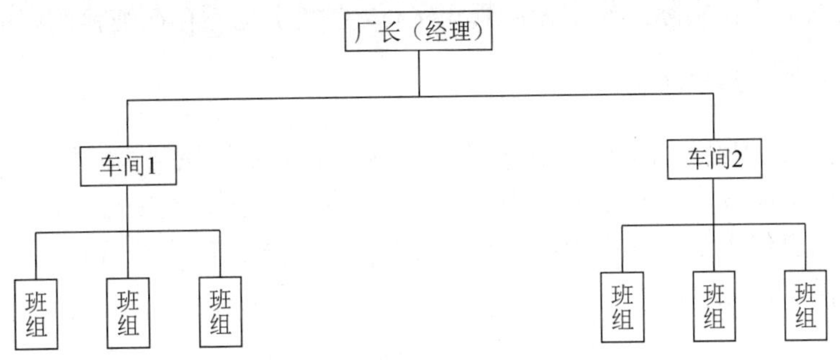

图 5-4 直线制组织结构示意

直线制组织结构的优点是：结构比较简单；责任与职权明确；做出决定可能比较容易和迅速。其缺点是：在组织规模较大的情况下，业务比较复杂，所有的管理职能都集中由一个人来承担，这是比较困难的，也不符合“例外管理”原则的要求；而当该全能管理者离职时，难以找到替代者；部门之间协调也较差。

直线制组织结构一般只适用于那些没有必要按职能实行专业化管理的小型组织或应用于现场作业管理。

2. 职能制组织结构

职能制组织结构是采用按职能分工实行专业化管理的办法来代替直线型的全能管理者，即在总负责人下设立职能机构人员，把相应的管理职责和权力交给这些职能机构，各职能机构在自己的业务范围内可以向下级单位下达命令和指示，直接指挥下级，如图 5-5 所示。

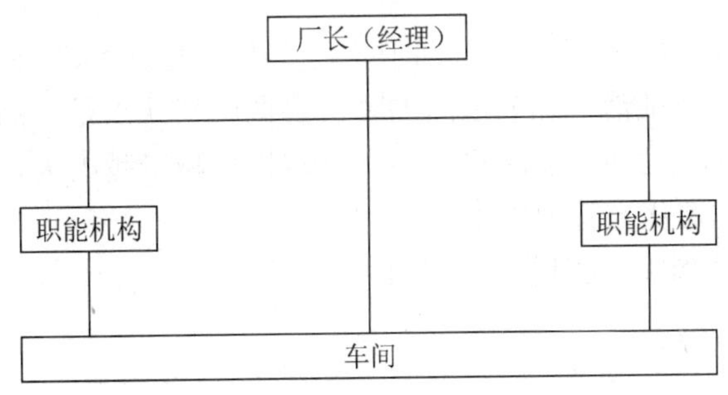

图 5-5 职能制组织结构示意

职能制组织结构的优点是：具有适应管理工作分工较细的特点，能充分发挥职能机构的专业管理作用；由于吸收专家参与管理，减轻了上层主管人员的负担，使他们有可能集中注意力以履行自己的职责。其缺点是：由于实行多头领导，妨碍了组织的统一指挥，易造成管理混乱，不利于明确划分职责与职权；各职能机构往往不能很好地配合，横向联系差；在科技迅速发展、经济联系日益复杂的情况下，对环境发展变化的适应性差；强调专业化，使主管人员忽略了本专业以外的知识，不利于培养上层管理者。

职能制组织结构在实际工作中无法真正实行，事实上也不存在纯粹的职能制组织结构。

3. 直线-职能制组织结构

直线-职能制组织结构结合了直线制组织结构及职能制组织结构的特点，是在某些特殊的任务上授予职能参谋人员一定的权力，这些权力由非直线人员来行使，指挥下属直线人员，并对他们的直线主管负责。当参谋部门与下属直线部门产生矛盾时，由上层直线主管协调解决，如图 5-6 所示。

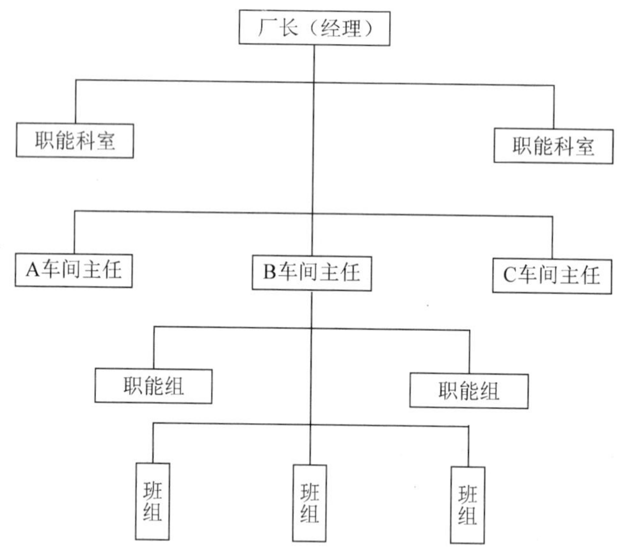

图 5-6 直线-职能制组织结构示意

直线-职能制组织结构的优点是：有利于企业集中有限的资源，按总体设想投入到最有效的项目上去；有利于产供销各环节之间的紧密协调。其缺点是：高层领导者陷于日常经营活动，疏于考虑企业长远的发展战略；由于行政机构越来越庞大，各部门之间的协调也越来越困难，造成体制僵化，管理成本上升。

一般，直线-职能制组织结构普遍适用于各类组织。

4. 事业部制组织结构

事业部制组织结构又称为联邦分权制结构，是由美国的斯隆在 20 世纪 20 年代初担任美国通用汽车公司副总经理时研究、设计出来的，故也被称为“斯隆模型”。其管理原则是“集中政策，分散经营”，即在集中领导下进行分权管理。例如，企业可按产品、地区或经营部门分别成立若干个事业部，该项产品或地区的全部业务，从产品设计直到产品销售，全部由事业部负责。各事业部实行独立经营、单独核算，高层管理者只保留人事决策、财务控制、规定价格幅度以及监督等权力，并利用利润等指标对事业部进行控制。事业部的经理根据企业最高领导的指示开展工作，统一领导其所管辖的事业部和研制、技术等辅助部门，如图 5-7 所示。

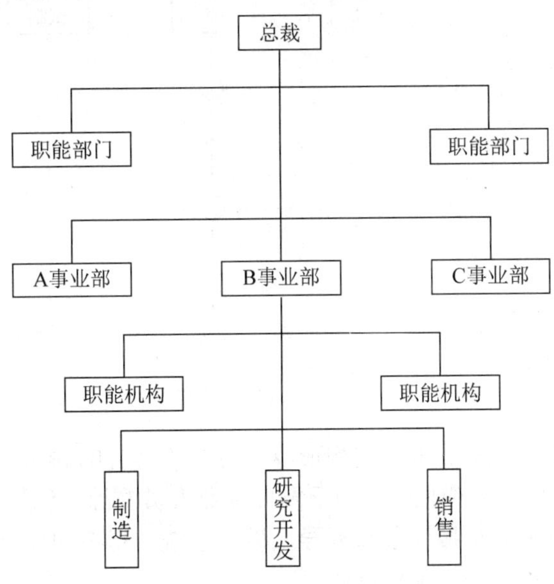

图 5-7 事业部制组织结构示意

事业部制组织结构的优点是：能充分体现分权管理的要求，将政策制定集权化、业务营运分权化统一起来，能调动各事业部的积极性和创造性，为管理人才的成长创造良好的机会；具有较高的稳定性，应变能力较强。其缺点是：加剧了高层管理者对各事业部的管理难度，容易造成以各自为中心、不顾全局，使管理者控制力不强的局面；要求事业部拥有素质较高的管理人才。

事业部制组织结构适用于企业规模较大，产品种类较多，各种产品之间的工艺差别较大，市场条件变化较快，要求适应性较强的大型联合企业或跨国公司。

5. 矩阵结构

矩阵结构是由纵横两套管理系统叠加在一起组成一个矩阵，其中纵向系统是按职能划分的指挥系统，横向一般是按产品、工程项目或服务组成的项目系统。项目系统没有固定的工作人员，而是随着任务的推进，根据工作的需要，从各职能部门抽人参加，这些人员完成了与自己有关的工作后，仍然回到原来的职能部门。

这种形式的组织结构最初出现在 20 世纪 50 年代末，被用于完成某些特殊任务。例如，企业为了开发某项新产品，在研究、设计、试制、生产各方面，要求有关职能部门派人参加，组成一个专门小组，小组成员既同原职能部门保持组织上和业务上的联系，接受原部门主管的领导——主要是专业技术上的领导，又要对项目小组的主管负责，服从项目主管的管理——作为一个作业部门的领导者对其工作人员的全面管理，如图 5-8 所示。

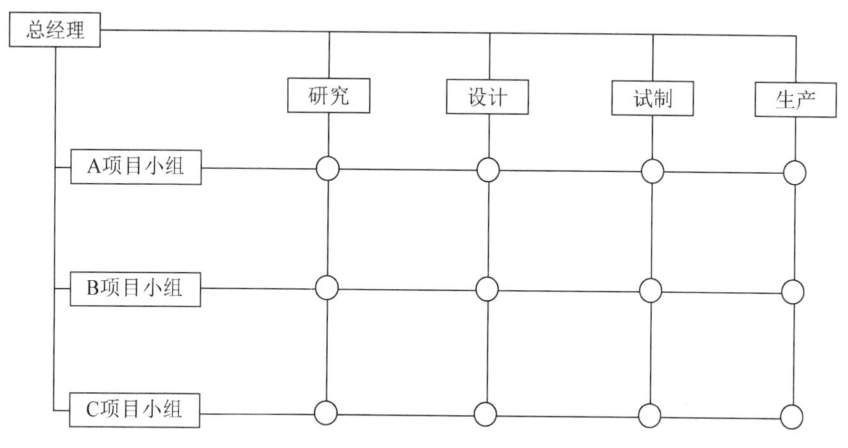

图 5-8 矩阵结构示意

矩阵结构的优点是：使企业组织结构形成一种纵横结合的联系，加强了各职能部门之间的配合；对人员的使用富有弹性，有利于发挥专业人员的综合优势，改善整体工作效率。其缺点是：由于组织成员必须接受双重领导，破坏了统一指挥的原则，下属会感到无所适从；工作出现差错时，不易分清领导责任。

矩阵结构的特点决定了它主要适用于那些工作内容变动频繁，每项工作的完成需要众多技术知识的组织，或者作为一般组织中安排临时性工作任务的补充结构形式。目前大多数公司在新产品的开发与研制中采取了这种被许多大公司证明有利于创新的矩阵组织结构。

以上介绍的各种组织结构形式，各有利弊，没有哪一种是十全十美的。组织应依据目标和实际情况进行灵活选择，必要时也可将几种形式有机结合起来，以保证组织目标有效实现。

第二节 职 权 分 配

引导案例

王经理的困境

王经理作为一名有能力的工程师，建立了一个小型生产企业，公司有 50 名员工。王先生几乎处理公司所有的业务，包括从计划、采购、市场、人事到生产监督等每一项工作，如制订企业计划，建立并保持与现有和潜在顾客的联系，招聘新员工，解决生产中的问题，监管库存、货物接收和发运，在秘书的帮助下管理日常的办公事务。王先生想全盘掌握他的公司，王先生制定所有的管理决策，要求下属每天向他汇报工作。

他在工厂投入相当多的时间，指导工人该做什么、不该做什么，一旦他见到了自己不喜欢的事情，他就会叫附近的人来改变它。最近进行体检时，他的医生告诉他：“王先生，如果你再消瘦下去，你的心脏病可能很快会发作。”王先生不得不考虑他的健康和公司的管理问题。

案例启示：王先生的问题是过度集权，负担太重，以致影响了健康。解决方法是适度授权给下级，让下级在一定权力范围内自行处理问题，提高下级工作的积极性，从而减轻自己的负担。

组织结构设计中，纵向划分将组织分为若干层次，而横向划分是在每一层次形成若干部门，纵横相交就出现结点，这些结点就是组织中的各岗位。为了保证各岗位目标的实现，就必须为各岗位确定职权，即分权与授权的问题。

一、职权与职责

职权是经由一定的正式程序赋予某一职位的一种权力。根据权责对等的原则，接受权力的同时也就承担了责任。与职权共存的责任就是职责，职责是某项职位应该完成的某项任务的责任。

组织内的职权有三种，即直线职权、参谋职权和职能职权。

1. 直线职权

直线职权是指某项职位或某部门所拥有的包括做出决策、发布命令等的权力，也就是通常所说的指挥权。

权力是指处在某个管理岗位上的人对整个组织或所辖单位与人员的一种影响力，或简称为管理者影响别人的能力，主要包括三种类型，即专长权、个人影响权与制度权（或称法定权）。专长权是指管理者因具备某种专门技能而产生的影响力；个人影响权是指因个人的品质、社会背景等因素而赢得别人的尊重与服从的影响力；制度权是与管理职务有关、由管理者在组织中的地位所决定的影响力。本节所说的权力主要是指制度权。每一管理层的主管人员都应具有这种职权，只不过每一管理层次的功能不同，其职权的大小、范围也不同。从组织的上层到下层的主管人员之间便形成一条权力线，这条权力线被称为指挥链或指挥系统，其中的权力指向是由上到下。由于在指挥链中存在着不同管理层次的直线职权，故指挥链又叫层次链。指挥链既是权力线，也是信息通道。

2. 参谋职权

参谋职权是指某项职位或某部门所拥有的辅助性职权，包括提供咨询、建议，以及在本专业领域内的指导权等。组织中的参谋职位或部门只有与上层之间的联结关系，没有与下层的联结关系，因此，参谋人员只对上级负责，不能对下级发布命令。这样既能发挥专业人员的作用，为上级主管做出科学的决策提供依据，同时也避免了多头领导。

参谋的形式可以是个人，也可以是团体。个人即参谋人员，他是直线人员的咨询人员，协助直线人员执行职责。团体即“智囊团”或“顾问班子”，常常作为一个独立的机构或部门存在，它聚合了多方面的专家，凭借集体智慧，协助直线主管进行工作。

3. 职能职权

职能职权是指参谋人员所拥有的、由直线主管人员授予的决策与指挥权，如经理授权给某职能管理者在某个问题上的指挥权。职能职权是职权关系中的一个特例，可以认为它介于直线职权与参谋职权之间。

二、职权分配的类型与途径

职权分配是指为了有效地履行职责，实现工作目标，而将组织的权力在各管理部门、管理层次、管理职务中进行配置与分授。

1. 职权分配的类型

职权分配有横向分配和纵向分配两种类型。

（1）职权横向分配是指根据目标需要，将职权在同一管理层次的各管理部门和人员之间进行合理配置。例如，公司将人员招聘权交给人力资源部，而将人员使用权交给各业务部门。

（2）职权纵向分配是指根据目标需要，将职权在不同管理层次的各管理部门和人员之间进行分割，主要表现为集权与分权、领导者向下级授权。例如，总经理将某项重要业务的决策权授予派到外地负责谈判的部门经理。

2. 集权与分权

集权与分权是指职权在不同管理层次之间的分配与授予。所谓集权，是指较多的权力和较重要的权力集中在组织的高层管理者。所谓分权，是指较多的权力和较重要的权力分散授予组织的基层管理者。

集权与分权是任何组织正常运行所必须进行的工作。同时，集权与分权也是相对的，没有任何组织是绝对集权或绝对分权的。

集权有利于组织实现统一指挥，形成政策与行动的一致性；有利于协调工作，使缺乏信息和技能的下属少犯错误；也有利于更为有效地控制。一般组织普遍存在过分集权的倾向，但集权过度会带来很多弊端：

一是降低决策的质量。随着组织规模的不断扩大，高层管理人员远离基层，不但会影响决策的及时性，还会影响决策的正确性。

二是降低组织的适应性。组织与环境有多方面的联系，处于动态环境中的组织，过度的集权可能使各个部门失去自动适应能力，从而削弱组织整体的应变能力。

三是降低组织成员的工作热情。权力的高度集中，使组织中大部分人员被动地、机械地执行命令，长此以往，其积极性和创造性会受到打击，工作热情消失，使组织的发展失去基础。

影响集权与分权的主要因素如下：

（1）组织因素。组织规模的不断扩大导致分权化；单一产品结构更强调集权，而多品种，特别是产品差异大的产品结构则要求分权；重大问题的决策权更有可能集中在上层；具备科学有效的控制手段则可以更多地将权力下放。

（2）环境因素。当企业面临复杂多变的市场环境时，须实行分权，以便能及时、准确地适应市场的需要；组织的历史传统、组织文化也会影响集权与分权的程度。

（3）管理者与下级因素。不同管理者的管理哲学、性格、能力不同，集权或分权的程度就会不同；对具有较高素质的被管理者应授予更多的权力。

决定集权与分权的关键在于所集中或分散权力的类型与大小。在判断或评价集权与分权的标准上，决策权比执行权更为重要；最终决定权比建议权、过程参与权更加重要。管理者应根据实现组织目标的需要，结合上述影响因素，正确地确定集权或分权的权力类型与大小，实现科学的职权分配。

3. 分权的途径

权力的分散可以通过两种途径来实现，即组织设计中的权力分配（我们称之为制度分权）与主管人员在工作中的授权。

制度分权是在组织设计时，考虑组织规模和组织活动的特点，在工作分析、职务和部门设计的基础上，根据各管理岗位工作任务的要求，规定必要的职责和权限。而授权是指领导者在实际工作中，为充分利用专门人才的知识和技能，或出现新增业务的情况下，将部分解决问题、处理新增业务的权力赋予某个或某些下属。制度分权与授权的含义不同，决定了它们具有以下区别：

（1）制度分权是在详细分析、认真论证的基础上进行的，因此具有一定的必然性；而工作中的授权则往往与管理者个人的能力和精力、下属的特点、业务发展情况相联系，因此具有很大的随机性。

（2）制度分权是将权力分配给某个职位，因此，权力的性质、应用范围和程度的确定，需考虑整个组织结构的要求；而授权是将权力委任给某个或某些下属，因此，委任何种权力、委任后应做何种控制，不仅要考虑工作的要求，而且要考虑下属的工作能力。

（3）分配给某个管理职位的权力，如果进行调整，不仅影响该职位或部门的工作内容，而且会影响该职位或部门与组织其他部门的关系，因此，制度分权是相对稳定的，除非整个组织结构重新调整，否则制度分权不会被收回。相反，授权是某个主管将自己担任的职务所拥有的权限因某项具体工作的需要而分派给某个下属。这种分派可以是长期的，也可以是临时的。长期的授权虽然可以制度化，在结构调整时成为制度分权，但由于授权并不意味着放弃权力，在组织再设计之前，不管是长期或是临时授予的权力，授权者都可以收回，使之重新集中到自己手中。

（4）制度分权主要是一条组织工作原则，以及在此原则指导下的组织设计中的纵向分工；而授权则主要是领导者在管理工作中的一种领导艺术，一种调动下属积极性、充分发挥下属作用的方法。

另外，作为分权的两种途径，制度分权与授权是互相补充的。组织设计中难以详细规定每项职权的运用，难以预料每个管理岗位上工作人员的能力，同时也难以预测每个管理部门可能出现的新问题，因此，需要各层次领导者利用在工作中的授权来补充。

三、授权

所谓授权，是指领导者授予下属一定的权力和责任，使下属在一定的监督下，有一定的自主权，去完成被授予的任务。实质是让别人去做原本属于自己的事情，自身仍有监督和最终的责任。

1. 授权的意义

（1）对领导者的意义。一是可以减轻工作负担，使其能够集中精力研究、解决组织中的重大问题；二是可以激发下属的工作热情，培养其工作能力；三是可以密切上下级的关系，加强协作，团结共事。

（2）对下属的意义。让下属拥有完成工作的自主权、行动权和决策权，可以充分发挥自身才干，增强其责任感、义务感和成就感。

（3）对组织的意义。一是使领导和下属之间的沟通渠道缩短且通畅，提高工作效率；二是有利于寻求一个合适的管理幅度，提高管理效率；三是有利于加强组织的整体力量。

2. 授权的原则

（1）根据能力大小授权，并遵循合理合法的原则。这是授权最根本的一条准则，一切以被授权者的才能大小和知识水平的高低为依据，并通过合理的程序和合法的途径进行授权，明确授权范围，坚持“大权集中，小权分散”的原则。

（2）权责对等原则。授权必须具有足够的范围，以使分派的职责得以完成。权力太小，授权形同虚设，往往会使下级在决策之前必须请示上级，延误决策；而授权范围过大，会使权力失控。所以必须根据职责的大小授予权力。

（3）命令的统一原则。命令的来源应当统一，一个下级只从一个上级接受分配的职责和授予的权力，并仅对这个上级负责。否则，多头授权，将使被授权人无所适从。

（4）有效监控原则。领导者在下授权力的同时不能逃避责任，否则授权便丧失了应有的激励功能。领导者给予被授权人必要的监督控制，以免其偏离组织目标的方向，或出现权力的滥用。

（5）职责绝对性原则。权力与职责可以被分派给下级，但对上级的责任，既不能分派，也不能委任。一个管理者为完成工作负有某些职责，即使其下属人员也有一部分责任，但该管理者不能推卸自己对该项工作的最后责任。

3. 授权类型

（1）口头授权与书面授权。口头授权是指在领导工作运行中，将某项工作或某一方面的权力和责任口头授予下属。口头授权多属于临时性授权或随机性授权，这种权力往往随着工作任务的完成被上级收回或自行失效。书面授权是指将权力以书面形式授予下属的一种方式。这种授权比较庄重，使用期也相对较长。

（2）个人授权与集体授权。领导自己决定将自己所属的一部分权力授予下属，或口头或书面，或临时或长期，这种授权即为个人授权。个人授权往往伴随着该领导被调离原岗位，而被新领导收回。在领导实践中，更多见的则是集体授权，即经过集体讨论研究后，将某一方面或某一部分权力授予某人，这种授权多是常规的、行文的，既可以在任命干部时同时授权（即明确分工），也可以在任命干部后授权，还可以在非任命（即对一般干部）时授权。

（3）随机授权与计划授权。随机授权是指在领导活动中，根据某些随机性的工作需要和条件，将某一方面职权授予下属。这种授权多依机遇和需要而定，往往是临时性的、非计划性的。计划授权是指按照授权的预定程序、步骤和计划，有条不紊地进行的授权。这种授权常通过会议，以书面行文的方式进行。这种授权的使用期较长，也相对稳定。

（4）长期授权与短期授权。任何授权都是有期限的，以授权的时间长短相对比较，授权可分为长期授权与短期授权。长期授权是指下属对权力的使用期相对长些；短期授权是指下属对权力的使用期相对短些。授权使用期的长短，均以工作的需要和条件的许可而定。

（5）逐级授权与越级授权。按照授权者与被授权者之间的关系划分，授权可分为逐级授权与越级授权。逐级授权是指直接上级对直接下级所进行的授权；越级授权是间接上级对间接下级所进行的授权。在领导工作中，授权应该是自上而下逐级进行的，越级授权一般来说是应该避免的。因为越级授权往往引起被授权者直接上级的不满，也容易使被授权者产生顾虑，影响其放手开展工作。然而，事情总是相对的，越级授权并非绝对不好。相反，在某些紧急情况或非常情况下，越级授权往往是不可缺少的，有利于迅速解决某些紧迫的问题。

4. 授权的基本过程

领导者授权一般分为分配责任、授予权力和监督检查三个步骤。一个领导者要把工作任务分配得明确，就必须通晓事物的性质、特点，把握事物的发展规律，才能理顺关系，不致使下属发生矛盾。因此，领导者在分配责任时必须明确下属应负责从事的活动范围和任务、下属应达到的目标和检查下属工作的标准。

在授予职权的过程中，管理者应注意抓好两个环节：一是帮助下属制定大政方针，提出工作规划；二是管理者要准确把握下属的工作进程，及时给予必要的人力、物力和财力等条件的支持，并及时给予引导、指点和协助，必要时要追加授权。同时，要坚持请示汇报制度，及时检查监督。

5. 授权应该注意的问题

（1）较高层次的管理者应该有明确的授权意识，并积极主动地授权。

（2）授权对象应该明确自己的职责和权限。

（3）授权并不等于管理者对工作不需要负任何责任，正确的授权要求管理者在授权之后还要主动关心工作的进展情况，帮助下属解决重大的困难和问题。实行有效的控制，既不能使下属感到自己事事受到监督，又要积极协调工作的进展。

（4）较高层次的管理者应该充分相信自己的下属会尽职尽责。

第三节 人员配备

引导案例

某机电公司的人员配备

郭宁最近被一家生产机电产品的公司聘为总裁，在准备去接任此职位的前一天晚上，他浮想联翩，回忆起自己在该公司工作20多年的情况。

他在大学时学的是工业管理，大学毕业获得学位后就到该公司工作，最初担任液压装配单位的助理监督。他当时感到真不知道如何工作，因为他对液压装配所知甚少，在管理工作上也没有实际经验，他感到几乎每天都手忙脚乱。可是他非常认真好学，他一方面仔细参阅该单位所订的工作手册，并努力学习有关的技术书刊；另一方面监督长也对他主动指点，使他渐渐摆脱了困境，胜任了工作。经过半年多的努力，他已有能力独担液压装配的监督长工作。可是，当时公司没有提升他为监督长，而是直接提升他为装配部经理，负责包括液压装配在内的四个装配单位的领导工作。

在他当助理监督时，他主要关心的是每日的作业管理，技术性很强。而当他担任装配部经理时，他发现自己不能只关心当天的装配工作状况，他还得做出此后数周乃至数月的规划，还要完成许多报告和参加许多会议。他已经没有多少时间去从事他过去喜欢的技术工作。当上装配部经理后不久，他就发现原有的装配工作手册已过时，因为公司已安装了许多新的设备，吸收了一些新的技术。于是他花了整整一年时间去修订工作手册，使之切合实际。在修订手册过程中，他发现要让装配工作与整个公司的生产作业协调起来是有很多讲究的。他还主动到几个工厂去访问，学到了许多新的工作方法，他把这些也吸收到了修订的工作手册中。由于该公司的生产工艺频繁发生变化，工作手册也不得不经常修订，郭宁对此都完成得很出色。他工作了几年后，不但自己学会了这些工作，而且学会如何把这些工作交给助手去做，教他们如何做好，这样，他可以腾出更多时间用于规划工作和帮助他的下属工作得更好，以及花更多的时间去参加会议。当他担任装配部经理 6 年之后，正好该公司负责规划工作的副总裁辞职应聘其他公司，郭宁便主动申请担任此职务。在同另外 5 名竞争者较量之后，郭宁被正式提升为规划工作副总裁。他自信拥有担任此新职位的能力，但由于此高级职务工作的复杂性，他在刚接任时还是遇到了不少麻烦。例如，他感到很难预测 1 年之后的产品需求情况。可是一个新工厂的开工，乃至一个新产品的投入生产，一般都需要在数年前做出准备。而且，在新的岗位上他还要不断处理市场营销、财务、人事、生产等部门之间的协调工作，这些他过去都不熟悉。他在新岗位上越来越感到：越是职位上升，越难以按标准的工作程序进行工作。但是，他还是渐渐适应了，做出了成绩，之后又被提升为负责生产工作的副总裁，而这一职位通常是由该公司资历最深的、辈分最高的副总裁担任的。到了现在，郭宁又被提升为总裁。他知道，一个人成为公司最高主管之时，他应该相信自己有处理可能出现的任何情况的能力，但他也明白自己尚未达到这样的水平。

思考：该机电公司的人员是如何配备的？

案例启示：该机电公司在人员选聘上采用了外部招聘、内部提升和公平竞争的方式，郭宁正是分别通过这三种方式从助理监督升迁到总裁的职位的。该机电公司在人员配备方面坚持正确原则，并且对管理者边使用边培训，让管理者能不断适应工作岗位。

一、人员配备的原则与内容

人员配备是指管理者在确定组织结构及职位后，依其需要，选择、配备适当人员的工作过程。人员配备是管理者组织职能的重要组成部分。因为一切工作都是由人来完成的，人员的选配直接决定着各项工作的质量与效率；同时设计组织结构，必须由具有相应条件的人员去填充职位，才能真正建立起现实的组织结构。

人员配备是对组织中全体人员的配备，既包括主管人员的配备，也包括非主管人员的配备。两者所采用的基本方法和遵循的基本原理是相似的。

传统观点一般把人员配备作为人事部门的工作。而现代观点则认为，人员配备不但要包括选人、评人、育人，而且还包括如何使用人，以及如何增强组织凝聚力来留住人。

在组织的所有人员中，最重要的是主管人员。主管人员配备的恰当与否尤其重要，与组织的兴衰存亡密切相关。

1. 人员配备的原则

为求得人与事的优化组合，组织的人员配备必须遵循因事择人、因材使用、动态平衡的原则。

（1）因事择人的原则。就是根据岗位要求，选择具备相应知识与能力的人员到合适的岗位，以使工作卓有成效地完成。

（2）因材使用的原则。要求根据人的不同特点来安排工作，使人的潜能得到最充分的发挥。

（3）动态平衡的原则。要求以发展的眼光看待人与事的配合关系，不断根据变化的情况适时进行调整，实现人与工作的动态平衡与最佳匹配。

管理案例

两个同龄的年轻人同时受雇于一家店铺，并且拿同样的薪水。可是，一段时间以后，阿诺德青云直上，而布鲁诺却在原地踏步。布鲁诺很不满意老板的不公正待遇，终于有一天他到老板那儿发牢骚。老板一边耐心地听着他的抱怨，一边在心里盘算着怎么向他解释清楚他和阿诺德之间的差别。

“布鲁诺先生，”老板开口说话了，“你现在到集市上去看一下，看看今天早上有什么卖的。”布鲁诺从集市上回来向老板汇报说，今早集市上只有一个农民拉了一车土豆在卖。“有多少？”老板问。布鲁诺赶紧戴上帽子又跑到集市上，然后回来告诉老板一共有40袋土豆。

“价格是多少？”老板问。布鲁诺第三次跑到集市上问来了价格。

“好吧，”老板对他说，“现在请你坐在这把椅子上一句话也不要说，看看别人怎么说。”

老板叫来了阿诺德，同他说了同样的话：“你现在到集市上去看一下，看看今天早上有什么卖的。”阿诺德很快就从集市上回来了，向老板汇报说到现在为止只有一个农民在卖土豆，一共40袋，价格是多少，土豆的质量很不错，他带回来一个让老板看看。这个农民一个小时后还会弄来几箱西红柿，据他看价格非常公道。昨天他们铺子的西红柿卖得很快，库存已经不多了。他想这么便宜的西红柿老板肯定要进一些的，所以他不仅带回了一个西红柿做样品，而且把那个农民也带来了，现在正在外面等着回话。

此时，老板转向了布鲁诺，说：“现在您肯定知道为什么阿诺德的薪水比你高了吧？”

组织内的分工是因人而异的，成员的重要性由其能力和贡献来决定。能力有区别，贡献有大小，好的组织能让恰当的人在恰当的位置发挥恰当的作用。

2. 人员配备的内容

（1）人员选聘。主要解决人与事的配置问题。要根据组织的职位需要，选择适当的人员来担任相应职务；要明确各类人员的职权、职责以及相互关系，并加以规范化。

（2）人员组合。主要解决人与人的配合问题。要按照组织的目标要求，结合人员的专业与素质条件，实现各类人员科学的技术组合；要研究各类人员的社会心理类型与特点，实现最佳的社会心理组合，以形成有效激励的氛围，增强组织凝聚力。

（3）人力资源开发。主要解决人的素质提高问题。可通过各种形式的培训进行智力开发，提高各类人员的业务素质和职务（岗位）技能；通过各种激励形式，最大限度地调动各类人员的积极性和创造性，提高工作效率和质量。

二、人员选聘

在确定了组织内的一些职位后，就可以通过招聘、选拔、安置和提升来配备所需的管理者。要依据职位本身的要求和受聘者应具备的素质与能力进行人员选聘。

1. 人员选聘的方式和途径

1）外部招聘

外部招聘是根据一定的标准和程序，从组织外部众多的候选人中选拔符合空缺岗位工作要求的管理人员。

外部招聘的优点是：有比较广泛的人才来源满足组织的需求，有可能招聘到一流的管理人才，可给组织带来新的思想、新的方法，防止组织的僵化和停滞；大多数应聘者具有一定的理论知识和实践经验，因而可节省在培训方面所耗费的大量时间和费用。其缺点是：组织内部员工的士气或积极性将受到影响；应聘者对组织的历史或现状不了解，不能迅速开展工作。

2）内部提升

内部提升是指组织成员的能力增强并得到充分证实后，被委任以更高职务，承担更大的责任。

内部提升的优点是：有利于对选聘对象进行全面了解，以保证选聘工作的正确性；被提升的组织内成员对组织的历史、现状、目标以及现存的问题比较了解，有利于被选聘者迅速开展工作，有利于鼓舞士气，激励组织成员的上进心和工作热情，调动成员的积极性。其缺点是：当组织内部人才储备的质或量不能满足组织发展的需要时，如果仍然坚持从内部提升，既会使组织失去得到一流人才的机会，又会使不称职的人占据主管职位；不易带来新的观念，容易造成“近亲繁殖”。

是从内部还是从外部选聘管理者，应根据具体情况而定。一般来说，当组织内有能够胜任空缺职位的人选时，应先从内部提升；当空缺的职位不是很重要，并且组织已有既定的发展战略时，应当考虑从内部提升。然而，当组织急缺一个关键性的主管人员，而组织内又无胜任这一重要职位的人选时，就需要从外部招聘，否则将会导致组织处于停顿甚至后退状态。

3）公开竞争

为使企业获得最合适的人选，在企业内外实行公开竞争的方式也是一种比较有效、可靠和合理的方法。公开竞争的方式可以在一定程度上克服从内部提升或外部招聘的缺点，使企业获得最合适的人选，并充分调动人员的积极性。

2. 人员选聘的步骤

人员选聘过程和步骤安排可视具体情况而定，同时要参照所设立的选聘标准和选聘方法。一般来说，选拔的步骤是按以下程序来进行的。

1）初次面试

初次面试多半是根据招聘的一些标准与条件来进行筛选的，决定对哪些人进行进一步考核，淘汰掉明显不符合职务要求的应聘者。在这一阶段，招聘者所提的问题大多直截了当，如受过什么教育、接受过哪些培训等。初次面试可大大减少进一步选拔的工作量和费用，使选拔工作得以顺利进行。

2）审查申请表

申请表是普遍使用的选拔手段，目的是帮助招聘人员对应聘者有具体了解，并根据其条件决定是否有必要对其进行进一步考核。申请表的内容依不同组织、不同招聘职务而定。一般来说，申请表的内容包括姓名、年龄、性别、家庭情况、受教育情况、特长、简历等。

3）面试

面试是最常用的一个选拔步骤，几乎所有的组织在录用人员前都要经过面试这一程序。面试的目的是进一步获取应聘者的信息，在初次面试和审查申请表的基础上，加深对应聘者的认识，有助于对应聘者合格与否做出判断。同时，面试还可以达到使应聘者了解组织和宣传组织形象的目的。

4）测试

测试是运用系统的统一标准及科学的规范化工具，对不同人员的各种素质加以公正而客观的评价。它是选聘过程中重要的辅助手段，特别是对于那些使用其他手段无法确定的个人素质，如能力、个性特征、实际技能等，测试是不可或缺的补充手段，因而逐渐被组织关注和应用。最常用的测试包括智力测试、知识测试、个性测试和兴趣测试等。

5）人才评价

人才评价是让候选人参加一系列管理情景模拟活动，让评价人员观察和分析受试者在一个典型的管理环境中如何工作，以考查其实际管理技能。

6）对新员工进行上岗教育

上岗教育包括向新员工介绍组织情况、工作所需要的知识和能力、执行任务应采取的合适态度、本单位的准则和价值观念等。

三、人员组合

1. 人员组合的重要性

人员组合是指组织内按管理或作业需要所进行的人员配置与合作。人员组合的目的是提高管理的效率，取长补短，人尽其才，最大限度地调动组织内各人员的工作积极性，使他们能在彼此之间、上下级之间以及整个组织内达成一种默契的合作关系，为实现组织的总体目标而共同努力。

当今世界社会化、国际化的大生产要求企业的管理者必须以人为中心，尽可能做好各类人力资源的组合分配，以最大限度地发挥人的潜能与群体的整体效应；组织要想在复杂、激烈的市场竞争中站稳脚跟，并不断发展，必须有效地实现人员的最佳组合，增强组织员工的凝聚力；组织中的员工都有参与特定组合群体的需求，如管理群体、技术群体、业务群体等，因此，人员组合也是人自身发展的需要。

2. 实现最佳组合的途径

人员按一定的方式组合后会产生相应的组合效应，合理的组合使综合效应放大；不合理的组合将使综合效应缩小。管理者必须通过有效的管理与配置，努力实现最优组合，取得最佳综合效应。一般管理者要善于根据组织目标、工作要求及人员特点，实现以下三个方面的最佳组合。

（1）实现最佳年龄组合，指组织中各成员的年龄实现合理搭配。年龄结构是人员组合中一个重要的因素，合理的年龄结构应是老、中、青结合的梯形结构。一般而言，老年人阅历丰富，思想深邃，遇事沉着冷静，但往往精力、体力不足，因而可以在群体中充当参谋、顾问或掌舵人；与老年人相比，中年人年富力强、锐意进取，有开拓精神，捕获新知识快、创造力强，各方面日益成熟，处于人生的高峰，因而可以在管理集体中发挥承前启后的桥梁作用、核心作用；青年人思维敏锐、精力充沛、竞争心强、不墨守成规，因而可以充当从事攻坚工作的突击队，但他们也有缺乏经验、处事草率等不足之处。

（2）实现最佳知识、技能组合，指组织成员之间在知识、技能上扬长避短、科学互补。最佳的组合应是成员之间具有不同的专业知识优势和不同的技能特长，取得互补效应，实现最佳配置。一般来说，一个企业的管理集体应当包括各方面的人才，如能够卓有成效地组织指挥生产和经营的厂长、经理，具备自然科学技术方面知识、能够完成技术开发的工程师和普通科技人员，及理财有方、精打细算的财会人员等。

（3）实现最佳气质、性格组合，指群体成员之间在气质、性格上的相容与互补。人的性格由于个人经历、周围现实环境等的差异，总会有所不同，管理者应正视这种差异，合理组合，实现成员在各方面的相容与互补，从而使群体成员融洽相处，满足其归属感，形成凝聚力。

3. 建立科学的人员组合模式

人员组合总要借助一定的组合方式或载体来实现，这就是人员组合模式问题。对人员组合模式可以从以下三个方面进行分析。

（1）人员组合时空模式。这是指劳动者在时间上的组织形式和在工作场所上的组织方式，如建立科学的倒班制，以及工段、班组等安排。

（2）人员组合职、权、责、利模式。这是最重要的组合模式，即通过科学设置职位（职务），正确分配权力（包括授权），严格明确职责，合理规定相应奖酬，四位一体，建立最佳组织与管理的结构与制度。

（3）人员组合的社会心理模式。主要是通过对不同特征的人员的合理组合及相应组织与激励措施，营造体现社会相容性和心理相容性的最佳群体氛围。

四、人员培训

人员培训主要包括在职培训与外部培训两大类。这里重点介绍管理人员的在职培训。

1. 管理人员培训的目标及作用

管理人员培训的目标一般包括传递信息、改变态度、更新知识和发展能力。通过培训，提高组织中各级管理人员的素质、管理知识水平和管理能力，以适应管理工作的需要，适应新的挑战和要求，从而保证组织目标的实现。

培训为管理人员的发展和职务晋升提供了美好的前景，使他们的未来在一定程度上得到保障，从而增强了他们的职业安全感和对组织的忠诚，有利于维持管理队伍的稳定。

因此，组织应当把管理人员的培训工作作为组织的一项长期活动内容，建立起有效的培训机构和培训制度，针对各类管理人员，采用不同方法进行培训。

2. 管理人员培训的方法

（1）工作轮换。工作轮换是使受培训者在不同部门的不同主管位置或非主管位置上轮流工作，使其全面了解整个组织的不同工作内容，得到各种不同的经验。

（2）设立副职和助理职务。副职的设立是要让受培训者同有经验的主管人员一起工作，有经验的主管人员对于受培训者的发展给予特别的注意。这种副职常常以助理等头衔出现。

（3）临时职务代理。若组织中某个主管由于出差、生病或度假等原因暂时不能上岗，对于这种临时性的职务空缺，组织可以考虑由受培训者临时代理该主管进行工作。

（4）在岗辅导。管理者在执行工作职务的同时，除应不断自我提高外，还要接受有经验管理者的辅导。要使辅导有成效，上司和受培训者之间必须相互信任，上司必须明智和有耐心，必须能下放权力。有效的辅导能调动下属的积极性，发挥其潜在的能力，并帮助他们克服缺点。

（5）外部培训。除了组织内部培训，还可以派受聘人员到大学、培训中心等专门的机构接受培训。现在，越来越多的企业注意与学校联合，为本企业培养各级各类管理人才和技术专门人才。

第四节　组织协调与变革

引导案例

温特图书公司的结构变革

温特图书公司原是美国一家地方性的图书公司。近 10 年来，这个公司从一个中部小镇的书店发展成为一个跨越 7 个地区、拥有 47 家分店的图书公司。多年来，公司的经营管理基本上是成功的。下属各分店，除 7 个处于闹市区外，其余分店都位于僻静的地区。除了少数分店也兼营一些其他商品外，绝大多数的分店都专营图书。每个分店的年销售量为 26 万美元，纯盈利达 2 万美元。但是近 3 年来，公司的利润开始下降。

两个月前，公司新聘苏珊任总经理。经过一段时间对公司历史和现状的调查了解，苏珊与 3 位副总经理和 6 个地区经理共同讨论公司的形势。

苏珊认为，她首先要做的是对公司的组织进行改革。就目前来说，公司的 7 个地区经理都全权负责各自地区内的所有分店，并且掌握有关资金的借贷、各分店经理的任免、广告宣传和投资等。在阐述了自己的观点以后，苏珊便提出了公司改组的问题。

一位副总经理说道："我同意你改组的意见。但是，我认为我们需要的是分权而不是集权。就目前的情况来说，我们虽聘任了各分店的经理，但是我们并没有赋予他们控制指挥的权力，我们应该使他们成为一个有职有权、名副其实的经理，而不是有名无实、只有经理的虚名，实际上却做销售员的工作。"

另一位副总经理抢着发言："你们认为应该对组织结构进行改革，这是对的。但是，在如何改的问题上，我认为你的看法是错误的。我认为，我们不需要设什么分店的业务经理。我们所需要的是更多的集权。我们公司的规模这么大，应该建立管理信息系统。我们可以透过信息系统在总部进行统一的控制指挥，广告工作也应由公司统一规划，而不是让各分店自行处理。如果统一集中，就用不着花这么多工夫去聘请这么多分店经理了。"

"你们两位该不是忘记我们了吧？"一位地区经理插话说："如果我们采用第一种计划，那么所有的工作都推到了分店经理的身上；如果采用第二种方案，那么总部就要包揽一切。我认为，如果不设立一些地区性的部门，要管理好这么多的分店是不可能的。""我们并不是要让你们失业。"苏珊插话说："我们只是想把公司的工作做得更好。我要对组织进行改革，并不是要增加人手或是裁员。我只是认为，如果公司某些部门的组织能安排得更好，工作的效率就会提高。”

思考：有哪些因素促使该图书公司要进行组织改革？如何改革？

案例启示：温特图书公司经过多年的发展，组织的内部环境发生了变化，并且47家分店所处的外部环境也各不相同，组织在职责和职权划分上已经不能适应目前的发展需要，要进行组织变革，并且以改良式的变革方式为宜。

一、组织协调

组织协调，也就是将组织力量进行有机整合，其根本目的是增效。现实社会中有各式各样的组织，组织的组成要素大体差不多，为什么有的组织的绩效卓著并且飞速发展，而有些组织却停滞不前、绩效不佳甚至最终破产解体呢？这是一个组织的有效性问题。影响组织有效性的因素很多，包括环境因素、组织因素、员工因素以及管理政策和时间等因素。有些组织把自身力量整合起来，而有些却未能发挥出来。所以研究组织的问题，必须关注组织的有效性，要以提高组织效力和效率为目的。

（一）处理好直线人员与参谋人员的关系

1. 二者的含义及其关系

直线人员是指有权对下级进行直接指挥的管理者，因而直线关系是一种命令关系，是上级指挥下级的关系。这种命令关系自上而下，从组织的最高层，经过中间层，一直延伸到最基层，形成一种等级链。链中每个环节的管理人员都有指挥下级工作的权力，同时又必须接受上级管理人员的指挥。这种指挥和命令的关系越明确，即各管理层次直线主管的权限越清楚，就越能保证整个组织的统一指挥。直线关系是组织中管理人员的主要关系，规定和规范这种关系，是组织工作的重要内容之一。

参谋关系是伴随着直线关系而产生的。直线主管很难使自己拥有本部门活动所需的各种知识，他们常设置一些助手，利用不同助手的专门知识来补偿自己的知识不足，协助他们工作。这些具有不同专门知识的助手通常称为参谋人员。随着组织规模的扩大，参谋人员的数量会不断增加，参谋机构会逐渐规范化。他们的主要任务是提供某些专门服务，进行某些专项研究，以提供某些对策建议。

由此可见，直线与参谋是两类不同的职权关系，直线关系是指挥和命令的关系，授予直线人员的是决策和行动的权力；而参谋关系则是服务和协助的关系，授予参谋人员的是思考、筹划和建议的权力。

2. 直线人员与参谋人员的关系的处理方式

第一，明确各自的职责范围。直线人员和参谋人员之间严格遵循“参谋建议，直线命令”的原则关系，通过规范化的文件做出明文规定，以使双方人员能各司其职、各负其责，形成有秩序的管理。

第二，参谋人员与直线人员应保持沟通与接触，互相尊重、互相谅解、互相配合。组织目标的实现是组织中直线人员和参谋人员友好合作的共同基础，若直线人员与参谋人员无法就组织目标的实现交换意见和看法，就容易产生冲突。参谋人员应充分收集相关情报资料供直线人员参考，直线人员平时应将问题不断反映给参谋人员，让参谋人员充分了解直线人员的苦衷，甚至每周都要有例行的会议，双方交流意见及相互讨论，保持沟通管道的畅通，建立良好的沟通机制和渠道，可减少许多不必要的冲突。直线人员要尊重参谋人员，诚恳听取他们的意见，提供必要的条件，肯定他们工作的成绩。参谋人员要努力帮助直线人员做好工作，绝不可以因为出了一个好主意而居功自傲。如果工作没有做好，承担责任的首先是直线人员，而非参谋人员。

（二）处理好正式组织与非正式组织的关系

1. 正式组织的形成

为了建立合理的组织机构和结构，规范组织成员在活动中的关系，从而形成所谓的正式组织。正式组织是为实现组织目标而建立的；是按组织的章程和组织规程建立的；其成员有明确的编制；是建立在组织效率逻辑和成本逻辑基础之上的。正式组织有明确的目标、任务、结构、职能以及由此决定的成员之间的责权关系，对个人具有某种程度的强制性。合理、健康的正式组织无疑为组织活动的效率提供了保证。

2. 非正式组织的形成

非正式组织是伴随着正式组织的运转而形成的。在正式组织展开活动的过程中，组织成员必须发生业务上的联系，这种工作上的接触会促进成员之间的相互认识和了解，并开始工作以外的联系，频繁的非正式联系又促进了他们之间的相互了解。久而久之，一些正式组织成员之间的私人关系从相互接受、了解逐步上升为友谊，一些无形的、与正式组织有联系但又独立于正式组织的小群体便慢慢地形成了。这些小群体形成以后，其成员由于工作性质相近、社会地位相当、对一些具体问题的认识基本一致、观点基本相同，或者在性格、业余爱好以及感情相投的基础上，产生了一些被大家接受并遵守的行为规则，从而使原来松散、随机性的群体渐渐成为趋向固定的非正式组织。

任何组织，不论规模多大，都可能有非正式组织存在。非正式组织与正式组织相互交错地同时并存于一个单位、机构或组织中，这是组织生活的一个现实。

非正式组织的存在，可以为员工提供在正式组织中很难得到的心理需要的满足，创造一种更加和谐、融洽的人际关系，提高和加强员工的合作精神；帮助正式组织起到一定的培训作用，规范成员行为；提供一种非正式的信息沟通渠道，有助于促进组织中信息的交流与传递，是正式信息通道的补充。

非正式组织也可能产生消极作用，主要在于：非正式组织的目标如果与正式组织冲突，则可能对正式组织的工作产生极为不利的影响，并可能扩大抵触情绪；非正式组织要求成员有一致性的压力，往往也会束缚成员的个人发展；非正式组织的压力还会影响正式组织的变革，从而形成组织发展中的障碍。

3. 正式组织与非正式组织的关系的处理方式

（1）要认识到非正式组织存在的客观必然性和必要性，允许甚至鼓励非正式组织的存在，为非正式组织的形成提供条件，并努力使之与正式组织吻合。

（2）通过建设、宣传正确的组织文化来影响与改变非正式组织的行为规范，引导非正式组织做出积极的贡献。

二、组织变革

（一）组织变革的原因

任何组织，即使设计非常完美，在运行了一段时间以后也都必须进行改革，这样才能更好地适应组织内外条件变化的要求。组织变革实际上是而且也应该成为组织发展过程中的一项经常性的活动。组织变革是任何组织都不可回避的问题，而能否抓住时机顺利推进组织变革则成为衡量管理工作有效性的重要标志。

诱发组织变革的需要并决定组织变革目标方向和内容的主要因素有：

（1）战略。企业在发展过程中需要不断地对其战略的形式和内容做出调整。新的战略一旦形成，组织结构就应该进行调整、变革，以适应新战略实施的需要。结构追随战略，战略的变化必然带来组织结构的更新。

（2）环境。环境变化是导致组织结构变革的一个主要影响力量。外部环境因素可作用于组织，对其管理活动及生产经营活动产生影响；同时，组织还可以作用于环境，改变甚至创造适应组织发展所需要的新环境。

环境之所以会对组织的结构产生重大的影响，是因为任何组织都或多或少是个开放的系统。组织作为整个社会经济大系统的一个组成部分，它与外部的其他社会经济子系统之间存在着各种各样的联系，所以，外部环境的发展和变化必然会对组织结构的设计产生重要的影响。

（3）技术。组织的任何活动都需要利用一定的技术和反映一定技术水平的特殊手段来进行。技术以及技术设备的水平，不仅影响组织活动的效果和效率，而且会对组织的职务设置与部门划分、部门之间的关系，以及组织结构的形式和总体特征等产生相当程度的影响。

再从生产作业技术来看，组织将投入转换为产出所使用的过程和方法，在常规化程度上是各不相同的。越是常规化的技术，越需要高度结构化的组织。反之，非常规的技术，要求更大的结构灵活性。

（4）组织规模和成长阶段。伴随着组织的发展，组织活动的内容会日趋复杂，人数会逐渐增多，活动的规模和范围会越来越大，这样，组织结构也必须随之调整，才能适应成长后的组织。组织变革发生在企业成长的各个时期，不同的成长阶段要求有不同的组织模式与之相适应。

管理者如果不能在组织步入新的发展阶段之际及时地、有针对性地变革其组织设计，那就容易引发组织发展的危机。这种危机的有效解决，必须依靠组织结构的变更。

（二）组织变革的动力与阻力

（1）组织变革的动力，指的就是发动、赞成和支持变革并努力去实施变革的驱动力。总的说来，组织变革的动力源于人们对变革的必要性及变革所能带来好处的认识。例如，企业内外各方面客观条件的变化，组织本身存在的缺陷和问题，各层次管理者（尤其是高层管理者）居安思危的忧患意识和开拓进取的创新意识，变革可能带来的权力和利益关系的有利变化，以及能鼓励革新，接受风险，赞赏失败并容忍变化、模糊和冲突的开放型组织文化，这些都可能是形成变革的推动力量，引发变革的动机、欲望和行为。

（2）组织变革的阻力，是指人们反对变革、阻挠变革甚至对抗变革的制约力。这种制约组织变革力量可能源于个体、群体，也可能来自组织本身甚至外部环境。组织变革阻力的存在，意味着组织变革不可能一帆风顺，这就使变革管理者面临更严峻的变革管理任务。成功的组织变革管理者，应该既注意到所面临的变革阻力可能会对变革进程产生消极的、不利的影响，为此要采取措施减弱和转化这种阻力；还应当看到，人们对待某项变革的阻力并不完全是破坏性的，而且要把那些有破坏性的阻力在妥善的管理或自理下转化为积极的、建设性的。例如，阻力的存在至少能引起变革管理者对所拟订的变革方案和思路更理智、更全面的思考，并在必要时做出修正，以使组织变革方案不断完善和优化，从而取得更好的组织变革效果。

（三）组织变革的过程

成功而有效的组织变革，通常需要经历解冻、改革、冻结这三个有机联系的阶段。

（1）解冻。由于任何一项组织变革或多或少都会面临来自组织自身及其成员的抵制力，因此，组织变革过程需要有一个解冻阶段作为实施变革的前奏。解冻阶段促使人们改变他们原有的态度和观念，消除支持这些态度和行为的因素，并灌输给他们一些新观念。

（2）改革。改革或变动阶段的任务就是按照所拟订的变革方案的要求开展具体的组织变革运动或行动，以使组织从现有结构模式向目标模式转变。这是变革的实质性阶段。

（3）冻结。组织变革过程并不是在实施了变革行动后就宣告结束的。涉及人的行为和态度的组织变革，从根本上说，只有在前面有解冻阶段、后面有冻结阶段的条件之下，才有可能真正地实现。现实中经常出现，组织变革行动发生之后，个人和组织会产生一种退回到原有习惯的行为方式中的倾向。为了避免出现这种情况，变革的管理者就必须采取措施保证新的行为方式和组织形态能够不断地得到强化和巩固。这一强化和巩固的阶段可以视为冻结或者重新冻结的过程。

本章重点知识归纳

1. 组织职能是指为有效实现组织目标，建立组织结构，配备人员，使组织协调运行的一系列活动。主要包括以下内容：①设计并建立组织结构；②职权分配与授权；③人员配备与人力资源开发；④组织协调与变革。

2. 组织结构是组织内的全体成员为实现组织目标，在管理工作中进行分工协作，通过职务、职责、职权及相互关系构成的结构体系。组织结构的本质是组织成员之间的分工协作关系。组织结构的内涵是人们的职、责、权关系。组织结构的内容一般包括职能结构、层次结构、部门结构和职权结构。

3. 组织结构设计的原则：①统一指挥原则；②分工协作原则；③有效管理幅度原则；④集权与分权相结合原则；⑤责权一致原则；⑥稳定性与适应性相结合原则。

4. 管理幅度：直接领导的下属数量。

组织层次：组织中最高主管到具体工作人员之间的不同管理层次。

有效管理幅度受到诸多因素的影响，主要有管理者与被管理者的工作能力、工作内容和性质、工作条件与工作环境。

5. 部门划分的方法主要有按职能划分、按地区划分、按产品划分、按服务对象划分、按时间划分、按人数划分等。

6. 组织结构的类型：直线制组织结构、职能制组织结构、直线-职能制组织结构、事业部制组织结构、矩阵结构。

7. 职权分配是指为了有效地履行职责，实现工作目标，而将组织的权力在各管理部门、管理层次、管理职务中进行配置与分授。组织内的职权有三种：直线职权、参谋职权、职能职权。

集权与分权也是相对的，没有任何组织是绝对集权或绝对分权的。

8. 授权的原则：①根据能力大小授权，并遵循合理合法的原则；②权责对等原则；③命令的统一；④有效监控原则；⑤职责绝对性原则。

9. 人员配备的内容：①人员选聘、人员组合和人力资源开发；②人员选聘的方式和途径：外部招聘、内部提升。

第五章想一想

第五章做一做

第五章 PPT

第六章
领　　导

学习目标

通过本章的学习，学生应理解领导者与管理者的差异；了解领导特质理论、领导行为理论、领导权变理论等的基本观点及领导方式；理解菲德勒的权变模型、领导生命周期模型、路径-目标模型；掌握提高领导行为效率的方法；学会运用领导艺术，具有初步领导能力。

第一节 领导概述

引导案例

孙达的领导风格

孙达是一家汽车公司的创始人，他为公司的发展做出了巨大的贡献。他在汽车行业还是一个很有影响的重量级传奇人物。

公司曾因为生产汽油汽车还是电动汽车的问题发生过激烈争论。孙达是汽油汽车的支持者，因为他是领导者，所以新开发出来的小轿车都是汽油汽车。

公司技术研究所的技术人员要求研究电动汽车，被孙达拒绝。几名主要的技术人员决定辞职，想“跳槽”到一家生产电动汽车的企业。公司的李副总意识到事情的严重性，就打电话给孙达，问他：“公司的总经理重要还是技术人员重要？”

孙达回答道：“当然总经理重要，但企业技术人员也重要。”

李副总说：“那你就同意他们去搞电动汽车研究吧！”

孙达这才省悟过来，毫不犹豫地说：“好吧！”

于是，几个主要技术人员开始进行研究，不久就开发出了适应市场的产品，公司的汽车销量也大大增加了。为此，这几个当初想辞职的技术人员均被孙达委以重任。

思考：根据材料分析孙达的领导风格。

案例启示：孙达作为一位领导者，其权力来自职位和下属对自己的听从，涉及领导特质理论、领导行为理论、权变领导理论。管理者在管理中要使下属心甘情愿地跟随自己去实现组织目标，要靠职位赋予的权力，还要靠个人的魅力，需要根据具体环境采取恰当的领导方式。

一、领导的本质

1. 领导的内涵

哈罗德·孔茨认为：“领导是一种影响力，它是影响人们心甘情愿地和满怀热情地为实现群体目标努力的艺术或过程。”他还认为：“领导是一种影响过程，即领导者和被领导者个人的作用和特定的环境相互作用的动态过程。”《中国企业管理百科全书》把领导定义为“率领和引导任何组织在一定条件下实现一定目标的行为过程”。

我们认为，从管理学意义上来讲，领导是指领导者依靠影响力指挥、带领、引导和鼓励被领导者或追随者实现组织目标的活动和艺术。其基本含义包括以下几个方面：

（1）领导包含领导者和被领导者两个方面。领导者是指能够影响他人并拥有管理的制度权力、承担领导职责、实施领导过程的人。领导是领导者与被领导者之间的一种关系，如果没有被领导者，领导者将变成光杆司令，其领导关系也就不复存在。

（2）领导是一种活动，是引导人们的行为过程，是领导者带领、引导和鼓舞被领导者去完成工作、实现目标的过程。权力在领导者和被领导者之间的分配是不平等的，领导者拥有相对强大的权力，可以影响组织中其他成员的行为。而组织中其他成员却没有这样的权力，或者说其所拥有的权力并不足以改变其地位。领导者在权力方面的优越性是领导工作得以顺利进行的重要基础。

（3）领导的基础是领导者的影响力。领导者拥有影响被领导者的能力或力量，既包括由组织赋予的职位权力，也包括领导者个人所具有的影响力。正是由于影响力的存在，领导者才能够对组织的活动施加影响，并使组织或群体成员追随与服从，也正是由于被领导者的追随与服从，领导者才能够保证其在组织、群体中的地位，并使领导过程成为可能。

一个领导者如果一味地行使职权而忽视社会和情绪因素的作用力，就会使被领导者产生逃避和反抗行为。当一个领导者的职位权威不足以说服下属从事适当的活动时，那么他的领导就是无效的。

（4）领导的目的是实现组织的目标。不能为了领导而领导，不能为了体现领导的权威而领导，领导的根本目的在于影响下属为实现组织的目标而努力。

管理案例

乔利民是一位工程师，他在技术方面有丰富的经验。在技术科，每一位科员都认为他的工作是相当出色的。不久前，原来的科长调到另一个厂去当技术副厂长了，领导任命乔利民为技术科科长。

乔利民上任后，下定决心要把技术科搞好，他以前在水平差的科长的领导下工作过，知道这是一种什么滋味。在第一个月内，全科室的人都领教了乔利民的“新官上任三把火”。第二天，小张由于上班途中汽车出问题迟到了 3 分钟，乔科长当众狠狠地批评了他一顿，并说“技术科不需要没有时间概念的人”。第二个星期，老李由于忙着接待外宾，一项技术改革提案晚交了一天，乔科长又大发雷霆，公开表示，再这样，就把老李调走。当乔科长要一份技术资料时，小林连着加班了三个晚上替他赶了出来，乔科长连一句表扬的话也没有。到了月底，乔科长还在厂部会议上说，小林不能胜任工作，建议把小林调到车间去。

一年过去了。厂领导发现，技术科出现问题了，缺勤的人很多，不少人要求调动工作，许多技术工作都应付不过来了。科室里没有和谐而团结的气氛。厂领导决定要解决技术科的问题。

2. 领导的本质

领导是影响个体、群体、组织来实现所期望目标的各种行动过程，包括领导者、被领导者与所处的客观环境等因素。因此，领导工作（效率）$=f$（领导者，被领导者，客观环境）。领导者的影响力包括职位权力影响力和非职位权力影响力。

领导的本质是一种影响力，即对一个组织为确立目标和实现目标所进行的活动施加影响的过程。其强调了三个方面：人、影响和目标。首先，领导是对人的领导，是一种“人”的活动，它发生于人群之中。其次，它涉及运用影响力。“影响”意味着人与人之间的关系不是消极被动的，而是相互的、双向的。最后，领导通常是为了实现一定的目标。需要注意的是，千万不要把领导同领导者混同起来，领导者是实施领导的人，或者说领导者是利用影响力带领人们或群体实现组织目标的人。

3. 领导的作用

（1）激励作用。调动每个组织成员的积极性，使其以高昂的士气自觉、自动地为组织做出贡献。

（2）指挥作用。在组织的集体活动中，领导者通过引导、指挥、指导等活动，帮助组织成员最大限度地实现组织的目标。在整个活动中，要求领导者作为带头人来引导组织成员前进，鼓舞人们去努力实现组织的目标。

（3）协调作用。协调组织成员的关系和活动，使组织成员步调一致地朝着共同的目标前进。

二、领导者的影响力

所谓影响力，是指一个人在与他人的交往中，影响和改变他人的心理和行为的能力。领导者对个人和组织的影响力来自两个方面：一是职位权力（又称为制度权力）影响力，二是非职位权力（又称为个人权力）影响力。

（一）职位权力影响力

职位权力是指由于领导者在组织结构中所处的位置而被上级或组织制度赋予的权力，具有很强的职位特性。这种权力与领导者的职位相对应，退位后相应的权力便会消失，如法定权、惩罚权、奖赏权。这种影响力一般仅属于社会各层结构中占有管理者地位的人。只有在某些特殊情况下，非管理者才具有这种影响力。这种权力与特定的个人没有必然的联系，它只与职务相联系。权力是管理者实施领导行为的基本条件，没有这种权力，管理者就难以有效地影响下属，实施真正的领导。

1. 职位权力影响力的构成

职位权力影响力包括法定权、强制权和奖赏权，它由组织正式授予，并受组织规章的保护。

（1）法定权。法定权是由组织机构正式授予领导者在组织中的职位所引起的、指挥他人并促使他人服从的权力。组织正式授予领导者一定的职位，从而使领导者占据权势地位和支配地位，使其有权力对下属发号施令。法定权是领导者职权大小的标志，是领导者的地位或在权力阶层中的角色所赋予的，是其他各种权力运用的基础。

法定权具有四个突出的特点：一是层次性。职权的大小是由职位的高低决定的，职位高的权力大，职位低的权力小。二是固定性。法定权是由法律或有关政策规章相对固定下来的，有职就有权，失职就失权。三是自主性。当领导者的某一法定权被确定下来后，领导者也就相应地取得了在职权范围内相对独立用权的条件。四是单向性。法定权具有极强的线性约束力，只能指派职权范围内的下属。

（2）强制权，又叫惩罚权。强制权是领导者在具有法定权的基础上，强行要求下级执行的一种现实的用权行为，是和惩罚相联系的迫使他人服从的力量。服从是强制权的前提；法律、纪律、规章是强制权的保障；处分、惩罚是强制权的手段。如果领导者不善于运用这种权力，就会使被领导者的服从意识减弱，从而降低领导效能。在某些情况下，领导是依赖于强制的权力与权威施加影响的。对于一些心怀不满的下属来说，他们不会心悦诚服地服从领导者的指示，这时领导者就要运用惩罚权迫使其服从。这种权力的基础是下属的惧怕，对那些认识到不服从命令就会受到惩罚或承担其他不良后果的下属的影响力是最大的。

（3）奖赏权。奖赏权是一种建立在良好希望心理之上的权力，在下属完成一定的任务时给予其相应的奖励，以鼓励下属的积极性。奖赏属于正刺激，是领导者为了肯定和鼓励某一行为，而借助物质或精神的方式，以使被刺激者得到心理、精神以及物质等方面的满足，从而激发出前进性行为的最大动力。依照交换原则，领导者通过提供心理或经济上的奖酬来换取下属的遵从。

2. 影响职位权力影响力的主要因素

（1）传统的观念。几千年的社会生活使人们对领导者形成了这样一种心理观念，即认为领导者不同于普通人，他们或者有权，或者有才干，总之比普通人要强，由此产生了对领导者的服从感。由于这种传统观念从小就影响着每一个人的思想，领导者言行的影响力自然而然就增强了。

（2）职位因素。领导者可以凭借组织所授予的指挥他人开展具体活动的权力，左右被领导者的行为、处境，甚至前途、命运，从而使被领导者对领导者产生敬畏感。领导者的职位越高，权力越大，下属对他的敬畏感越强，领导者的影响力也越大。

（3）资历因素。一个人的资历与经历是历史性的东西，它反映了一个人过去的情况。一般而言，人们对资历较深的领导者比较尊敬，因此其言行也容易在人们的内心中产生一定的影响。

权力影响力是通过正式的渠道发挥作用的。当领导者担任管理职务时，由传统心理、职位、资历构成的权力的影响力就会随之产生。当领导者失去管理职位时，这种影响力将大大削弱甚至消失。这种权力之所以被大家接受，是因为大家了解这种权力是实现组织共同目标所必需的。

（二）非职位权力影响力

非职位权力影响力是指由于领导者的个人经历、地位、人格特殊品质和才能而产生的影响力，它可以使下属心甘情愿地、自觉地跟随领导者。这种权力对下属的影响比职位权力的影响力更具有持久性。非职位权力影响力不是外界附加的，它产生于个人的自身因素基础上，与职位没有关系。

1. 非职位权力影响力的构成

非职位权力影响力包括专长权、感召权。

（1）专长权。专长权是指领导者具有各种专门的知识和特殊的技能或学识渊博而获得同事及下属的尊重和佩服，从而在各项工作中显示出的在学术上或专长上一言九鼎的影响力。领导者如果涉猎广泛，通今博古，学识渊博，特别是拥有组织活动所必备的专业技能，必然使被领导者对其产生一种钦佩力，这种信服力、信任力、钦佩力综合起来，共同构成领导者的专长权。这种影响力的影响基础通常是狭窄的，仅仅被限定在专长范围之内。

（2）感召权。感召权是指由于领导者优良的领导作风、思想水平、品德修养，而在组织成员中树立的德高望重的影响力。这种影响力是建立在下属对领导者认可的基础之上的，由领导者本身的素质，诸如品格、知识、才能、毅力和气质所决定，它通常与具有超凡魅力或名声卓著的领导者相联系。这种影响力对人们的作用是通过潜移默化而变成被领导者的内驱力来实现的，领导者会赢得被领导者发自内心的信任、支持和尊重。因此，感召权对被领导者的影响和激励作用不仅很大，而且持续的时间也较长。

2. 影响非职位权力影响力的主要因素

（1）品格。主要包括领导者的道德、品行、人格等。“其身正，不令而行；其身不正，虽令不从”。优良的品格会给领导者带来巨大的影响力。因为品格是个人的本质表现，好的品格能使人产生敬爱感，并能吸引人，使人模仿。下属常常希望自己能像领导者一样。

（2）才能。领导者的才能是决定其影响力大小的主要因素之一。才能通过实践来体现，主要反映在工作成果上。一个有才能的领导者，事业会成功，从而使人们对他产生敬佩感，吸引人们自觉地接受其影响。

（3）知识。一个人的才能是与知识紧密联系在一起的。知识水平的高低主要表现为对自身和客观世界认识的程度。知识本身就是一种力量，知识丰富的领导者，容易取得人们的信任，并由此使人们产生信赖感和依赖感。

（4）感情。感情是人的一种心理现象，它是人们对客观事物好恶倾向的内在反映。一旦人与人之间建立了良好的感情关系，便能产生亲切感；相互的吸引力越大，彼此的影响力也越大。因此，如果一个领导者平时待人和蔼可亲，关心体贴下属，与群众的关系融洽，那么他的影响力就往往较大，即所谓“士为知己者死”。

在领导者从事管理工作时，品格、才能、知识感情等因素能增强领导者的影响力。在不担任管理职务时，这些因素仍对人们产生较大的影响。由于这种影响力源于下属服从的意愿，有时会比权力显得更有力量。

三、领导者正确运用权力的方式

1. 了解并有效用权

首先，要重视职位权力，更要重视非职位权力。其次，在运用权力的同时，要充分尊重他人的权力。最后，要懂得如何与权力打交道，保护自己免受权力问题带来的伤害。

2. 公平、公正用权

一个领导者如果由于考虑顶头上司、老领导、老同学、老朋友、老部下以及自己、亲属、子女的利害得失，未能秉公处理事务，就会在群众中造成不良影响，甚至丧失个人威信。在这种情况下，他的行政权力虽然未变，但其实际的指挥、协调和激励作用都大大削弱了，牢骚话会随之而来，扯皮推诿、组织涣散、营私舞弊等现象可能会在组织中蔓延，所以领导者必须充分认识公正用权的重要性。

领导者运用权力，最重要原则是公正廉明。领导者必须用自己的实际行动使部下相信在他运用权力时一定能做到不分亲疏、不徇私情、不谋私利，只有如此，才能使别人服从。

3. 谨慎用权、不滥用权力

领导者有着相当的人事、财务等管理权力。少数领导者头脑不够清醒，以为有了权就有了一切，往往自觉或不自觉地炫耀手中的权力，试图以此树立自己的权威。这样做，通常只会招致同事的反感和群众的厌恶，损害自己的形象，降低自己的威信。所以成熟的领导者必须珍惜国家和人民赋予自己的权力，珍惜自己多年辛勤工作在群众中形成的权威，绝不可滥用权力。

但是在确实需要使用权力时，领导者又要当机立断，使用权力来维护国家和人民的利益，而不应为了维护个人的私利而患得患失、犹豫不决、错失良机，使国家和人民的利益遭受损失。

4. 遵循例外原则

规章制度是组织成员应当共同遵守的行为准则。领导者必须维护规章制度的严肃性，但也有权进行例外处理。例外处理不是为了破坏规章制度，而是为了使规章制度更加合理，更能得到职工的拥护和执行。进行例外处理，必须有充分正当的理由，必须光明正大，并有助于树立正气，强化职工的“期望行为”。实施例外处理，可使职工知道领导者是通情达理的，也可使职工对领导者期望自己表现出何种行为得出明确的认识。

第二节 领导方式

引导案例

哪种领导类型最有效

最近，银河电子有限公司对该公司的三个重要部门经理进行了一次有关领导类型的调查。

1. 安西

安西对本部门的产出感到自豪。他总是强调对生产过程、产出量控制的必要性，坚持要求下属人员必须很好地理解生产指令以得到迅速、完整、准确的反馈。安西遇到小问题时，会放手交给下级去处理，当问题很严重时，他会委派几个有能力的下属去解决问题。通常情况下，他只是大致规定下属人员的工作方针、完成怎样的报告及完成期限。安西认为只有这样才能更好地合作，避免重复工作。

安西认为对下属人员采取“敬而远之”的态度对一个经理来说是最好的行为方式，所谓的“亲密无间”会导致纪律松懈。他不主张公开谴责或表扬某个员工，他相信每一个下属人员都有自知之明。

据安西说，在管理中的最大问题是下级不愿意接受责任。他讲道，他的下属人员可以有机会做许多事情，但他们并不是很努力地去做。

2. 鲍锋

鲍锋认为每个员工都有人权，他偏爱于管理者有义务和责任去满足员工需要的学说，他常为他的员工做一些小事，如给员工两张艺术展览的入场券。他认为，每张门票才几十元，但对员工和他的妻子来说其价值却远远超过几十元。这种方式也是对员工工作的肯定。

鲍锋每天都要到车间与至少25%的员工交谈。他不愿意为难别人，总是以一种友好、粗线条的管理方式对待员工。他承认尽管在生产效率上不如其他部门，但他相信他的下属有高度的忠诚与士气，并坚信他们会因他的开明领导而努力工作。

3. 李强

李强说他面临的基本问题是与其他部门的职责分工不清。他认为上级对不论是否属于他部门的任务都安排在他的部门，似乎上级并不清楚这些工作应该由谁来做。李强承认他没有提出异议，他说这样做会使其他部门的经理产生反感。李强说过去在不平等的分工会议上，他感到很窘迫，但现在适应了，其他部门的领导也习以为常了。

李强认为纪律就是使每个员工不停地工作，预测各种问题的发生。他认为作为一个好的管理者，没有时间像鲍锋那样握紧每一个员工的手，和员工说他们正在从事一项伟大的工作。他相信如果一个经理声称为了决定将来的提薪与晋职而对员工的工作进行考核，那么，员工则会更多地考虑他们自己，由此而产生很多问题。他主张，一旦给一个员工分配了工作，就让他以自己的方式去做，取消工作检查，他相信大多数员工知道自己会把工作做得怎么样。

（资料来源：苏慧文，姜忠辉，1999. 管理学原理与案例[M]. 青岛：中国海洋大学出版社.）

思考：你认为这三个部门经理各采取的是哪种领导方式？是否每一种领导方式在特定的环境下都有效？为什么？

案例启示：管理者在管理中会运用权威对下属发出指挥和命令，带领下属去实现组织目标，但不同的管理者在管理中会有不同的领导风格，任何一种领导风格都是最好的，关键取决于管理者、被管理者和环境三者。上述三位部门经理在管理中分别采用了任务型、民主型和放任型的领导风格。

在管理学领域，现有的领导理论大致可归纳为三种比较典型的理论，即领导特质理论、领导行为理论和领导权变理论。

一、领导特质理论

领导特质理论主要是通过研究领导者的各种个性特征来预测具有怎样性格特征的人才能成为有效的领导者。早期提出这种理论的学者认为，领导者所具有的特性是天生的，是由遗传因素决定的。显然，这种认识是不全面的。实际上，领导者的特性和品质是在实践中逐渐形成的，可以通过教育和培训而形成。当然，不同的环境对合格的领导者提出的标准是不同的。

对于领导者应当具有哪些特性，不同的研究者得到的结论并不相同。但领导特质理论并非没有用处，一些研究表明，个人品质与领导有效性之间确实存在着某种联系。另外，领导特质理论系统地分析了领导者应具有的能力、品德和为人处世的方式，并向领导者提出了要求和希望，这对组织选择、培养和考核领导者是有帮助的。

领导特质理论认为领导者有 6 项特性不同于非领导者，即进取心、领导欲望、正直与诚实、自信、智慧和有与工作相关的知识。

（1）进取心。领导者表现出高度的工作积极性，拥有较强的成就渴望。他们不断地努力提高自己，进取心强，精力充沛，对自己所从事的活动坚持不懈，并有高度的主动精神。

（2）领导欲望。他们有强烈的权力欲望，喜欢领导别人，而不是被别人领导。强烈的权力欲望驱使他们试图去影响别人，并在领导过程中获得满足。

（3）正直与诚实。领导者言行一致，诚实可信，据此与下属之间建立起相互信任的关系。

（4）自信。自信能让领导者克服困难，在不确定的情况下做出正确的决策，并能逐渐地将自信传染给别人。

（5）智慧。领导者必须有足够的才智来搜集、整理和解释大量的信息，并能确立目标、解决问题和做出正确决策。

（6）有与工作相关的知识。一个高效的领导者对其公司、行业和技术问题有清楚的了解，广博的知识能使他们做出富有远见的决策，并能理解这种决策的意义。

二、领导行为理论

领导行为理论主要研究领导者的行为及其对下属的影响，以期寻求最佳的领导行为。也就是要回答一个领导者是怎样领导他的群体的。领导行为理论中最有影响力的是领导行为连续统一体理论、“工作中心”与“员工中心”理论、领导行为四分图理论、管理方格理论等。

1. 领导行为连续统一体理论

坦南鲍姆和施密特于 1958 年提出了领导行为连续统一体理论。他们认为，经理们在决定何种行为最适合处理某一问题时常常遇到困难。他们不知道是应该自己做出决定还是授权给下属做决策。为了使人们从决策的角度深刻认识领导作风的意义，他们提出了下面这个连续统一体模型（图 6-1）。

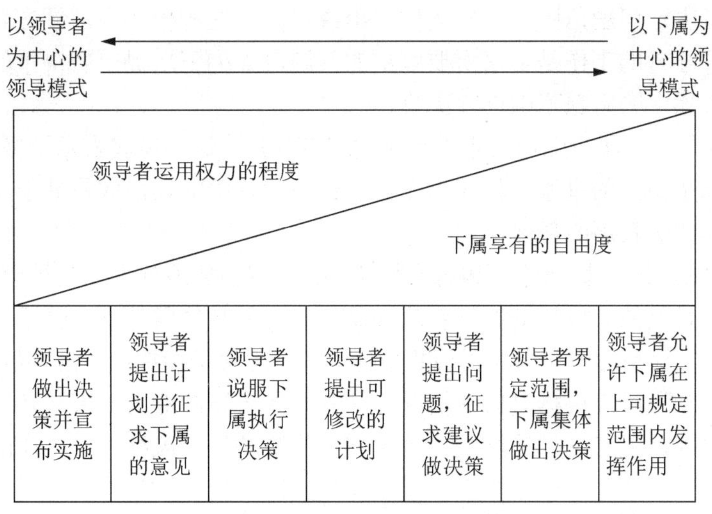

图 6-1 领导行为连续统一体模型

领导风格及领导者运用权威的程度与下属在做决策时享有的自由度有关。在连续统一体的模型最左端表示的领导行为是专制的领导；在连续统一体模型的最右端表示的是将决策权授予下属的民主型的领导。在管理工作中，领导者使用的权威和下属拥有的自由度之间是一方扩大另一方缩小的关系。

一个专制的领导掌握完全的权威，自己决定一切，他不会授权给下属；而一位民主的领导在制定决策的过程中，会给予下属很大的权力。民主与专制仅是两个极端的情况，这两者中间还存在着多种领导行为。

（1）领导做出决策并宣布实施。在这种模式中，领导者确定一个问题，并考虑各种可供选择的方案，从中选择一种，然后向下属宣布执行，不给下属直接参与决策的机会。

（2）领导者提出计划并征求下属的意见。在这种模式中，领导者提出了一个决策，并希望下属接受这个决策，他向下属提出关于计划的详细说明，并允许下属提出问题。这样，下属就能更好地理解领导者的计划和意图，领导者和下属能够共同讨论决策的意义和作用。

（3）领导者说服下属执行决策。在这种模式中，领导者承担确认问题和做出决策的责任，但他不是简单地宣布实施这个决策，而是认识到下属中可能存在反对意见，于是试图通过阐明这个决策可能给下属带来的利益来说服下属接受这个决策，消除下属的反对。

（4）领导者提出可修改的计划。在这种模式中，下属可以对决策发挥某些作用，但确认和分析问题的主动权仍掌握在领导者手中。领导者先对问题进行思考，提出一个暂时的可修改的计划，并把这个暂定的计划交给有关人员进行征求意见。

（5）领导者提出问题，征求建议做决策。在以上几种模式中，领导者在征求下属意见之前就提出了自己的解决方案，而在这个模式中，下属有机会在决策做出以前就提出自己的建议。领导者的作用主要体现在确定问题，下属的作用在于提出各种解决的方案，最后，领导者从自己和下属提出的解决方案中选择一种他认为最好的解决方案。

（6）领导者界定问题范围，下属集体做出决策。在这种模式中，领导者已经将决策权交给了下属。领导者的工作是弄清所要解决的问题，并为下属提出做决策的条件和要求，下属按照领导者界定的问题范围进行决策。

（7）领导者允许下属在上司规定的范围内发挥作用。这种模式表示了极度的团体自由。如果领导者参加了决策的过程，他应力图使自己与团队中的其他成员处于平等的地位，并事先声明遵守团体所做出的任何决策。

在上述各种模式中，坦南鲍姆和施密特认为，不能抽象地认为哪一种模式一定是好的，哪一种模式一定是差的。成功的领导者应该是在一定的具体条件下，善于考虑各种因素的影响，采取最恰当行动的人。当需要果断指挥时，他应善于指挥；当需要员工参与决策时，他能适当放权。领导者应根据具体的情况，如领导者自身的能力、下属及环境状况、工作性质、工作时间等，适当选择连续统一体模型中的某种领导风格，这样才能确保领导行为的有效性。

坦南鲍姆和施密特认为，很难说哪种领导方式正确，领导者应当根据具体情况，考虑各种因素选择某种领导方式。通常，管理者在决定采用哪种领导模式时要考虑以下几个方面的因素：

（1）管理者的特征，包括管理者的背景、教育、知识、经验、价值观、目标和期望等。

（2）员工的特征，包括员工的背景、教育、知识、经验、价值观、目标和期望等。

（3）环境的要求，包括环境的大小、复杂程度、目标、结构和组织氛围、技术、时间压力和工作的本质等。

根据以上这些因素，如果下属有独立做出决定并承担责任的愿望和要求，并且他们已经做好了这样的准备，他们能理解所规定的目标和任务，并有能力承担这些责任，领导者就应该赋予其较大的自主权力。如果这些条件不具备，领导者就不应把权力授予下级。

这一理论的贡献在于：不是将成功的领导者简单地归结为专权型、民主型或放任型的领导者，而是指出成功的领导者应该是在多数情况下能够评估各种影响环境的因素和条件，并根据这些条件和因素来确定自己的领导方式和采取相应的行动。但坦南鲍姆和施密特的理论也存在一定的不足，那就是他们将影响领导方式的因素即领导者、下属和环境看成既定的和不变的，而实际上这些因素是相互影响、相互作用的。他们对影响因素的动力特征没有足够的重视，同时在考虑环境因素时主要考虑的是组织内部的环境，而对组织外部的环境以及组织与社会环境的关系缺乏重视。

2. “工作中心”与“员工中心”理论

美国密歇根州立大学社会研究所伦西斯·利克特教授和他的同事自 1947 年以来对领导者和经理人员的领导类型和作风做了长达 30 年的研究，利克特在研究过程中所形成的某些思想和方法对理解领导行为很重要。他认为，高效的管理者坚决地面向下属，依靠人际沟通使各方团结一致地工作。包括管理者或领导者在内的群体全部成员都采取相互支持的态度，在这方面，他们具有共同的需要、价值观、抱负、目标和期望。

利克特于 1967 年提出了领导的四系统模型，即把领导方式分成四类系统：剥削式的集权领导、仁慈式的集权领导、协商式的民主领导和参与式的民主领导。他认为只有第四系统——参与式的民主领导才能实现真正有效的领导，才能正确地为组织设定目标和有效地达到目标，这是领导一个群体的最有效方式。

（1）剥削式的集权领导。采用这种方式的主管人员非常专制，很少信任下属；采取使人恐惧与惩罚的方法，偶尔兼用奖赏来激励人们；采取自上而下的沟通方式；决策权只限于最高层。

（2）仁慈式的集权领导。采用这种方式的主管人员对下属怀有充分的信任和信心；采取奖赏和惩罚并用的激励方法；允许一定程度的自下而上的沟通，向下属征求一些想法和意见；授予下级一定的决策权，但牢牢掌握政策性控制。

（3）协商式的民主领导。采取这种方式的主管人员对下属抱有相当大的但又不是充分的信任和信心，他常设法采纳下属的想法和意见；采用奖赏，偶尔用惩罚和一定程度的参与；进行上下双向信息沟通；在最高层制定主要政策和总体决策的同时，允许低层部门做出具体问题决策，并在某些情况下进行协商。

（4）参与式的民主领导。采取这种方式的主管人员对下属在一切事务上都抱有充分的信心和信任，总是从下属那里获取设想和意见，并且积极地加以采纳；对于确定目标和评价实现目标所取得的进展方面，组织群体参与其事，在此基础上给予物质奖赏；更多地采用上下之间与同事之间的沟通；鼓励各级组织做出决策，或者本人作为群体成员同他们的下属一起工作。

总之，利克特发现那些应用参与式的民主领导的主管人员都是取得最大成就的领导者。此外，他指出了采取这种领导方式进行管理的部门和公司，在设置目标和实现目标方面是最有效率的，通常也是更富有成果的。他把这种成功主要归于群体的参与和对支持下属参与的实际做法的坚持贯彻。

但是，该理论的研究焦点在于小群体，而论述的范围往往外延扩大，涉及整个组织，而且，这项调查研究主要是在组织的低层群体中进行的，而来自最高层主管人员的数据资料支离破碎，因此，这个理论可能会站不住脚。

3. 领导行为四分图理论

领导行为四分图模型是美国俄亥俄州立大学的研究者弗莱西和他的同事从 1945 年起，对领导问题进行广泛的研究后得出的结论。他们发现，领导行为可以利用两个层面加以描述，即关怀（consideration）和定规（initiating structure）。因此，领导行为四分图理论也称为“俄亥俄学派理论”或“二维构面理论”（two dimension theory）。

所谓“关怀”是指一位领导者对其下属所给予的尊重、信任以及互相了解的程度。从高度关怀到低度关怀，中间可以有无数不同程度的关怀。

所谓“定规”，也就是指领导者对于下属的地位、角色与工作方式，是否都制定有规章或工作程序。这也可有高度的定规和低度的定规。

因此，二维构面可构成一个领导行为坐标，大致可分为四个象限或四种领导方式，如图 6-2 所示。

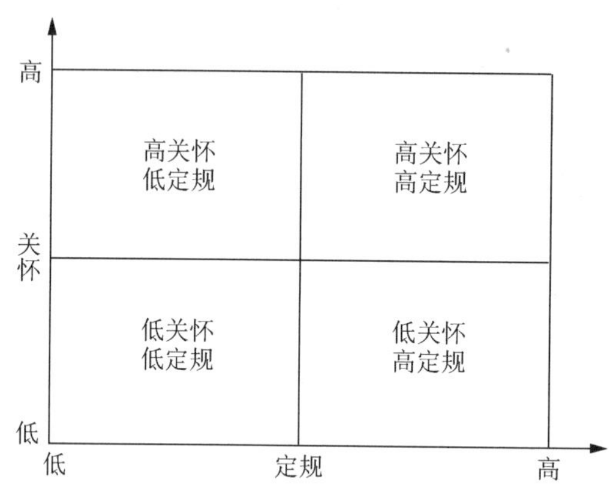

图 6-2　领导行为四分图

（1）高关怀低定规的领导者。该种领导者注意关心爱护下属，经常与下属交换思想，交换信息，与下属关系融洽，但是组织内规章制度不严，工作秩序不佳，这是一个较仁慈的领导者。

（2）低关怀高定规的领导者。该种领导者注意严格执行规章制度，建立良好的工作秩序和责任制，但是不注意关心爱护下属，不与下属交流信息，与下属关系不融洽。这是一个较为严厉的领导者。

（3）高关怀高定规的领导者。该种领导者注意严格执行规章制度，建立良好的工作秩序和责任制，同时关心爱护下属，经常与下属交流信息，沟通思想，想方设法调动组织成员的积极性，在下属心目中可敬又可亲。这是一个高效成功的领导者。

（4）低关怀低定规的领导者。该种领导者不注意关心爱护下属，不与下属交换思想，交流信息，与下属关系不太融洽，也不注意执行规章制度，工作无序，效率低下。这是一个无能、不合格的领导者。

高关怀高定规的领导者并不总是产生积极的效果。在生产部门内，工作技巧评定结果与定规程度呈正相关，而与关怀程度呈负相关。但在非生产部门内，这种关系恰恰相反。一般来说，高定规和低关怀的领导方式效果最差。其他三种类型的领导行为普遍与较多的缺勤、事故、抱怨及离职有关系。

4. 管理方格理论

管理方格理论（management grid theory）是由美国得克萨斯大学的行为科学家布莱克和莫顿在 1964 年出版的《管理方格》（1978 年修订再版，改名为《新管理方格》）一书中提出的。管理方格理论的提出改变了以往各种理论中“非此即彼”式（要么以生产为中心，要么以人为中心）的绝对化观点，指出在对工作关心和对人关心的两种领导方式之间，可以进行不同程度的互相结合。

管理方格理论是研究企业的领导方式及其有效性的理论，这种理论倡导用方格图表示和研究领导方式。他们认为，在企业管理的领导工作中往往会出现一些极端的方式，或者以生产为中心，或者以人为中心，或者以 X 理论为依据而强调靠监督，或者以 Y 理论为依据而强调相信人。为避免趋于极端，克服以往各种领导方式理论中的“非此即彼”的绝对化观点，他们指出：在对生产关心的领导方式和对人关心的领导方式之间，可以有使二者在不同程度上互相结合的多种领导方式。为此，他们设计了一张纵轴和横轴各 9 等分的方格图，纵轴和横轴分别表示企业领导者对人和对生产的关心程度。第 1 格表示关心程度最小，第 9 格表示关心程度最大。全图总共有 81 个小方格，分别表示“对工作关心的程度”和“对人关心的程度”这两个基本因素以不同比例结合的领导方式（图 6-3）。因此，管理方格图适应性很强，准确性也很高。

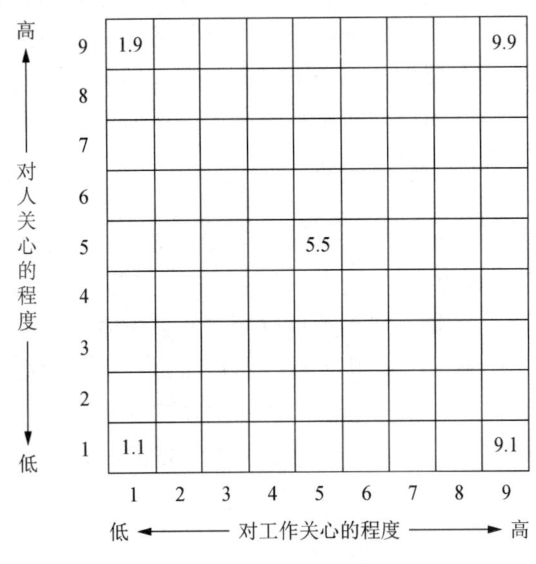

图 6-3 管理方格图

根据图 6-3，把企业当作一般组织，关心工作是指领导者对如下许多不同的事项所持的态度，如政策决定的质量、程序和过程、研究工作的创造性、职能人员的服务质量、工作的效率以及产量等。关心人是指个人对实现目标所承担的责任，保持工人的自尊，基于信任而非服从的职责，保持良好的工作环境及满意的人际关系。如果要评价某一位领导者的领导方式，只要在图 6-3 中按照他的两种行为寻找交叉点就行了。布莱克和莫顿在提出管理方格理论的同时，还列举了五种典型的领导风格：

（1）（1，1）型为贫乏型管理：领导者既不关心工作，也不关心人。表现为只做最低限度的努力来完成任务和维持士气。

（2）（9，1）型为任务型管理：领导者非常关心工作，但不关心人。其特征是把工作安排得很满，并使人的干扰因素最小，以此来谋求高的工作效率。

（3）（1，9）型为俱乐部管理：重点在于与人们建立友好关系，领导者重视对职工的支持和体谅，注重营造轻松愉快的组织气氛和工作节奏，但很少考虑如何协同努力去实现企业的目标，生产管理松弛。

（4）（9，9）型为战斗集体型管理：领导者不但注重工作，而且非常关心人，把组织目标的实现与满足职工需要放在同等重要的地位。既有严格的管理，又对人有高度的关怀和支持，强调工作成就来自献身精神，以及在组织目标上与员工利益一致、相互依存，从而产生信任和尊敬的关系。

（5）（5，5）型为中间型管理：兼顾工作和士气两个方面来使适当的组织绩效成为可能，使职工感到基本满意。

在这五种管理形态中，布莱克和莫顿认为（9，9）型是最有效的管理，其次是（9，1）型，再次是（5，5）型、（1，9）型，最后是（1，1）型。

管理方格理论问世后便受到了管理学家的高度重视。它启示我们在实际管理工作中，一方面要高度重视手中的工作，要布置足够的工作任务，向下属提出严格的要求，并且要有规章制度作保障；另一方面要十分关心下属个人，包括关心他们的利益，创造良好的工作条件和工作环境，给予适度的物质和精神鼓励等，从而使下级工作人员在责、权、利等方面高度统一起来，提高积极性和工作效率。

管理案例

8:30，公司董事、常务副总老杜接到市政府电话，通知企业开展冬季消防检查。10 分钟后老杜打电话给保卫部，通知他们去处理这项工作。9:15，老杜接到库房电话，被告之房屋后墙再次被人凿开一个洞，又有几十箱产品被偷走。8 分钟后，老杜打电话给市公安局请他们改善本地治安情况……。整个上午老杜一直在接电话、打电话，倒也挺忙。

思考：根据管理方格理论，你认为老杜最接近哪种类型的领导者？

三、领导权变理论

权变管理理论产生之后，被应用于许多管理领域，但应用最为普遍的还属领导理论研究领域。领导权变理论集中研究特定环境中最有效的领导方式和领导行为。这种理论的产生源于这样一个事实：领导特质理论无法用个人的特性来区分领导者和非领导者；行为理论忽略了被领导者的特性和环境因素，而孤立地研究领导者的行为，即某一具体的领导方式是否能在所有情况下都有效。为了克服这些理论的弊端，人们广泛接受了领导权变理论。该理论认为，没有一种领导方式对所有的情况都是有效的，没有一成不变的、普遍适用的“最好的”领导理论和方式。领导者做什么，怎样做，完全取决于当时的既定情况。

1. 菲德勒权变理论

菲德勒认为并不存在一种普遍适用于各种情景的领导模式，然而在不同的情况下都可以找到一种与特定情景相适应的有效的领导模式。他指出了一个有效领导的权变模型，其中包含了两种领导风格和三种情景因素，三种情景因素又分别可组成八个明显不同的环境，领导方式只有与环境类型相适应，才能获得有效的领导。

1）两种领导风格

菲德勒确认了两种领导风格：一种为任务导向型（与以工作为中心及主导型的行为相

似），另一种为关系导向型（与以职工为中心及关心型的行为相似）。他还认为，领导行为的方式是领导者个性的反映，基本上不会改变。所以，一个领导者的领导风格究竟是任务导向型还是关系导向型是可以确定的。

2）三种情景因素

通过大量研究，菲德勒提出了一种领导的权变模型，认为任何领导形态均可能有效，其有效性完全取决于领导是否适应所处的环境。环境影响因素主要有三个方面：

（1）上下级关系。领导者和下级的关系包括领导者是否得到下属的尊敬和信任，是否对下属具有吸引力。

（2）任务结构。任务结构指工作团体的任务是否明确，是否进行了详细的规划和程序化。

（3）职位权力。职位权力指领导者的职位是否能够提供足够的权力和权威，并获得上级和整个组织的支持。

菲德勒设计了一种“你最不喜欢的同事”的问卷，让被测试者填写。一个领导者如对其最不喜欢的同事仍能给予高评价，则表明他对人宽容、体谅，提倡好的人际关系，是关心人的领导。如果对其最不喜欢的同事给予低评价，则表明他是命令式的，对工作的关心胜过对人的关心。

3）理论模型

菲德勒将三种情景条件任意组合成八种情况，通过大量的调查和数据收集，将领导风格同对领导有利或不利的八种情况关联，以便了解领导有效所应当采取的领导方式，如表 6-1 所示。

表 6-1　菲德勒的领导权变理论模型

上下级关系	好				差			
任务结构	高		低		高		低	
职位权力	强	弱	强	弱	强	弱	强	弱
领导类型	Ⅰ	Ⅱ	Ⅲ	Ⅳ	Ⅴ	Ⅵ	Ⅶ	Ⅷ
环境特征	非常有利的环境				非常不利的环境			

菲德勒的研究结果说明，在对领导者最有利和最不利的情况下采用任务导向型领导，效果较好。在对领导者非常不利的情况下，采用关系导向型效果较好。菲德勒模型理论在许多情况下是正确的，但也有许多批评意见，如取样太小，有统计误差；只是概括出结论，而没有提出一套理论等。

2. 路径-目标理论

路径-目标理论是罗伯特·豪斯发展的一种领导权变理论。此理论以期望理论及领导行为四分图为依据，提出领导的主要职能是为下属在工作中提供获得满足需要的机会，并让下属明确哪些行为能实现目标并获得有价值的奖励。简言之，即领导应指明实现目标的途径。

1）领导者行为

豪斯认为“高工作”和“高关心”的组合不一定是最有效的领导方式，还需考虑环境因素。他与米切尔在 1974 年发表的论文中提出了四种领导行为：

① 指示型的领导行为。让下属明确任务的具体要求，怎么做、工作日程、决策都由领导决定（与主导型及任务导向型行为相似）。

② 支持型的领导行为。与下属友善相处，领导平易近人，关心下属的福利，公平待人（与关心型及关系导向型行为相似）。

③ 参与型的领导行为。与下属商量，征询下属的建议，允许其参与决策。

④ 成就导向型的领导行为。提出有挑战性的目标，要求下属有高水平的表现，鼓励下属并对下属的能力表示出充分的信心。

2）情景因素

路径-目标理论提出领导方式要适应情景因素，该理论特别关注两类情景因素，一类是下属的个人特点，另一类是工作场所的环境因素。

① 个人特点。主要包括下属的控制点、经验和知觉能力。控制点是指个体对环境变化影响自身行为的认识程度。根据这种认识程度高低，控制点分为内向控制点和外向控制点两种。内向控制点是说明个体充分相信自我行为主导未来，而不是环境控制未来的观念；外向控制点则是说明个体把自我行为的结果归于环境影响的观念。接受内因控制认识的个人相信一切结果都是通过自身的努力和行为产生的；而接受外因控制认识的个人则往往把发生的结果归因于运气、命运或制度。相信内因决定论的人喜欢参与型的领导行为，相信外因决定论的人则宁可采用指令型的领导。假如下属认为自己能力不强，则他们更喜欢指令型的领导；反之，有的人自视甚高，则可能对指令型的领导行为表示愤懑。领导者难以影响并改变下属的个人特点，但是对于环境的塑造及针对不同的个性采取不同的领导方式是完全可能的。

② 环境因素。环境因素非下属所能控制，它包括以下几种情况：

a．任务结构。当任务结构很明确时，如采用指令型的领导行为效果就差，对于一些很平常的工作，人们并不需要其上司喋喋不休地吩咐如何去做。

b．正式职权制度。正式职权制度是另一个重要的环境特点，如果正式职权都规定得很明确，则下属会更欢迎非指令性的领导行为。

c．工作群体。工作群体性质会影响领导行为，如果工作群体为个人提供社会支持和满足，则支持性领导行为就显得多余；反之，个人则会从领导者那里寻求这类支持。

3）路径-目标模型

路径-目标模型表明，领导者行为会影响下属的工作动机，而个人特点和环境因素也会影响这种关系的性质，如图 6-4 所示。路径-目标领导理论是一种动态理论，目前看来尚不够完善，此理论的原意是以一般术语表达的一种理论框架，以便能更进一步探索其相互间的各种关系。随着研究的不断深入，这种理论也将得到修正。

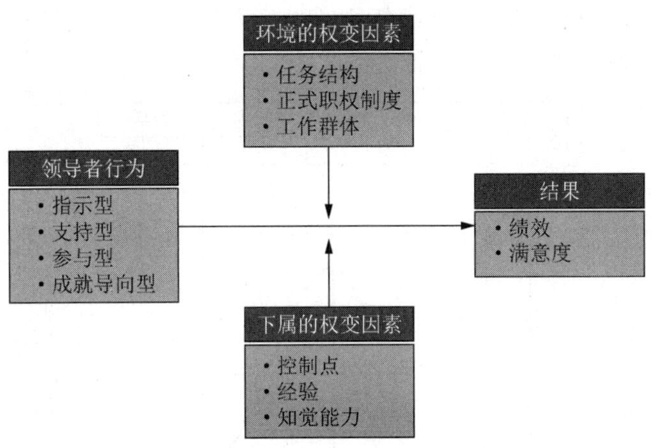

图 6-4 路径-目标模型

3. 领导生命周期理论

领导生命周期理论是由科曼于 1996 年首先提出的，后由赫塞和布兰查德进一步发展。

1）四种领导风格

领导生命周期理论使用的两种领导制度与菲德勒的划分相同，即任务行为和关系行为。但是，赫塞和布兰查德向前迈进了一步，他们认为每一行为有低有高，从而组合成以下四种具体的领导风格：

① 指导型（高任务-低关系）。领导者定义角色，告诉下属应该干什么、怎么干以及何时何地去干。

② 推销型（高任务-高关系）。领导者同时提供指导性行为与支持性行为。

③ 参与型（低任务-高关系）。领导者与下属共同决策，领导者的主要角色是提供便利条件与沟通。

④ 授权型（低任务-低关系）。领导者提供极少的指导或支持。

2）下属的成熟程度

该理论认为，高任务-高关系的领导不一定有效，低任务-低关系的领导也不一定经常无效。有效的领导应根据情景以及下属的成熟程度采取不同的领导风格。

赫塞和布兰查德把成熟程度定义为个体对自己的直接行为负责任的能力和意愿。它包括工作成熟度和心理成熟度。工作成熟度是指一个人的知识和技能的成熟度。工作成熟度高的个体拥有足够的知识、能力和经验来完成他们的工作任务而不需要他人的指导。心理成熟度是指一个人做某事的意愿和动机。心理成熟度高的个体不需要太多的外部鼓励，他们靠内部动机激励自己。

3）领导生命周期模型

图 6-5 中，横坐标表示任务行为，纵坐标代表关系行为，第三个坐标则为成熟度。根据下属的成熟度量（从 M_1 到 M_4），有四种不同的情况，这样成熟度、任务行为及关系行为间有一种曲线关系，随着下属成熟度的提高，领导风格（从 S_1 至 S_4）就按顺序逐步转移。

四种不同的领导方式分别为指导型（高任务-低关系）、推销型（高任务-高关系）、参与型（低任务-高关系）、授权型（低任务-低关系）。

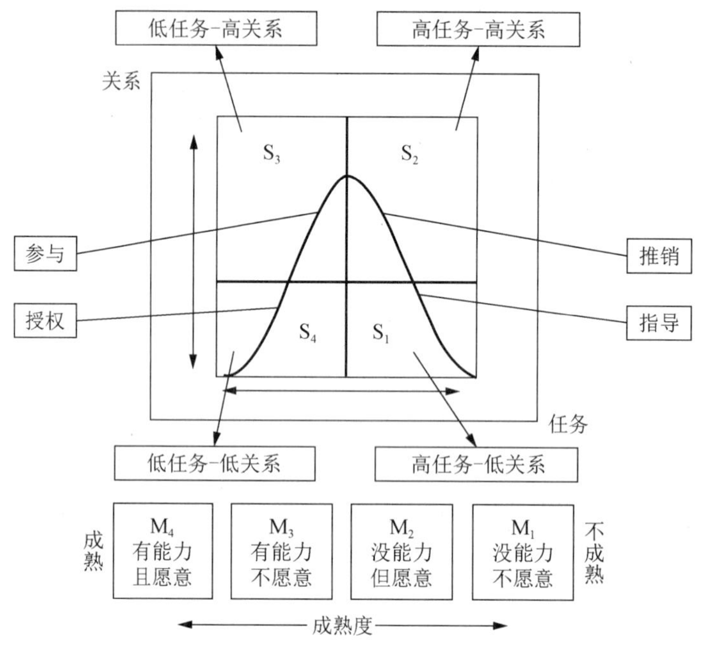

图 6-5　领导生命周期模型

对于低成熟度（M_1）的下属，由于这些人对于执行某任务既无能力又不情愿，他们既不能胜任工作又不能被信任，因此，这时就应使用指导型的领导风格，领导者可以采取单向沟通的方式，明确规定其工作目标和工作规程，告诉他们做什么，如何做，在何地、何时去完成它。

对于较不成熟（M_2）的下属，由于这些人开始熟悉工作，并愿意担负起工作责任；他们有积极性，但目前尚缺乏足够的技能，这时，推销型的领导方式更为有效。领导者应以双向沟通的方式给予其直接的指导，并对他们的意愿和热情在感情上加以支持，这种领导方式通常仍由领导者对绝大多数工作做出决定，但领导需把这些决定推销给下属，通过解释和说服以获得下属心理上的支持。此时的管理者应对其下属充分信任，并不断给予鼓励。

对于比较成熟（M_3）的下属，由于他们不仅具备了工作所需的技术和经验，而且有完成工作的能力，他们已能胜任工作，因此不希望领导者对他们有过多的控制与约束。这时，领导者运用参与型的领导方式较为恰当。领导者应减少过多的任务行为，以双向沟通和耐心倾听的方式，加强交流，鼓励下属共同参与决策，继续提高对下属感情上的支持，不必再去具体指导下属的工作。

对于高度成熟（M_4）的下属，由于他们不仅具备了独立工作的能力，而且愿意并具有充分的自信来主动完成任务并承担责任，此时，领导者应充分授权，由下属自己决定何时、何地和如何做。因此，授权型的领导方式对于高度成熟的下属更为适用。

总之，领导生命周期理论为情景领导理论提供了又一个有用而易于理解的模型，该理论再次说明了并不存在一种万能的领导方式能适合各种不同的情景，领导的技巧需配合下属目前的成熟度，并帮助他们发展，加强自我控制。因此，各种领导风格必须因势利导、灵活运用。

管理案例

某校校长管理教师分三种情况：对青年教师，尤其是新来的教师，他每月交代一次任务，并告诉他们怎样去具体完成。对中年教师，他很注意关心他们的生活，教学工作上喜欢听取他们的意见。对老教师，除关心他们的身体外，对日常教学工作，校长一概不问。

青年教师还处于不成熟的阶段，校长采取的是命令式领导，布置任务，教给其方法。中年教师已进入比较成熟的阶段，校长对他们采取的是参与式领导，经常听取他们的意见。老教师已进入很成熟的阶段，校长对他们采取的是授权式领导。

思考：你对该校长的领导方式是如何看待的？

领导生命周期模型形象地反映了领导工作行为和下属的成熟程度的关系，对领导行为有一定指导作用。但是，不能教条地搬用这个理论。在现实的领导过程中，也不一定要求必须沿着这条曲线进行。

随着生产力和科学技术的进步，员工的受教育程度不断提高，同时也渐渐成熟。随着成熟度的改变，员工更多的是对归属和被认可、受人尊敬、发挥才能的需求，领导者应考虑到员工的这一变化。

第三节 领导艺术

引导案例

郭士纳的领导艺术

郭士纳在 1993～2002 年任 IBM 的 CEO，9 年的时间，他使 IBM 从病入膏肓的境地起死回生，实现了持续盈利，股价上涨了 10 倍，重新成为全球最赚钱的公司之一，并回到行业领先者的地位。郭士纳虽然出身哈佛大学商学院 MBA，并长期担任大公司的 CEO（其中在 RJR 食品公司的任职经历使他获得了“做饼干的郭士纳”的雅号），但他不懂信息技术，在进入 IBM 之前也没有 IT 企业的管理经验，那么，郭士纳究竟是凭借什么力量拯救了 IBM？

1. 以文化变革带动公司变革

在传统上，IBM 不失为一个具有优秀企业文化的公司（如老托马斯 • 沃森提倡的基本信仰：精益求精、高品质的客户服务、尊重个人），正是这些优秀的文化特质保证了 IBM 的持续卓越。但当郭士纳接任时，IBM 实际的组织文化已经脱离了这些基本信仰。唯因郭士纳不懂技术，所以他对 IBM 文化上的缺陷有着更敏锐的感触。他以重塑 IBM 文化为切入点开始了对 IBM 的整体变革。在上任初期，郭士纳通过两项文化变革使 IBM 风貌焕然一新：一是消除对客户需求的冷漠，强化客户导向文化；二是消除官僚习气和组织惰性，建立市场导向的变革文化。

2. 以文化为本打造领导团队

郭士纳实施文化领导的另一个重要手段是以文化（价值观）为本打造领导团队。他通过在“领导能力标准”中渗入所倡导的价值理念，使认同、恪行这些价值理念的经理人优先进入领导岗位，从而形成发挥文化领导力的核心力量（这一点与韦尔奇在 GE 推行的领导素质模型高度一致）。一方面，郭士纳十分重视领导团队的建设，他曾说：“如果你今天问我，什么是我在 IBM 任职期间自认为做得最出色的事，我会告诉你，这件事就是打造 IBM 的领导班子。”另一方面，郭士纳显然是在“以文化取人”，他说：“我把提升和奖励拥护新公司文化的高层经理当作我的最首要的任务。”

3. 原则替代规则

郭士纳亲自起草了 8 条规则，为了将这些规则付诸实施，郭士纳采取了三方面的有力措施：一是提出了行为变革要求，明确了实施规则的目标导向；二是成立了“高级领导集团”，为那些坚持“规则”的员工提供成为领导者的通道；三是建立了新的绩效评价系统。所有员工每年围绕体现 8 条规则的“力争取胜、快速执行、团队精神”三个方面制订“个人业务承诺”，并制订具体行动计划。

4. 激励取代强制

在以文化为基础的领导方式中，下属的理念认同是领导有效性的关键。因此，沟通、授权等领导技巧具有比在传统领导方式下更加重要的意义。郭士纳非常注重沟通，他说：“公司的变革需要 CEO 投入巨大的精力用于沟通、沟通、再沟通。如果没有 CEO 多年持续地致力于与员工进行当面沟通，而且是用朴素、简单易懂和有说服力的语言去说服员工行动起来，公司就不会实现根本的变革。”

思考：郭士纳的领导艺术体现在何处？谈谈你对领导艺术的理解。

案例启示：之所以说一个成功的企业领导者就是一个成功的指挥家，是因为所谓的企业领导力就是在企业发展道路上的一种正确的指挥能力。很多企业在日益竞争激烈的道路上面临着管理混乱和失败，就是因为企业领导者离开了自己指挥的位置，在管理上没有行使自己真正的指挥职责，或者说没能按照市场的发展要求变革自己的企业领导力，致使企业管理变得混乱而没有章则。因此，管理者必须重视企业领导力的变革发展。郭士纳就是采取了变革自身的领导艺术，才使 IBM 从病入膏肓的境地起死回生。虽然说郭士纳在走上 IBM 管理岗位之前，并没有 IT 企业的相关管理经验，但是他凭借对企业领导力的深入了解与运用，让奄奄一息的公司在这个竞争日益激烈的商业市场上起舞飞扬，重新展现出昔日的辉煌。

一、领导艺术的含义

领导艺术是指在领导的方式方法上表现出的创造性和有效性。一方面是创造性，是真善美在领导活动中的自由创造性。“真”是把握规律，在规律中创造升华，升华到艺术境界；“善”就是要符合政治理念；“美”是指领导使人愉悦、舒畅。另一方面是有效性，领导实践活动是检验领导艺术的唯一标准。

1. 领导艺术的特点

一是原则性与灵活性的统一，灵活性色彩更重。领导艺术具有高度的灵活性，领导者处理问题要遵循一定的原则，但不要将这些原则当作死板的教条，而是一切以时间、地点、条件、对象为转移，凭借广博的知识、丰富的经验灵活地运用原则。

二是规范性与创造性的统一，创造性色彩更重。没有最好的、普遍适用的领导方式方法，同时，领导艺术也没有固定不变的模式。领导艺术是领导者个人素质的综合反映，是因人而异的。黑格尔说过，“世界上没有完全相同的两片叶子”，同样也没有完全相同的两个人，没有完全相同的领导者和领导模式，可以说，有多少个领导者就有多少种领导模式。

2. 领导艺术的种类

领导艺术主要包括履行职能的艺术、人际关系的协调艺术以及提高领导工作有效性的艺术等。具体包括用人艺术、用权艺术、决策艺术、人际关系艺术、激励艺术、时间管理艺术等。

二、主要的领导艺术

1. 用人艺术

管理案例

刘邦以一介布衣提三尺宝剑崛起于乱世，诛暴秦，抗强敌，定天下。刘邦的成功，除了因为他敢于斗争、善于学习、能够在战斗中成长外，还因为他具有高超的领导艺术，他能够把一大批杰出人才团结在自己周围。在刘邦看来，用人是最重要的成功之道，刘邦的成功之道，就是他的领导艺术。刘邦能够最大限度地利用人才的长处：对会带兵的韩信，他敢放手给兵；对善于谋略的张良，在他手下能够运筹帷幄；对会管账的萧何，他能放手给钱。正是由于他能够信任人才，使用人才，充分地调动他们的积极性，又暗中加以防范和控制，他才能够把当时天下的杰出人才都集结在自己的周围，形成一个优化组合，从而战胜项羽，走向胜利。

（资料来源：http://gb.cri.cn/9223/2006/06/20/1266@1097445.htm.）

用人的方法和艺术在领导工作中占有特别重要的位置。1938年，毛泽东把领导者的职责归为“出主意，用干部”，将领导的决策与用人放在同等重要的位置。要想用好人，除了要端正用人思想，让那些想干事的人有事干，能干事的人干好事外，在用人技巧上还要注意以下问题：

1）善于用人所长

用人之诀在于用人所长，且最大限度地实现优势互补。用人所长，首先要注意“适位”。

陈景润如果不是被华罗庚发现，并将他调到数学研究所工作，他就难以摘取数学皇冠上的明珠。唐僧之所以能取经成功，主要是因为他能知人善任，把孙悟空、猪八戒、沙和尚安排到最适合他们的岗位上去，实现了人才所长与岗位所需的最佳组合。其次要注意适时。“用人用在精壮时”。界定各类人才所长的最佳使用期，不能单纯以年龄为依据，而应以素质为依据，对看准的人一定要大胆使用、及时使用。最后要注意适度。领导者用人不能搞“鞭打快牛”，“快牛”只能用在关键时候、紧要时刻，如果平时只顾用起来顺手、放心，长期压着那些工作责任心和工作能力都较强的人在“快车道”上超负荷运转，这些“快牛”必将成为“慢牛”，甚至是“死牛”。

2）善于用人所爱

有个中学生曾向比尔·盖茨请教成功的秘诀，盖茨对他说：“做你所爱，爱你所做。”爱因斯坦生前曾接到要他出任以色列总统的邀请，他却对这个不少人垂涎的职务婉言谢绝了，仍钟情于搞他的科研。正因为有了他这种明智的爱，才有了爱因斯坦这位伟大的科学家。领导者在用人的过程中，就要知人所爱、帮人所爱、成人所爱。

3）善于用人所变

鲁迅、郭沫若原来都是学医的，后来却成了中华民族的文坛巨匠。很多名人名家的成功人生告诉我们，人的特长是可以转移的，转移特长的人大都是一些创新思维能力较强的人。对这种人才，领导者应倍加珍惜，适时调整对他们的使用，让他们在更适合自己的发展空间里去施展才华。

2. 用权艺术

1）遵循民主原则

在社会主义社会，人民是国家的主人，领导者是社会的公仆，这就决定了领导者与被领导者一方面是权威与服从的关系，另一方面在政治上又是平等的。因此，领导者在行使权力的过程中必须充分认识到这一点，高度发扬民主。

遵循民主原则，领导者首先要有民主意识，自觉地意识到自己的权力是人民授予的，接受了这个权力就必须为人民办好事，就必须感到权力在手，也是责任在肩，不能有半点马虎。领导者手中掌握着大量的社会资源，稍有懈怠，就会造成无可挽回的损失。因此，领导在行使权力前，要多与群众交流意见，真正通过自己的权力为人民群众多谋福利。

其次要有平等意识。在使用权力的过程中，应该把下属视为同志和朋友，以平等的态度待人，不摆架子、不打官腔，与被领导者建立一种融洽的新型关系，使他们能自觉地服从你的领导。

同时还要有民主作风。要尊重群众、相信和依靠群众，广开言路，博采众长，特别要注意多听取不同意见再做决定，不能主观武断。

2）遵循依法原则

这里所说的法，是指法律、法令、制度、政策、规定等的总称。它体现了统治阶级的利益，在社会主义社会，它体现的是广大人民群众的根本利益和意志。

（1）注重法制，在自己职权范围内依法进行管理。管理一个国家需要国法，管理一个单位需要规章制度。因此，领导者在单位里行使权力，首先就要靠法制、规章来规范，建立切实可行的制度，真正做到有法可依、有章可循，明确什么可以做，什么不可以做，用以约束下属，也约束自己，这样用权就有了依据。

（2）依法用权。在一些领导干部中，仍然存在目无法纪、滥用权力，“以权代法”“以权藐法”“以权犯法”等现象。领导者要克服这些不良现象的影响，真正做到依法用权，增强法制观念，学法、知法、守法，自觉地接受法律对权力的制约。

3）遵循廉洁原则

随着社会经济生活的快速发展，尤其是随着市场经济中商品交换关系对领导与被领导关系的腐蚀越来越突出，不少领导者利用手中的权力来换取别人的钱、物或其他利益，包括物资的利益，也包括名誉、地位等精神的个人利益。而社会上一些不法分子也正是看准了这一点，不惜代价用他们的钱或其他所掌握的利益来做交易，用钱换权，然后利用领导者的权来为他们赚更多的钱大开方便之门。

领导者用权，必须特别注意防止以权谋私，一定要从根本上认清权力是人民给的，人民给你的权力是要用来为人民谋利益，而不是用来谋取私利的。还要看到，正如陈毅元帅所说的“手莫伸，伸手必被捉”，不要为了一点点蝇头小利而因小失“节”，一失足成千古恨。

4）正确授权

正确授权包括合理选择授权方式、授权留责（领导者将权力授予下级后，下级在工作中出了问题，上级负责任，领导也应负领导责任，士卒犯罪，过及主帅）、视能授权（领导者向下级授权，授什么权，授多少权，应根据下级能力的高低而定）、明确责权（领导者向被授权者授权时，应明确所授工作任务的目标、责任和权力，不能含糊不清、模棱两可）、适度授权（领导者授权时应分清哪些权力可以下授，哪些权力应该保留）、监督控制（领导者授权后，对下属的工作要进行合理的也即适度的监督控制，防止放任自流或过细的工作检查这两种极端现象）；逐级授权（领导者只能对自己的直接下级授权，不能越级授权）、防止反向授权等。

3. 决策艺术

决策是领导者要做的主要工作，决策一旦失误，对组织就意味着损失，对自己就意味着失职。这就要求领导者强化决策意识，尽力提高决策水平，尽量减少各种决策性浪费。

（1）决策前注重调查。领导者在决策前一定要多做些调查研究，搞清各种情况，尤其是要把大家的情绪和呼声作为自己决策的第一信号，不能无准备就进入决策状态。

（2）决策中注意民主。领导者在决策中要充分发扬民主，善于调动他人的积极性，借用“外脑”，优选决策方案。尤其是碰到一些非常规性决策，应懂得按照“利利相较取其大、弊弊相较取其小、利弊相较取其利”的原则，统筹兼顾，把握关键，适时进行决策。

（3）决策后狠抓落实。决策一旦定下来，就要认真抓好实施，做到言必信、信必果，绝不能朝令夕改。一个领导者在工作中变化太多，是一种不成熟的表现。

4. 人际关系艺术

（1）人际沟通艺术。对上请示沟通，平时要主动多向领导请示汇报工作。对下沟通协调，当下属在一些涉及个人利益的问题上与单位或对领导有不同意见时，领导者应通过谈心、交心等方式来消除彼此间的误解；对能解决的问题一定要尽快解决，一时解决不了的问题，也要说清原因，求得谅解。对外争让有度，大事要争，小事要让。

（2）说话的艺术。说话是一门艺术，它是反映领导者综合素质的一面镜子，也是下属评价领导者水平的一把尺子。领导者要提高说话艺术，除了要提高语言表达这一基本功外，关键要提高语言表达艺术，要做到言之有物、言之有理；态度和蔼，平等待人；尊重别人，注意方法；简化语言，积极倾听。

5. 激励艺术

领导者要想充分调动员工的积极性、主动性和创造性，就要学会如何去激励下属。

（1）激励要适时进行。美国前总统里根曾说过这样一句话："对下属给予适时的表扬和激励，会帮助他们成为一个特殊的人。"一个聪明的领导者要善于适时、适度地表扬下属，这种"零成本"激励往往会"夸"出很多为你效劳的好下属。

（2）激励要因人而异。领导者在激励下属时，一定要区别对待，最好在激励下属之前弄清楚被激励者最喜欢什么、最讨厌什么、最忌讳什么、尽可能"投其所好"，否则，就有可能好心办坏事。

（3）激励要多管齐下。激励的方式方法很多，有目标激励、榜样激励、责任激励、竞赛激励、关怀激励、物质激励等，但从大的方面来划分主要有精神激励和物质激励两类。领导者在进行激励时，要以精神激励为主，以物质激励为辅，这样的激励机制才是一种有效的激励机制，才是一种长效的激励机制。

6. 时间管理艺术

时间是一种无形的稀缺资源，领导者不能无视它，更不能浪费它。

1）学会管理时间

领导者管理时间应包括两个方面：一是要善于把握自己的时间。当一件事摆在领导者眼前时，应先问一问自己"这事值不值得做"，然后再问一问自己"是不是现在必须做"，最后还要问一问自己"是不是必须自己做"。只有这样才能把握好自己的时间。二是不随便浪费别人的时间。有人做过统计：某领导者有 3/5 的时间用在开会上。领导者要力戒"会瘾"，不要动不动就开会，不要认为工作就是开会。如果要开会，也应开短会，说短话，千万不要让无关人员来"陪会"，"浪费别人的时间等于谋财害命"。

2）养成惜时习惯

有研究表明：成功人士与非成功人士的一个主要区别就是成功人士年轻时就养成了惜时的习惯。要像比尔·盖茨那样：能站着说的东西就不要坐着说，能站着说完的东西就不要进会议室去说，能写个便条的东西就不要写成文件。只有这样才能养成惜时习惯。

本章重点知识归纳

1. 领导是指领导者依靠影响力指挥、带领、引导和鼓励被领导者或追随者，实现目标的活动和艺术。包括以下四个方面的内容：领导包含领导者和被领导者；领导是一种活动，是引导人们的行为过程，是领导者带领、引导和鼓舞被领导者去完成工作、实现目标的过程；领导的基础是领导者的影响力；领导的目的是实现组织的目标。

2. 领导的实质是追随关系，人们愿意追随某人，从而使他成为一名领导者。可以将领导定义为影响力，影响人们心甘情愿地、满怀热情地为实现群体的目标而努力的艺术或过程。领导=影响力=职位权力影响力+非职位权力影响力。

3. 领导作为一种影响力，其施加作用的方式或手段主要有指挥、激励和沟通。

4. 在管理实践中存在着专权型、民主型、放任型三种典型的领导方式。一般而言，民主型领导方式效果好，专权型方式次之，放任型方式效果最差。但是，上述结论不能绝对化，必须根据管理目标、任务、管理环境、条件，以及管理者自身因素灵活选择领导方式。最适合的领导方式才是最好的领导方式。

5. 坦南鲍姆和施密特提出的领导行为连续统一体理论认为领导风格与领导者运用权威的程度和下属在做决策时享有的自由度有关。

6. 布莱克和莫顿提出的管理方格理论认为存在贫乏型、任务型、俱乐部型、战斗集体型、中间型五种典型的领导方式。

7. 赫塞和布兰查德提出的领导生命周期理论认为领导采取何种领导风格与被领导者的成熟度有关。所谓成熟程度是指个体对自己的直接行为负责任的能力和意愿。

第六章想一想

第六章做一做

第六章 PPT

第七章 激 励

学习目标

通过本章的学习，学生应理解激励的内涵以及需要层次理论、X-Y 理论、双因素理论、期望理论、公平理论等理论的主要观点和方法；掌握激励的技巧并能加以综合运用，初步具备激励技能。

第一节　激励方式

引导案例

沃尔玛的员工激励

沃尔玛作为零售行业的老大，它有一个成功的奥秘，就是客户固然非常重要，但是善待自己的员工也等同于善待顾客。你越与员工共享利润，不管是以工资、奖金、红利方式，还是股票折让方式，源源不断流进公司的利润就会越多。因为员工会不折不扣地以管理层对待他们的方式来对待顾客。公司善待员工，给员工以归属感，那么员工就能够善待顾客，顾客就会不断地去而复返。顾客多了，销售额上升，利润自然也会上升，这正是零售行业利润的真正源泉。

为了激励员工不断取得最佳的工作业绩，沃尔玛公司设想出许多不同的计划和方法。其中最核心的一条是感激之情。山姆·沃尔顿相信所有人都喜欢受到别人的赞扬，希望得到别人的肯定。因此，公司应该找出值得表扬的事，寻找出色的东西，要让员工们知道他们的杰出表现，让他们知道自己对公司而言有多么重要。

公司专门创办了一本员工杂志——《沃尔玛世界》，这是一个对员工大加赞扬的讲坛。杂志上亲切地叙述着利润分成的不断增长，以及即将退休的员工得到的高额分红。而且，这会使员工们详细地回想起过去。不可避免地，人们常常会回想起山姆·沃尔顿，每当提起他时，员工们总是亲切地称他为山姆先生。“有两件他告诉过我们的事，我永远不会忘记，”杰希·兰卡斯特在一期特刊里说，这位店员曾在山姆·沃尔顿新港的第一个商店里工作过，后来调到新港的沃尔玛店，“他对我们的工作大加赞扬，他还会告诉我们，永远都要认为自己是无人能取代的重要人物。我以前从未听人说过，以后也再没有听到有人这样讲过。”沃尔玛的员工对公司、对山姆·沃尔顿有着一种异乎寻常的钟爱，他们也把同样的钟爱回报给了顾客。这使员工、公司、顾客都得到了益处。

沃尔玛公司还十分重视对员工的精神鼓励，总部和各商店的橱窗中都悬挂着先进员工的照片。各商店都会安排一些退休的老员工身穿沃尔玛工作服，佩戴沃尔玛标志，站在店门口迎接顾客，不时会有好奇的顾客同其合影留念。这不但使老员工起到了保安员的作用，也是对老员工的一种精神慰藉。公司还对特别优秀的管理人员授予“山姆·沃尔顿企业家”的称号。目前，此奖只授予了5个人，沃尔玛中国公司总裁就是其中的一个。

为了给予员工不断地激励，以鼓励他们创造更好的工作业绩，沃尔玛在激励制度方面不断做出努力和尝试，从各方面激发员工的工作热情。

1. 多种薪资制度相结合

沃尔玛在薪资给付时，针对员工本身的特点和工作情况，采用了多种计酬方式。

（1）固定薪资制。按照同行业比较认可的职位价值核定给薪标准，不断吸引人才加入。

（2）薪资加奖金制。除固定薪资外，另行增加销售奖金或目标达成奖金。

（3）单一奖金制。薪资所得完全来自奖金，没有保障薪资，奖金高低完全取决于销售成绩或达成目标的状况。

（4）钟点计薪制。以工作时数作为薪资计算的标准，主要用于吸引兼职人员。另外这一方法也对工作累计达一定时数的员工产生了持续的激励作用。

（5）论件计酬制。工资=生产件数×每件工资额，沃尔玛把它使用于包装工人的身上，大大提高了员工的办事效率和积极性。

2. 奖金及福利制度

（1）固定奖金方式。沃尔玛采用固定月数的年终奖金，消除了员工的担心和紧张。

（2）依公司营运状况决定方式。沃尔玛对员工的一部分奖金金额依公司年度营运状况而定，将员工绩效表现及员工职级列入发放参考指标。

（3）依部门目标达成状况决定。依照部门目标设定的预拨比例金额发放，采用每月或每年目标达成即发放的方式。

（4）保险：劳工保险、公司团体保险、员工意外险及汽车保险等。

（5）休闲：国内外旅游招待或补助、休闲俱乐部会员卡、社团活动、员工休闲中心等。

（6）补助：子女教育补助、急难救助、紧急贷款、生日礼物、购物折扣等。

（7）进修：在职进修、岗内培训等。

（8）奖励：分红奖金、员工入股、资深职工奖励、退休金等。

3. 晋升制度

（1）明确的晋升渠道。进入一家公司后的未来升迁发展，经常是员工最关注的问题，因此，沃尔玛将晋升路线制度化，并让员工充分知悉这一制度，使员工对其职业生涯发展有明确的依循方向。

（2）公平的评选方式。沃尔玛晋升的选拔完全取决于员工的个人业绩及努力程度，而非上级主管个人的喜好。

（3）晋升与训练相结合。员工参与晋升选拔过程，首先要参与相关训练，考试测验合格才能取得晋升资格，如此对人员素质的提升大有裨益。

沃尔玛在实现对员工的激励工作中，充分协调了以上的方法和手段，使员工充分发挥了各自的才能和工作能力，为公司创造了一次又一次的销售高峰。

思考：按照马斯洛的需要层次理论，应该如何进行员工激励？

案例启示：按马斯洛需要层次理论，人的行为动力来源于主导的需要层次，需要层次从低到高的顺序为：生理需要、安全需要、社交需要、尊重需要和自我实现需要。

因此，在进行员工激励时，首先要搞清楚员工所处的需求层次，然后有针对性地采取相应措施进行激励，这样才能取得较好的效果。

如果一家公司能善待自己的员工，给员工以安全感和归属感，那么员工就能够切实得到激励，以公司为家，进而就能够善待公司的顾客，从而使公司客户源源不断地增加，并最终帮助公司实现利润的增加。为了激励员工不断取得最佳的工作业绩，沃尔玛公司采用了众多激励方法，其中，最核心的一条是感激之情。公司经常寻找员工值得表扬的事，让员工知道自己的杰出表现，进而起到了激励的作用。

一、激励的内涵

1. 激励的概念

所谓激励，就其表面意思而言是激发和鼓励的意思。在管理工作中可以将其定义为调动人的积极性的过程，或者更完整地讲，是一个为了特定的目的而对人们的内在需要或动机施加影响，从而引导或改变、强化人的行为的反复过程。激励能够激活人的潜能，使其产生更高的绩效。

2. 激励的过程

激励的实质就是通过一定的手段对人的需求或动机施加影响从而达到引导、改变、强化人的某种行为的目的，换言之，激励过程是一个引导、改变和强化人的行为的过程，如图 7-1 所示。因此，研究激励首先必须了解人的行为过程。

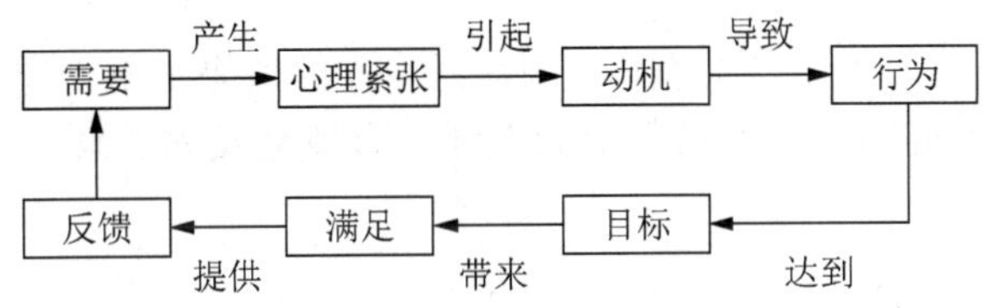

图 7-1 人的行为激励过程

人的行为过程的起点是需要。需要是人们得到某种事物或实现某种目标的渴求、欲望。人的需要既包括基本的生理需要，也包括各种社会需要。除最基本的生理需要外，人的需要往往不是独立的、内生的，而是受环境影响的。例如，杂志封面上的漂亮人物可能会引起女士们购买化妆品的欲望；有的本科生毕业后在工作岗位上受挫，可能会激发起其考研的想法。

当人的需要未得到满足时，心理上往往会产生不安和紧张（典型的如抽烟、酗酒、上网等），这种心理的紧张状态会引起一种内在的驱动力，使人倾向于采取某种行为来满足需要，这种驱动力就是动机。当然，在一定范围内或外部条件下，这种驱动力不足以使人采取现实的行为。但是，当这种驱动力或动机达到一定程度时，人们就会采取一系列寻找（搜索）、选择、接近和达成目标的现实行为。如果人的行为达成了目标，就会产生生理或心理上的满足。这个过程是重复性的。

管理故事

一天，渔夫看见一条蛇咬着一只青蛙，渔夫为青蛙感到难过，便决定救这只青蛙。他靠近了蛇，轻轻地将青蛙从蛇口中拽了出来，青蛙得救了。但渔夫又为蛇感到难过：蛇失去了食物。于是，渔夫取出一瓶威士忌，向蛇口中倒了几滴。蛇愉快地游走了。青蛙也显得很快乐。渔夫满意地笑了。可几分钟以后，那条蛇又咬着两只青蛙回到了渔夫的面前……

激励是什么？激励就是让人们很乐意去做那些他们感兴趣的又能带来最大利益的事情。当然，关键是要用合适、正确的方法去引导，并让他们做好。

二、激励的原则

1. 合理性原则

激励的合理性原则包括两层含义：其一，激励的措施要适度，要根据所实现目标本身的价值大小确定适当的激励量；其二，奖惩要公平。

2. 引导性原则

激励措施只有转化为被激励者的自觉意愿才能取得激励效果。因此，引导性原则是激励过程的内在要求。

3. 时效性原则

要把握激励的时机，“雪中送炭”和“雨后送伞”的效果是不一样的。激励越及时，越有利于将人们的激情推向高潮，使其创造力连续、有效地发挥出来。

4. 目标性原则

在激励机制中，设置目标是一个关键环节。美国行为学家吉格勒指出：设定一个高目标就等于实现了目标的一部分。目标设置必须同时体现组织目标和员工需要的要求。

5. 按需激励原则

激励的起点是满足员工的需要，但员工的需要因人而异、因时而异，并且只有满足最迫切需要（主导需要）的措施，其效价才高，其激励强度才大。因此，领导者必须进行深入的调查研究，不断了解员工的需要层次和需要结构的变化趋势，有针对性地采取激励措施，才能收到实效。

6. 物质激励和精神激励相结合的原则

物质激励是基础，精神激励是根本。在两者结合的基础上，逐步过渡到以精神激励为主。

7. 正激励与负激励相结合的原则

所谓正激励就是对员工的符合组织目标的期望行为进行奖励。所谓负激励就是对员工违背组织目的的非期望行为进行惩罚。正负激励都是必要而有效的，不仅作用于当事人，而且会间接地影响周围其他人。

8. 明确性原则

激励的明确性原则包括三层含义：

其一，明确。激励的目的是明确需要做什么和必须怎么做。

其二，公开。特别是在处理分配奖金等员工关注的问题时，公开更为重要。

其三，直观。实施物质奖励和精神奖励时都需要直观地表达它们的指标，总结、授予奖励和惩罚的方式。直观性与激励影响的心理效应成正比。

三、激励的作用

对一个企业来说，科学的激励制度至少具有以下几个方面的作用。

1. 开发员工的潜在能力，促进员工充分发挥其才能和智慧

美国哈佛大学的威廉·詹姆斯教授在对员工激励的研究中发现，按时计酬的分配制度仅能让员工发挥20%～30%的能力，如果受到充分激励，员工的能力可以发挥出80%～90%，两种情况之间60%的差距就是有效激励的结果。管理学家的研究表明，员工的工作绩效是员工能力和受激励程度的函数，即绩效=*f*（能力，激励）。如果把激励制度对员工创造性、革新精神和主动提高自身素质的意愿的影响考虑进去，激励对工作绩效的影响就更大了。

2. 创造良性竞争环境

科学的激励制度包含一种竞争精神，它的运行能够创造出一种良性的竞争环境，进而形成良性的竞争机制。在具有竞争性的环境中，组织成员会受到来自环境的压力，这种压力将转变为员工努力工作的动力。正如麦格雷戈所说："个人与个人之间的竞争，才是激励的主要来源之一。"在这里，员工工作的动力和积极性的提高成为激励工作的间接结果。

3. 留住优秀人才

德鲁克认为，每一个组织都需要三个方面的绩效：直接的成果、价值的实现和未来的人力发展。缺少任何一方面的绩效，组织注定非垮不可。因此，每一位管理者都必须在这三个方面均有贡献。在三个方面的贡献中，对未来的人力发展的贡献就是来自激励工作。

4. 吸引优秀人才

发达国家的许多企业，特别是那些竞争力强、实力雄厚的企业，会通过各种优惠政策、丰厚的福利待遇、快捷的晋升途径来吸引企业需要的人才。

四、激励的类型

不同的激励类型对行为过程会产生程度不同的影响，所以激励类型的选择是做好激励工作的一项先决条件。

1. 内激励与外激励

所谓内激励是指由内酬引发的、源于工作人员内心的激励；所谓外激励是指由外酬引发的、与工作任务本身无直接关系的激励。内酬是指工作任务本身的刺激，即在工作进行

过程中所获得的满足感，它与工作任务是同步的。锻炼自己、乐在其中、追求成长、获得认可、自我实现等内酬所引发的内激励，会产生一种持久性的作用。外酬是指工作任务完成之后或在工作场所以外所获得的满足感，它与工作任务不是同步的。如果一项又脏又累、谁都不愿干的工作有一个人干了，那可能是因为完成这项任务将会得到一定的外酬（奖金及其他额外补贴），一旦外酬消失，他的积极性可能就不存在了。所以，由外酬引发的外激励是难以持久的。

2. 正激励与负激励

正激励与负激励作为激励的两种不同类型，目的都是要对人的行为进行强化，不同之处在于二者的取向相反。正激励起正强化的作用，是对行为的肯定；负激励起负强化的作用，是对行为的否定。

3. 物质激励与精神激励

虽然物质激励与精神激励的目标是一致的，但是它们的作用对象却是不同的。前者作用于人的生理方面，是对人物质需要的满足；后者作用于人的心理方面，是对人精神需要的满足。随着人们物质生活水平的不断提高，人们对精神与情感的需求越来越迫切，如期望得到爱、得到尊重、得到认可、得到赞美、得到理解等。

五、早期的激励理论

（一）马斯洛的需要层次理论

人的一切行为都是受到激励而产生的。人类行为都是具有一定的目的和目标的，而这种有目的的行为又总是离不开满足需求的欲望。人是由满足许多需求的欲望所激励的，这些需求可以分成不同类型。美国社会心理学家马斯洛在其1943年出版的《人的动机理论》一书中提出了需要层次理论，系统地阐述了人类需求的规律。

1. 需要层次理论的内容

（1）人类的需要分为五个层级。

第一，生理需要。这是人类为了维持其生命最基本的需要，也是需要层次的基础。如衣食住行、空气和水等这类需求得不到满足，人类的生存就成了问题。从这个意义上来说，这些基本的物质条件是人们行为最强大的动力。马斯洛认为，这些需要还未达到足以维持人们生命之时，其他需要将不能激励他们。他说："一个人如果同时缺少食物、安全、爱情及价值等，则其最强烈的渴求当推对食物的需要。"一般来说，生理需要的满足都与金钱有关。

第二，安全需要。一个人的生理需要得到一定的满足之后，他就会产生安全需要。即不仅考虑到眼前，还要考虑到今后，考虑到自己的身体免遭危险，考虑到已获得的基本生理需要及其他的一切不再丧失和被剥夺，如要求摆脱失业的威胁，要求在生病及年老时生活有保障，要求工作安全并免除职业病的危害，希望解除严格的监督以及不公正的待遇，希望有干净和有秩序的环境，希望免除战争和意外的灾害等。

第三，社交需要。当生理及安全的需要得到相当程度的满足后，社交的需要便占据主导地位。因为人类是有感情的动物。他希望与别人进行交往，避免孤独，希望与伙伴和同事之间和睦相处，关系融洽。他希望归属于一个团体以得到关心、爱护、支持、友谊和忠诚。人为什么要归属于一个团体？因为人们有一种把与自己信念相同的人找出来的倾向，以此来肯定自己的信念，特别是当一种信念岌岌可危时尤为如此，这时他们便聚在一起，并试图对所发生的事态及他们的信仰达成一个共同的认识。爱是较高级的社交需要为了爱，人们甚至可以舍弃一切。社交需要比生理和安全需要来得细致，各个人之间的差别性也比较大，它和一个人的性格、经历、教育、信仰都有关系。

第四，尊重需要。当一个人开始满足归属感的需要以后，他通常不只是满足于作为群体中的一员，进而产生尊重需要，即希望别人尊重自己的人格和劳动，对自己的工作、人品、能力和才能给予承认并给予公正的评价；希望自己在同事之间有较高的地位、声誉和威望，从而得到别人的尊重并发挥一定的影响力。

第五，自我实现需要。马斯洛认为这是最高层次的需要。当尊重需要得到满足以后，自我实现需要就成为第一需要。自我实现需要就是要实现个人理想和抱负，最大限度地发挥个人潜力并获得成就，实现自我价值。这是一种“希望能成就他独特性的自我的欲望，希望能成就其本人所希望成就的欲望”。这种需要往往是通过胜任感和成就感来获得满足的。所谓胜任感是指希望自己担当的工作与自己的知识、能力相适应，工作带有挑战性，负有更多的责任，工作能取得好的结果，自己的知识与能力在工作中也能得到发展。所谓成就感表现为进行创造性的活动并取得成功。具有这种特点的人一般会给自己设立相当困难但可以达到的目标，而且往往把工作中取得的成就本身看得比成功以后所得到的报酬更为重要。

以上五种需要的关系可以用图 7-2 表示。

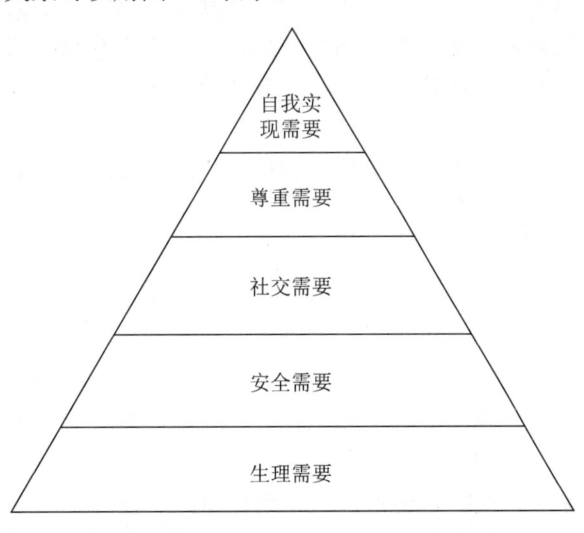

图 7-2 马斯洛的需要层次理论

（2）五种需要呈递进关系，即五种需要并不并列，而是从低到高排列。一般而言，生理、安全和社交需要属于较低层次的、物质方面的需要；尊重和自我实现需要则属于较高层次的、精神方面的需要。马斯洛认为，人的需要遵循递进规律，在较低层次的需要得到满足之前，较高层次的需要的强度不会很大，更不会成为主导的需要。当低层次的需要获得相对的满足后，下一个较高层次的需要就占据了主导地位，成为驱动行为的主要动力。

（3）人的需要具有个体差异性，即人的需要是由主导需要决定的。马斯洛认为，由于各人的需要结构发展的状况不同，这五种需要在体内形成的优势位置也就不同，但是任何一种需要并不因为高层次的要求获得满足而自行消失，只是对行为的影响比重减轻而已。此外，当一个人的高级需要和低级需要都能满足时，他往往会追求高级需要。因为高级需要更有价值，只有当高级需要得到满足时，才能获得更深刻的幸福感和满足感。但是如果满足了高级需要，却没有满足低级需要，有些人可能会牺牲高级需要而去谋取低级需要，但有些人可能会为了满足高级需要而舍弃低级需要。

2. 需要层次理论的贡献

马斯洛的需要层次理论揭示了人类需要的类型和发展规律，启发人的认识，对现代管理者具有很强的影响，提供了一些有用的思想，以帮助管理者考虑如何激励员工。由于对该模型的广泛熟悉，现代管理人员能够更好地确认和接受员工的需要，承认不同员工会有不同的需要，满足其尚未实现的特定需要，认识到提供相同的报酬（特别是用来满足低级需要的）对于激励的作用是递减的。

3. 需要层次理论的不足

从一个实用的角度来看，为所有员工提供自我实现的机遇是一件不容易的事情。另外，研究无法表明只存在这五个需要水平，并且也无法建立从低水平需要向高水平需要发展的五步序列。但是，一些证据表明只有当两个低级需要（生理和安全的需要）得到基本满足后，员工才会关心自己的高级需要。另外，许多证据表明只存在较少的需要水平。

对马斯洛的观点存在着许多争论。许多人从不同的角度批判马斯洛的观点或者提出自己的需要层次学说，但到目前为止，马斯洛的观点仍然是被广泛传播的一种。

管理案例

汤姆是一家软件公司的销售经理，能力强，热爱工作，成绩显著。今年他升任上海总公司的销售经理，薪水也增加了，但是，近期他不但没有工作热情，甚至还有了辞职的念头。为什么升职、加薪反而要辞职呢？经了解，原来引起汤姆不满的因素来自他的上司。他的上司对汤姆到上海工作颇不放心，担心他做不好，总是安排给他一些很简单的工作，并且在汤姆工作时也经常干预。汤姆工作能力较强，习惯独立思考问题、解决问题，对上司的频繁干预，他非常不习惯，并逐渐产生不满情绪。

这个案例应当引起经理的关注。仅仅通过加薪、晋级不一定能有效激励员工，经理还应该根据下属的特点，做好其他方面的工作。例如，汤姆的上司应该花一定的时间了解下属，在了解的基础上信任下属，给他充分展示自己的舞台。当然，要让下属长期保持旺盛的士气绝非如此简单。上司还应当采取其他的激励方法，如尊重、关爱、赞美、宽容下属等。还有，提供适当的竞争环境，给下属指出奋斗的目标，帮助下属规划其发展的蓝图，恰到好处地批评等。

（二）X-Y 理论

X 理论和 Y 理论是关于人们工作原动力的理论，由美国心理学家道格拉斯·麦格雷戈 1960 年在其所著的《企业中人的方面》一书中提出。这是一对基于两种完全相反假设的理论，X 理论认为人们有消极的工作原动力，而 Y 理论则认为人们有积极的工作原动力，麦格雷戈认为，传统理论是以对人性的错误看法为基础的，这种理论把人看作天性厌恶工作、逃避责任、不诚实和愚蠢等。因此，为了提高劳动生产效率，就必须采取强制、监督和惩罚的方法。麦格雷戈把这种理论称为 X 理论。与之相对的是 Y 理论，其基本观点是：人并不是被动的，人的行为受动机支配，只要创造一定的条件，他们会视工作为一种得到满足的因素，就能主动把工作干好。因此，对于工作过程中存在的问题，应从管理上找原因，排除职工积极性发挥的障碍。麦格雷戈把这种理论称为 Y 理论。他认为 X 理论是一种过时的理论，只有 Y 理论才能保证管理的成功。

1. X-Y 理论的主要内容

X 理论：员工天生不喜欢工作，只要有可能就会逃避工作；由于员工不喜欢工作，因此必须对他们采取强制的措施或惩罚的办法，迫使他们去实现组织的目标；员工只要有可能就会逃避责任，安于现状；大多数员工喜欢安逸，没有雄心壮志。

X 理论的管理要点：

① 管理者以经济目的——获得利润为出发点来组织人、财、物等生产要素。

② 管理是一个指挥他人的工作、控制他人的活动、调整他人的行为以满足组织需要的过程。

③ 管理的手段或者是奖惩，制定严格的管理制度，建立权威、严密的控制体系，或者是采用松弛的管理方法，宽容和满足人的各种要求，求得相安无事。

Y 理论：员工视工作如休息、娱乐一般自然；如果员工对某项工作做出承诺，他们会进行自我指导和自我控制，以完成任务；一般而言，每个人不仅能够承担责任，而且会主动承担责任；绝大多数人都具备做出正确决策的能力，而不仅仅是管理者具备这一能力。

Y 理论的管理要点：

① 管理要通过有效地综合运用人、财、物等生产要素来实现企业的各种目标，把人安排到具有吸引力和富有意义的岗位上工作。

② 重视人的基本特征和基本需求，鼓励人们参与自身目标和组织目标的制订，把责任最大限度地交给工作者。

③ 要用信任取代监督，以启发与诱导代替命令与服从。

总之，管理过程主要是一个创造机会、挖掘潜力、排除障碍、鼓励发展的帮助引导的过程。

2. X-Y 理论的贡献

① X-Y 理论阐述了人性假设与管理理论的内在关系，即人性假设是管理理论的哲学基础；提出了“管理理论都是以人性假设为前提的”重要观点，这表明麦格雷戈已揭示了人本管理原理的实质。

② X-Y 理论关于“不同的人性假设在实践中就体现为不同的管理观念和行为”的观点，动态地分析了人性假设的变化对管理理论的影响，进而提出了管理理论的发展也是以人性假设的变化为前提的研究课题。

③ X-Y 理论提出的管理活动中要充分调动人的积极性、主动性和创造性，实现个人目标与组织目标一体化等思想以及参与管理、丰富工作内容等方法，对现代管理理论的发展和管理水平的提高具有重要的借鉴意义。

3. X-Y 理论的局限性

① 麦格雷戈对人性的基本估计过于绝对和偏激。X 理论过低地估计了人的能动性，Y 理论则把人完全理性化。

② X 理论并非一无是处，Y 理论也未必普遍适用。管理应针对不同的情况，科学地选择和综合运用科学理论。

（三）赫兹伯格的双因素理论

1. 双因素理论的内容

美国心理学家赫兹伯格提出了双因素理论，主要反映在他《工作的激励因素》（1959 年）和《工作与人性》（1966 年）两部著作中。他认为，使职工感到满意的因素与使职工感到不满意的因素是大不相同的。使职工感到不满意的因素往往是由外界环境引起的，使职工感到满意的因素通常是由工作本身产生的。赫兹伯格发现造成职工非常不满的原因有公司政策、行为管理和监督方式、工作条件、人际关系、地位、安全状况和生活条件等。这些因素的改善只能消除职工的不满、怠工与对抗，但不能使职工变得非常满意，也不能激发他们工作的积极性，促进生产，赫兹伯格把这一类因素称为保健因素，即只能防止疾病，治疗创伤，但不能增强体质。赫兹伯格还发现使职工感到满意的原因有工作富有成就感、工作成绩能得到认可、工作本身具有挑战性、负有较大的责任、在职业上能得到发展等。这类因素的改善能够激发职工的工作热情，从而提高生产率。如果处理不好，也可能引起职工不满，但影响不是很大，赫兹伯格把这类因素称为激励因素，保健因素与激励因素如表 7-1 所示。

表 7-1　保健因素与激励因素

保健因素（环境）	激励因素（工作本身）
金钱	工作本身
监督	赏识

续表

保健因素（环境）	激励因素（工作本身）
安全	进步
工作环境	成长的可能性
政策与行动	责任
人际关系	成就
	地位

赫兹伯格认为，传统的满意与不满意的观点是不正确的。满意的对立面应当是没有满意，不满意的对面应该是没有不满意。

2. 双因素理论的贡献

双因素理论告诉我们一个事实：采取了某种激励机制的措施以后并不一定能带来满意；满足各种需要所引起的激励深度和效果是不一样的；要调动人的积极性，不仅要注意物质利益和工作条件等外部因素，更要注意用一些内在因素来调动人的积极性。

3. 双因素理论的不足

赫兹伯格调查取样的数量和对象缺乏代表性；赫兹伯格在调查时，问卷的方法和题目有缺陷；赫兹伯格认为，满意和生产率的提高有必然的联系，而实际上满意并不等于劳动生产率的提高；赫兹伯格将保健因素和激励因素截然分开是不妥的。

4. 双因素理论与需要层次理论的关系

赫兹伯格的双因素理论和马斯洛的需要层次理论是兼容并蓄的。只不过马斯洛的理论是针对需要和动机而言的，而赫氏理论是针对满足这些需要的目标和诱因而言的。由此可见，生理、安全、社交以及自尊需要中的地位为保健因素，而自尊中的晋升、褒奖和自我实现需要为激励因素。

六、当代的激励理论

（一）麦克利兰的三种需要理论

美国哈佛大学教授戴维·麦克利兰是当代研究动机的权威心理学家。他从 20 世纪 40～50 年代开始对人的需要和动机进行研究，提出了著名的三种需要理论。他认为个体在工作情境中有三种重要的动机或需要：

（1）成就需要（need for achievement）：争取成功，希望做得最好的需要。

（2）权力需要（need for power）：影响或控制他人且不受他人控制的需要。

（3）亲和需要（need for affiliation）：建立友好亲密的人际关系的需要。

麦克利兰认为，具有强烈的成就需要的人渴望将事情做得更为完美，提高工作效率，获得更大的成功，他们追求的是在争取成功的过程中克服困难、解决难题、努力奋斗的乐趣，以及成功之后的个人成就感，他们并不看重成功所带来的物质奖励。麦克利兰发现高成就需要者的特点是：他们寻求那种能发挥其独立处理问题能力的工作环境；他们希望得到有关工作绩效的及时明确的反馈信息，从而了解自己是否有所进步；他们喜欢设立具有适度挑战性的目标，不喜欢凭运气获得的成功，不喜欢接受那些在他们看来特别容易或特别困难的工作任务。高成就需要者事业心强，有进取心，敢冒一定的风险，比较实际，大多是进取的现实主义者。高成就需要者对于自己感到成败机会各半的工作，表现得最为出色。

权力需要是指影响和控制别人的一种愿望或驱动力。不同人对权力的渴望程度也有所不同。权力需要较高的人喜欢支配、影响他人，喜欢对别人发号施令，注重争取地位和影响力。他们喜欢具有竞争性和能体现较高地位的场合或情境，他们也会追求出色的成绩，但他们这样做并不像高成就需要的人那样是为了个人的成就感，而是为了获得地位和权力或与自己已具有的权力和地位相称。权力需要是管理成功的基本要素之一。

亲和需要就是寻求被他人喜爱和接纳的一种愿望。有高亲和动机的人更倾向于与他人交往，至少为他人着想，这种交往会给他带来愉快。高亲和需要者渴望友谊，喜欢合作而不是竞争的工作环境，希望彼此间沟通与理解，他们对环境中的人际关系更为敏感。有时，亲和需要也表现为对失去某些亲密关系的恐惧和对人际冲突的回避。亲和需要是保持社会交往和人际关系和谐的重要条件。

麦克利兰的三种需要理论在管理中具有较大的应用价值。首先，在人员的选拔和安置上，测量和评价一个人动机体系的特征对于如何分派工作和安排职位有重要的意义。其次，由于具有不同需要的人需要不同的激励方式，因此，了解员工的需要与动机有利于合理建立激励机制。再次，麦克利兰认为动机是可以训练和激发的，因此，可以训练和提高员工的成就动机，以提高生产率。

（二）强化理论

强化理论是美国的心理学家和行为科学家斯金纳、赫西、布兰查德等人提出的一种理论。斯金纳生于 1904 年，于 1931 年获得哈佛大学心理学博士学位，并于 1943 年回到哈佛大学任教，直到 1975 年退休。1968 年他曾获得美国全国科学奖章，是第二个获得这种奖章的心理学家。他在心理学的学术观点属于极端行为主义，其目标在于预测和控制人的行为而不去推测人的内部心理过程和状态。他提出了一种操作条件反射理论，认为人或动物为了达到某种目的，会采取一定的行为作用于环境。当这种行为的后果对他有利时，这种行为就会在以后重复出现；不利时，这种行为就会减弱或消失。人们可以用这种正强化或负强化的办法来影响行为的后果，从而修正其行为，这就是强化理论，也叫作行为修正理论。

（1）正强化。就是奖励那些符合组织目标的行为，以便使这些行为得以进一步加强，重复出现，从而有利于组织目标的实现。正强化是用某种有吸引力的结果对某一行为进行奖励和肯定，以期在类似条件下重复出现这一行为。

（2）负强化。就是惩罚那些不符合组织目标的行为，以便使这些行为削弱，甚至消失，从而保证组织目标的实现。负强化是预先告知某种不合要求的行为和不良绩效可能引起的后果，从而减少和削弱不希望出现的行为。

（3）自然消退。取消正常强化，对某种行为不予理睬。

（4）惩罚。惩罚是用某种带有强制性的、危险性的结果来消除某种行为重复发生的可能性。

正强化的科学方法是：应使强化的方式保持间断性，间断的时间和数量也不固定，即管理人员应根据组织的需要和职工的行为状况，不定期、不定量地实施强化。

负强化的科学方法是：要维持其连续性，对每次不符合组织目标的行为都应及时地给予处罚。

强化理论的产生表明人的行为不论是顽固的还是脆弱的，不论是习惯的还是偶然的，都是可以改变的；管理者可以采用一些有效的方法改变作业人员的习惯和行为，并使这种改变朝着有利于企业目标的方向发展。在安全管理上，就可以具体地研究如何纠正习惯性违章、鼓励遵章守纪、规范作业人员的行为以及如何采取有效的奖惩制度，来使作业人员的行为朝有利于安全生产的方向变化；采取不同的强化手段和方法，对人的行为改变的效果不同，针对安全管理的不同需求和具体的管理对象可以采取有效的强化方法来提高安全管理的绩效。

（三）期望理论

期望理论（expectancy theory），又称作“效价-手段-期望理论”，是由美国著名心理学家和行为科学家维克托·弗鲁姆于1964年在《工作与激励》一书中提出的激励理论。

期望理论是以三个因素反映需要与目标之间的关系的。要激励员工，就必须让员工明确：一是工作能提供给他们真正需要的东西；二是他们欲求的东西是和绩效联系在一起的；三是只要努力工作就能提高他们的绩效。这种需要与目标之间的关系用公式表示为

激励力（工作动力）=期望值（工作信心）×效价（工作态度）

这种需要与目标之间的关系用过程模式表示即

个人努力→个人成绩（绩效）→组织奖励（报酬）→个人需要

1. 期望公式

弗鲁姆认为，人们采取某项行动的动力或激励力取决于其对行动结果的价值评价和预期达成该结果可能性的估计。换言之，激励力的大小取决于该行动所能达成目标并能导致某种结果的全部预期价值乘以他认为达成该目标并得到某种结果的期望概率。用公式可以表示为

$$M=\sum V\times E$$

式中，M 为激发力量，指调动一个人的积极性，激发人内部潜力的强度；V 为效价，指实现到目标对于满足个人需要的价值；E 为期望值，是人们根据过去经验判断自己达到某种目标或满足需要的可能性是大还是小，即能够实现目标的主观概率。

1）效价

效价是指实现目标对于满足个人需要的价值。同一目标，由于各人所处的环境不同，需求不同，其需要的目标价值也就不同。同一个目标对每个人可能有三种效价：正、零、负。如果个人喜欢其可得的结果，则为正效价；如果个人漠视其结果，则为零值；如果不

喜欢其可得的结果，则为负效价。效价越高，激励力量就越大。

该理论指出，效价受个人价值取向、主观态度、优势需要及个性特征的影响，可以根据行为的选择方向进行推测，假如个人可以自由地选择 X 结果和 Y 结果中的任一个，在相同的条件下，如果选择 X，即表示 X 比 Y 具有正效价；如果选择 Y，则表示 Y 比 X 具有正效价。也可以根据观察到的需求完成行为来推测。例如，有人认为有价值的事物，其他人可能认为它毫无价值；1000 元奖金对生活困难者可能很有价值，而对百万富翁来说意义不大。一个希望通过努力工作得到升迁机会的人，在他心中，升迁的效价就很高；如果他对升迁漠不关心，毫无要求，那么升迁对他来说效价就等于零；如果这个人对升迁不仅毫无要求，而且害怕升迁，那么升迁对他来说，效价就是负值。吃喝的数量和质量可以表明需求完成的情况，如果吃得多、吃得快，说明食品具有正效价。

2）期望值

期望值是指人们判断自己达到某种目标或满足需要的可能性的主观概率。目标价值大小直接反映人的需要动机的强弱，期望概率反映人实现需要和动机的信心强弱。弗鲁姆认为，人总是渴求满足一定的需要并设法达到一定的目标。这个目标在尚未实现时，表现为一种期望。期望的概念就是指一个人根据以往的能力和经验，在一定的时间里希望达到目标或满足需要的一种心理活动。

对于目标的期望值怎样才算适合？有人把它形容为摘苹果。只有跳起来能摘到苹果时，人才最用力去摘。倘若跳起来也摘不到，人就不跳了。如果坐着能摘到，无须去跳，人便不会努力去做。由此可见，领导者给员工制订工作定额时，要让员工经过努力就能完成，再努力就能超额，这才有利于调动员工的积极性。定额太高使员工失去完成的信心，他就不努力去做；太低，唾手可得，员工也不会努力去做。因为期望概率太高、太容易的工作会影响员工的成就感，失去目标的内在价值。所以领导者制订工作、生产定额，以及使员工获得奖励的可能性都有个适度问题，只有适度才能保持员工恰当的期望值。

弗鲁姆认为，期望的东西不等于现实，期望与现实之间一般有三种可能性，即期望小于现实，期望大于现实，期望等于现实。这三种情况对人的积极性的影响是不同的。

一是期望小于现实，即实际结果大于期望值。一般地说，在正强化的情况下，如奖励、提职、提薪、分房子等，当现实大于期望值时，有助于提高人们的积极性。在这种情况下，能够增强信心和激发的力量。而在负强化的情况下，如惩罚、灾害、祸患等，期望值小于现实，就会使人感到失望，因而产生消极情绪。

二是期望大于现实，即实际结果小于期望值。一般地说，在正强化的情况下，便会产生挫折感，对激发力量产生削弱作用。如果在负强化的情况下，期望值大于现实，则会有利于调动人们的积极性，因为这时人们做了最坏的打算和准备，而结果却比预想的好得多，这自然对人的积极性是一个很大的激发。

三是期望等于现实，即人们的期望变为现实。所谓期望的结果，是人们预料之中的事。在这种情况下，一般地说，也有助于提高人们的积极性。如果从此以后，没有继续给以激励，积极性则只能维持在期望值的水平上。

2. 效价与期望值的关系

在实际生活中，每个目标的效价与期望常呈负相关。难度大、成功率低的目标既有重大社会意义，又能满足个体的成就需要，具有高效价；而成功率很高的目标则会由于缺乏挑战性，做起来索然无味，从而导致总效价降低。因此，设计与选择适当的外在目标，使其既给人以成功的希望，又使人感到值得为此而奋斗，就成了激励过程中的关键问题。

3. 期望模式

在期望模式中，个人努力指始发行为的强度；个人成绩指个人预期达到的成绩或外界确定的成绩标准，它作为一级目标，是个体获取组织奖励的工具；组织奖励包括内在奖励（如赋予重任、提供发展机会等）和外在奖励（如提薪、晋级等）两种，它作为二级目标，是个体满足个人需要的工具；个人需要指个体尚未得到满足的优势需要，它是外在目标发挥激励作用的内在基础。在这个期望模式中，需要兼顾三个方面的关系。

（1）努力—绩效关系（如果我付出了最大努力，能否达到组织要求的工作绩效水平，是否会在绩效评估中体现出来）：人们总是希望通过一定的努力达到预期的目标，如果个人主观认为达到目标的概率很高，就会有信心，并激发很强的工作力量；反之，如果他认为目标太高，通过努力也不会有很好的绩效，就失去了内在的动力，导致工作消极。

（2）绩效—奖励关系（如果达到这一绩效水平，组织会给我什么样的奖赏或报酬）：指个体经过努力取得良好工作绩效所带来的对绩效的奖赏性回报的期望。人总是希望取得成绩后能够得到奖励，当然这个奖励是综合的，既包括物质上的，也包括精神上的。如果个体认为取得绩效后能得到合理的奖励，就可能产生工作热情，否则就可能没有积极性。

（3）奖励—个人需要关系（这一报酬是否是我所急需的，对我重要吗）：任何结果对个体的激励影响的程度，取决于个体对结果的评价，即奖励与满足个人需要的关系。人总是希望自己所获得的奖励能满足自己某方面的需要。然而由于人们在年龄、性别、资历、社会地位和经济条件等方面都存在着差异，他们对各种需要得到满足的程度就不同。因此，对于不同的人，采用同一种奖励办法能满足他们的需要程度不同，能激发的工作动力也就不同。

4. 期望理论的贡献

第一，期望理论提出了目标设置与个人需求相统一的理论。期望理论假定个体是有思想、有理性的人。对于他们生活和事业的发展，他们有既定的信仰和基本的预测。因此，在分析激励雇员的因素时，我们必须考查人们希望从组织中获得什么以及他们如何能够实现自己的愿望。

第二，期望理论也是激励理论中为数极少的量化分析理论。这一理论并不满足于对问题的定性说明，还非常重视定量分析。它通过对各种权变因素的分析，正确说明了人们在多种可能性中所做出的选择。也就是说人们的行为选择通常是效用最大的，或者说人们的现实行为是其激励力量最大的行为选择。这不仅是激励理论的重要发展，同时在实践中也更具操作性。

（四）公平理论

公平理论又称社会比较理论，它是美国行为科学家斯塔西·亚当斯在《工人关于工资不公平的内心冲突同其生产率的关系》（1962，与罗森合著）、《工资不公平对工作质量的影响》（1964，与雅各布森合著）、《社会交换中的不公平》（1965）等著作中提出的一种激励理论。该理论侧重于研究工资报酬分配的合理性、公平性及其对职工生产积极性的影响。

该理论的基本要点是：人的工作积极性不仅与个人实际报酬的多少有关，而且与人们对报酬的分配是否感到公平更为密切。人们总会自觉或不自觉地将自己付出的劳动代价及其所得到的报酬与他人进行比较，并对公平与否做出判断。公平感直接影响职工的工作动机和行为。因此，从某种意义来讲，动机的激发过程实际上是人与人进行比较，做出公平与否的判断，并据以指导行为的过程。

1. 公平理论内容

公平理论的基本观点是，当一个人做出了成绩并取得了报酬以后，他不仅关心自己所得报酬的绝对量，而且关心自己所得报酬的相对量。因此，他要进行种种比较来确定自己所获报酬是否合理，比较的结果将直接影响今后工作的积极性。

（1）横向比较，即他要将自己获得的报偿（包括金钱、工作安排以及获得的赏识等）与自己的投入（包括教育、努力及耗用在职务上的时间等）的比值和组织内其他人做社会比较，只有比值相等，他才认为公平：

$$O_P/I_P = O_c/I_c$$

式中，O_P为自己对所获得报酬的感觉；O_c为自己对他人所获得报酬的感觉；I_P为自己对个人所做投入的感觉；I_c为自己对他人所做投入的感觉。

当上式为不等式时，可能出现以下两种情况：

$$O_P/I_P < O_c/I_c \text{ 或 } O_P/I_P > O_c/I_c$$

当$O_P/I_P < O_c/I_c$时，第一种办法是他可能要求增加自己的收入或减小自己今后的努力程度，以便使左方增大，趋于相等；第二种办法是他可能要求组织减少比较对象的收入或者让其今后增大努力程度以便使右方减小，趋于相等。此外，他还可能找其他人作为比较对象，以便达到心理上的平衡。

当$O_P/I_P > O_c/I_c$时，他可能要求减少O_P或从开始时主动多做些工作，但久而久之，他会重新估计自己的技术和工作情况，觉得他确实应当得到那么高的待遇，于是产量便又会回到过去的水平了。

（2）纵向比较，即把自己目前投入的努力与目前所获得报偿的比值，同自己过去投入的努力与过去所获报偿的比值进行比较。只有比值相等，他才认为公平：

$$O_{pp}/I_{pp} = O_{pi}/I_{pi}$$

式中，O_{pp}为自己对现在所获得报酬的感觉；O_{pi}为自己对个人现在投入的感觉；I_{pp}为自己对过去所获得报酬的感觉；I_{pi} 为自己对个人过去所做投入的感觉。

当上式为不等式时，可能出现以下两种情况：

$$O_{pp}/I_{pp} < O_{pi}/I_{pi}$$

$$O_{pp}/I_{pp} > O_{pi}/I_{pi}$$

当出现 $O_{pp}/I_{pp} < O_{pi}/I_{pi}$ 这种情况时，人会有不公平的感觉，这可能导致工作积极性下降。

当出现 $O_{pp}/I_{pp} > O_{pi}/I_{pi}$ 这种情况时，人不会因此产生不公平的感觉，但不会觉得自己多拿了报偿，从而主动多做此工作。

2. 分析与启示

公平理论表明组织成员的积极性与其所得报酬的绝对值并无直接必然的联系，而与自己和家人的报酬/贡献的相对比较值密切相关，同时管理者应尽量避免私心和偏见，做到一碗水端平。

第二节 激励技巧

引导案例

奖赏真的是有效的激励手段吗

林肯公司通过把报酬和绩效相联系，成功地激励了工人。公司上下 2300 名员工都参与了这项公司的激励计划，全体员工，除了两人——公司董事长和总裁，都享受年度分红，公司董事长和总裁的报酬是按销售百分比计算的，如果销售下降，他们首先降低报酬。

有一个委员会对每项工作进行评估，然后得出一种公平的每个小时的最低报酬率。林肯公司还实行一种计件制，工人可以根据他所生产的产品的多少来获得相应的酬劳。公司的所有工作岗位都有报酬范围（每小时报酬或薪水），这样一来，工作能力最强的人可以达到他所在的那个特别工作岗位的报酬最高点。

每六个月，公司总裁都要亲自审核这 2300 名员工的奖励等级。每位员工按照四种绩效类型进行评定：产出、质量、依存性（无监督的工作能力）、合作和观念。这项制度 50 多年来一直沿用至今，年终奖金平均达到基本报酬的 95.5%。换句话说，员工因为年终分红的好处，年收入普遍翻了一番。

林肯公司还在行业中因其始终如一的激励制度名列世界第一，公司员工的成本率非常低，而产品的质量却非常高，公司从来没碰到过什么大挫折，也没有任何债务，尽管头几年经济衰退。林肯公司免费举办激励管理研讨会，作为对产业的回报。

有的公司是用有形的奖赏来加强优质服务，如金西食品公司创建了一种服务优质的评定制度；惠普公司检查服务质量的方法是让消费者打电话给公司的服务工程师，以此判断公司的服务质量，如果客户对他们的口碑好，工程师就有资格增加25%的薪水和提升。相比之下，索尼公司在美国子公司的高层主管并不相信额外奖赏会产生高绩效，他们认为，拥有工作并保留工作应该就足够了。质量权威人士菲利普·克罗斯比相信给予奖金会使工作落于俗套，并淡化职业道德。他说，奖金发完之时，也就是激励终止之日。

（资料来源：徐艳梅，2005．管理学原理[M]．北京：北京工业大学出版社.）

思考：你认为林肯电气公司的全员参与激励计划能长期有效果吗？你是否赞同案例中克罗斯比对资金激励的观点？试说明理由。

案例启示：林肯电气公司的激励计划已沿用了50多年，这充分证明其长期有效的可能性非常大，原因如下：

（1）参与激励计划的员工数量多，对岗位的覆盖面广。

（2）其激励计划遵循了公平原则。

（3）高层领导重视，成为一把手工程。

（4）对激励计划的执行坚持不懈，而不是搞运动。

（5）享受激励好处的员工比较普遍，且激励程度较大，年收入普遍翻一番。

克罗斯比对资金激励的观点有一定道理，但不完全正确。克罗斯比的观点无视奖金有激励作用，结合赫兹伯格的双因素理论和马斯洛的需要理论来看，克罗斯比的观点只说对了一半，即奖金是保健因素，而非激励因素，但是不同的员工，其所处的需要层次不同，或者同一员工会处在不同的时期，奖金的激励作用还是非常大的。但运用奖金进行激励时要注意不能落于俗套。总之，应结合员工的需求进行操作。

一、根据人格类型进行激励

（一）人格类型

研究表明，从人格的角度进行分析，人可以表现为四种类型：指挥型、关系型、智力型、工兵型，如表7-2所示。

表7-2　人格类型的特征及管理要点

人格类型	特征	管理要点
指挥型	喜欢以自我为中心，能够承担自己的责任，对管理他人感兴趣，但不是个人主义者；重事不重人，公事公办，务实而讲效率，喜欢奖赏；重视结果，懂得竞争，以成败论英雄，轻视人际关系	对于指挥型的人，你要表明你的建议是合情合理和卓有成效的；从他的角度设想；只提供有限的选择余地，不要把权力过于下放；让他们带头去做，还要注意其他员工的想法，不要为了照顾某一名下属的情绪而忽视了其他员工；加快工作节奏，让他们较高效率地工作；支持他们的结论，摆事实，重结果，提出更好更完整的看法，不能放任他们，否则后果不堪设想
关系型	重人不重事，善于处理人际关系，比较随和乐观，很少盛气凌人；优柔寡断，希望别人关注他们，没有观众，他们是不能努力工作的	你在他们陈述时要表现出热情和激动，使陈述和讨论迅速进展，不要吝惜表扬，但不要与他们的关系过于亲密，导致公私不分，影响正当的工作关系和交往，使自己处于被动的局面，从而对其他的员工没有说服力和失去领导力

续表

人格类型	特征	管理要点
智力型	偏好思考，富有探索精神，对事物的来龙去脉总是刨根问底，乐于收集信息，不讲究信息的实用性；工作起来条理分明，但过分注重细节，常常因局部小利益而造成全局波动，他们是完美主义者；他们懂的很多，但是不懂的更多	与他们交流时必须有充分的准备，有事实和数据的支持，避免空谈观点和意见，不要让他们总处于思考阶段，要协调部下的业绩、目标，另外不要让智力型的人把你拐带跑了而脱离了公司的大环境
工兵型	他们是天生的被管理者，忠诚可靠，但缺乏创意，他们乐于从事单调重复的工作，因为这样他们感到心里踏实；他们遵守规章制度，善于把握分寸，喜欢在旧环境中从事熟悉的工作，能弄清职责的权限，绝不会越线；他们只做分内的事，不愿指挥他人，而且也只要自己应得的那份报酬	要注重友谊和感受，给他们以关心和培育对他们支持和帮助，因为他们不轻易地改变决定，要与他们建立一种牢固的工作协作关系，给他们制定明确的目标和拟订计划，帮他们克服犹豫不决，培养其自信心和果敢性

（二）激励技巧

在实施激励时，不能对所有的员工都使用同一种方式，而应该针对其不同的人格类型来进行。

1. 对指挥型下属的激励

（1）别试图告诉他们怎么做。指挥型的人有自己的主意，他们倾向于告诉别人怎么做，而不是让人来告诉他们怎么做。假如你善意地想对他们进行指导，他们的反应可能是："知道了，知道了。"其实，他们并不一定什么都知道，但是他们愿意自己决定如何行事。对他们进行指导时，你要特别注意使用较为委婉的话语。

（2）让他们按照自己的方式行事。指挥型的人可能极度相信自我，总是认为自己的想法是对的，不妨让他们按照自己的想法做事情，如果他们能够达到预期的目标，就给予其正面的鼓励；如果不能达到预期目标，让他们找出自己的失误之处，并提出改进的措施。

（3）让他们承担需要高效率完成的任务。指挥型的人比较注重效率，他们需要快节奏的工作。给他们分配需要高效率完成的工作，有利于调动他们的积极性。

（4）鼓励竞争。指挥型的人重视结果，懂得竞争，可以利用他们这一特性，调动他们的积极性。

2. 对关系型下属的激励

（1）关心他们的个人生活。关系型的人希望得到他人的关注，对于领导者的关心，他们回报的可能就是努力工作。

（2）给他们安全感。关系型的人对人际关系特别敏感，假如领导者疏忽了这一点，他们可能觉得领导者对他们产生了不好的看法，他们可能整天发愁："他是不是瞧不起我？"所以，领导者要让他们感觉到自己是他们的朋友。

（3）及时与他们沟通。及时与关系型的人沟通，是使他们获得安全感的重要手段。

（4）安排工作时，强调工作的重要性，指明不完成工作对他人的影响，他们会因此而努力拼搏。

（5）表扬他们对团队所做的贡献。关系型的人与指挥型的人在团队中表现出很大的差异，后者以自我为中心，强调他们对团队的贡献并没有多大作用，而前者则刚好相反。

3. 对智力型下属的激励

（1）与他们探讨问题。智力型的人喜欢刨根问底，与他们交流时必须有充分的准备，有事实和数据的支持。作为职业经理，你要与他们一起探讨问题，这会使他们觉得自己受到尊重。

（2）让他们自己制订方案。智力型的人喜欢提出解决问题的办法。在工作中，可以让他们自己制订方案，然后你再对方案进行审查和修订，最后把方案返回给他们，再次与他们一起探讨方案修订后的效果，这是对他们的信任和认同的一种表示。

（3）不要试图说服他们。智力型的人有探索精神，他们较难接受别人的想法。如果他们的想法不会影响到工作，那么，别指望说服他们改变想法，因为你可能需要很多时间和精力。

4. 对工兵型下属的激励

（1）为他们做出决定。工兵型的人愿意在别人的安排下工作，他们不会自己想办法解决问题，而总是一板一眼地按照规章制度行事。

（2）经常鼓励他们。工兵型的人之所以愿意听别人的安排，原因就在于他们缺乏信心。困难可能会使他们没有信心继续下一步的工作，他们面对问题，会困惑不安，也不会主动向别人请教，而是一个人钻牛角尖。作为上司，要经常鼓励他们，并提供相应的帮助。

（3）不要勉强他们。工兵型的人只做分内的事情，喜欢在旧环境中从事熟悉的工作，不要勉强他们做他们不愿去接触的事情。

二、物质激励与精神激励相结合

（一）物质激励

物质资料是人类生存与发展必不可少的物质条件。物质需要是社会生活中最基本的需要，它是人们从事一切社会活动的基本动因，由此而产生的物质利益关系是社会关系中最根本的关系，所以物质激励在现代企业管理过程中是必不可少的一种激励方式。

1. 建立合理的薪酬结构

薪酬永远是激励员工的一个重要手段，是一种基于员工切身利益而进行的有效激励。因此，企业领导应使员工的薪酬结构更合理、更完善。员工的薪酬结构应包括：保障性薪酬，与员工的业绩关联不大；变动性薪酬，是以员工业绩为依据，根据员工季度或年度绩效考核的结果，给予相应的加薪、奖金等；非现金的股票期权、股票增值、劳动分红等制度。这样的薪酬结构既能保障员工的基本生活需要，又能激发员工的积极性，为企业留住人才。

2. 实行动态的薪酬差别激励

没有差别的薪酬仍是"平均主义"，因此，企业领导应以员工绩效为导向，以"高绩效、高奖励"为标杆实行动态的、有弹性的薪酬差别激励。物质激励多以加薪、减薪、奖金、奖品、罚款等形式出现，当然还有员工持股、带薪休假等形式。企业可根据员工的实际工作表现，给予相应的有层次的薪酬，这样，企业形成"能者多酬，庸者少薪"的薪酬分配方式，打破内部分配的"大锅饭"现象，充分调动员工的首创精神，积极发挥主人翁精神。

当然，没有约束的激励也不是好的激励方式。物质激励虽然能够激发员工的积极性，但它不是万能的，使用不好也会起到负面作用。必要时还可以减薪或罚款，以达到杀一儆百的效果。负面物质激励适用于有统一规定和统一标准的工作，原则上应一视同仁。

（二）精神激励

1. 给予充分的成长空间，让员工实现自我价值

根据马斯洛的需要层次理论，人的需要是有层次的。人处于不同年龄和事业的不同发展阶段，其需要是不同的。例如，刚参加工作的员工对物质方面的需求比较高，应视员工的实际工作表现尽量满足，以调动其工作积极性。而对于有一定物质基础的员工来说，其需要较多的是精神需要，他们关注更多的是工作岗位给他提供的发展空间以及对其事业发展的影响力如何，个人能力能否得到最佳发挥。这时精神激励尤显重要，领导应极力保护员工积极的工作态度和热情，给他们提供有利于个体发展的各种机会。

儒家文化强调个体"齐家、治国、平天下"的社会功能，这也就是说，每个人都有自己的人生追求与目标，每人都信奉"天生我材必有用""英雄有用武之地"，这种自我实现的需要是人类最基本的精神需要，美国国家罐头食品有限公司总裁弗兰克·康塞汀说：我要使我的下级有这样一种信念，就是为他们所做的工作感到自豪——甚至当这个工作是擦地板时。如果你使人们对他们的工作有自豪感，这比给他们报酬要好得多，你在给他们地位、被认可感和满足感。

2. 恰当地评判与赞美

评判激励就是对人的某种行为做出一定的反应，或是肯定的表扬、称赞或是否定的批评、反对。一般对于个体人和群体人，我们都可相对地把其行为评定为优秀、一般和较差或优秀、良好和一般。对一个人的工作行为，不仅领导有一个评判，而且本人也有一个评判。如果领导的评判低于个人评判，可能会影响个人的工作积极性；如果领导评判高于本人评判，可能会极大地提高工作热情。恰当的评判会使员工更加努力地朝着更高层次的目标迈进。

但也要因人而异。评价人之前在于识人，根据成就需要理论，对于有较高成就感的人，恰当的赞美会收到更好的效果。丘吉尔说过：你要别人具有怎样的优点，你就要怎样地去赞美他。莎士比亚认为：赞美是照在人心灵上的阳光，没有阳光我们就不能生长。所以领导者对下属的评判、赞美要比心理上的评价提高一个层次，从而起到激励和正面引导的作

用。赞美激励要注意使用对象和场合，提高一个评价层次的激励适合于个人在私下场合或整个群体的公开场合，对于确实优秀的个体，宜采取公开场合，树立典型。美国的汽车大王艾柯卡指出：批评一个人用电话，表扬一个人用书面，书面表扬能体现领导的重视程度和对成绩的充分肯定。

3. 关怀激励

“对待朋友，要像春天般温暖；对待敌人，要像秋风扫落叶一样。”百度公司除了薪酬和奖金制度外，还为员工提供了多样的福利项目，如提供免费早餐和报销加班交通费，为员工购买保险，为员工高薪聘请保健医生等，这些高效的关怀无疑为员工提供了最有效的保障。因此，企业领导在对待员工上，应打消他们的各种顾虑，体现更多的人文关怀，使员工体会到一种春天般的温暖，从而激发员工的主动性和创造性。

管理故事

北风和南风比威力，看谁能把行人身上的大衣脱掉。北风首先来一个寒冷刺骨，结果行人把大衣裹得紧紧的。南风则徐徐吹动，顿时风和日丽，行人因为觉得春意上身，始而解开纽扣，继而脱掉大衣，南风获得了胜利。

温暖胜于严寒。领导者在管理中运用“南风”法则，要尊重和关心下属，以下属为本，多点人情味，使下属真正感觉到领导者给予的温暖，从而去掉包袱，激发工作的积极性。

4. 提供培训

在人力资源向人力资本转化过程中，培训至关重要。宝洁、摩托罗拉等公司的员工培训正从“费用”演变为“投资”进而演变为“福利”。因此，企业领导应明确培训是企业给予员工最好的福利待遇，应重视员工的培训，这样既可提高员工的综合素质，又可增强企业的综合竞争力。

5. 讲究负面批评艺术

精神激励也包括负面的批评，当下属工作中出现失误时，过分的难堪则会大大挫伤乃至毁灭他们的积极性，所以领导批评员工时，就事批评事，批评点不批评面，尤其是不能由一件事而指向人的基本素质——道德品质、能力等。领导表扬员工时，可就事表扬人及人的较高素质。

总之，激励过程中，要坚持物质激励和精神激励结合运用，以精神激励为主，精神激励贯穿始终。要坚持正激励和负激励结合运用，以正激励为主。实践证明，正面激励和引导的效果远大于负面惩罚，当然关键时候，负激励、逆反激励也是必不可少的。

三、注意激励的时机把握

无论是正面激励，还是负面激励，都要及时。延时的正面激励使员工的行为得不到及时强化，需要得不到及时满足，不能及时树立典型，发挥榜样的作用，达不到激励的效果。延时的负面激励使激励对象不能深刻认识自己的不足，同时有助于他人不良思想和行为的滋生蔓延，尤其是“算总账式”的负面激励会引发被激励者强烈的委屈感，被批评者和受惩罚者会认为这是小题大做，或者否认对自己的批评和惩罚，因为时间已经淡化了当事人对自己过失的深刻认识，而更加牢记自己的功劳，这是人性的特点决定的。

传统文化宣扬“小不忍，则乱大谋”，在某种意义上说是正确的，但在企业运行中，领导切不可一味地“忍”，虽“忍一时风平浪静”，但这无疑为后来的量变到质变铺路架桥。因此，激励要恰到好处，把握时机和火候，在员工犯错误时应及时指出，让员工认识到批评错误是帮助其成长。在员工取得成绩时，应及时给予鼓励，让员工认识到自身价值。

四、塑造浓厚的企业文化

企业文化是激励机制中的一个重要因素，文化激励是一种长效激励机制。只有当企业文化真正融入每个员工个人的价值观时，他们才能把企业目标当成自己的奋斗目标。企业领导在广泛征求员工意见的基础上出台一套大多数人认可的制度，将制度对员工的约束转化为员工的自觉行为，使员工把企业的工作看成是自己的事业，为员工提供发展的空间和舞台，正如海尔集团那样“你能翻多大跟头，我就给你搭多大舞台”。对无法量化的工作奖励，不同的人可能对其公平性看法不同，这时应突出培养员工的奉献精神和进取精神，使员工树立大局观念，不计个人得失，但前提必须建立在企业人员素质评价、绩效考评体系合理全面，避免激励的绝对化。

人力资源管理的实践经验和研究表明，员工都有参与管理的要求和愿望，创造和提供一切机会让员工参与管理，是调动他们积极性的有效方法，塑造一种“事事有人管，人人都管事”的文化氛围。

本章重点知识归纳

1. 激励是心理学上的术语，管理学上的激励是一种精神力量或状态，在管理中发挥着增强、激发和推动的作用，并引导行为指向目标。激励的实质是动机的激发。所谓动机是指个体通过高水平的努力而实现组织目标的愿望，而这种努力又能满足个体的某些需要。动机中有三个关键要素：需要、努力、组织目标。

2. 麦克利兰的成就需要理论认为人的需要主要有三种：成就需要、权力需要、亲和需要。

3. 弗鲁姆的期望理论认为当人们预期某种行为能给个人带来既定结果，且这种结果对个体具有吸引力时，个人才会采取这一特定行为。也就是说，当人们预期自己的行为将达到某个他向往的目标（如奖酬）时，而且这个目标实现的可能性较大且非常重要的时候，他们被激励的程度或动机水平才会最大。

4. 斯金纳的强化理论认为行为是由环境因素导致的。人们为了达到某种目的，就会采取一定的行为，这种行为将作用于环境，当行为结果对他有利时，这种行为就会重复出现；当行为结果对他不利时，这种行为就会减弱或消失。这就是环境对行为强化的结果。

5. 亚当斯的公平理论主要研究的是奖励与满足的关系问题，侧重于工资报酬分配的合理性、公平性对职工积极性的影响，主要用在分配上。认为当一个人做出了成绩并取得报酬之后，他不仅关心自己所得报酬的绝对量，而且关心自己所得报酬的相对量。因此，他要进行种种比较来确定自己所得报酬是否合理，比较的结果将直接影响到他今后的工作积极性。

6. 激励时应当根据人格类型进行激励，应当物质激励与精神激励相结合，并注意激励的时机把握，塑造浓厚的企业文化。

第七章想一想

第七章做一做

第七章 PPT

第八章
沟　　通

学习目标

通过本章的学习，学生应理解沟通的含义、沟通方式及沟通过程，掌握沟通过程中存在的障碍，学会有效沟通，初步具备沟通技能。

第一节 沟通概述

引导案例

小道消息传播带来的问题

斯塔福德航空公司是美国西北部一个发展迅速的航空公司。然而，最近在其总部出现了一系列的传闻。公司总经理波利想出卖自己的股票，但又想保住自己总经理的职务，这已是公开的秘密了。他为公司制订了两个战略方案：一个是把航空公司的附属单位卖掉；另一个是利用现在的基础重新振兴发展。他自己曾经对这两个方案的利弊进行了认真的分析，并委托副总经理本查明提出一个参考的意见。本查明曾为此起草了一份备忘录，随后让秘书比利打印。比利打印以后到职工咖啡厅去喝咖啡。在喝咖啡时比利碰到了另一个副总经理肯尼特，并将这一秘密告诉了他。

比利对肯尼特悄悄地说："我得到了一个最新消息。他们正在准备成立另外一家航空公司。他们虽说不会裁员，但是我们应该联合起来，有所准备啊。"这些话又被办公室的通讯员听到了。他又高兴地立即把这个消息告诉他的上司巴巴拉。巴巴拉又为此事写了一份备忘录给负责人事的副总经理马丁。马丁也加入了他们的联合阵线，并认为公司应保证兑现其不裁减职工的诺言。

第二天，比利正在打印两份备忘录。备忘录却被路过办公室探听消息的莫罗看见了，莫罗随即跑到办公室说："我真不敢相信公司会做这样的事情，我们要卖给航空公司了，而且要大量减员呢！"

这个消息传来传去，3天后又传回总经理波利的耳朵里。他也接到了许多极不友好甚至是敌意的电话和信件，人们纷纷指责他企图违背诺言而大批解雇工人；有的人也表示为与别的公司联合而感到高兴。波利则被弄得迷惑不解。

思考：总经理波利需要怎样做才能使传闻得到澄清？

案例启示：斯塔福德航空公司发生了通过非正式沟通渠道传递信息失真的现象。由于错误的信息被人们信以为真，员工们纷纷对公司这一战略加以评论，更有甚者向总经理发来不友好的信件等，一时间干扰了总经理的工作，也为公司新的战略计划的制订与执行增添了无形的阻力。

总经理波利可以采用以下方案使问题得到澄清：方案 1，通过正式沟通渠道来澄清问题；方案 2，通过非正式沟通渠道来澄清问题；方案 3，利用时间效应来消除小道消息的负面影响。

沟通是现代管理的神经系统。企业如果没有有效的沟通，可能会成为可怕的"植物人企业"。沟通不仅仅是组织管理的重要手段和方法，也是人们日常生活中不可缺少的重要内容。随着技术的进步，在工作、学习和生活中，我们经常会通过电话、传真、电子邮件、手机短信等越来越丰富的沟通手段不断与他人进行沟通，但随之而来的是我们对于沟通的焦虑和无奈。例如，“我昨天不是给你发邮件了吗？你为什么没有参加合作单位的开业典礼？”“我没有收到你的邮件！”“那你为什么不告诉我？”“你的邮件我都没有收到，你让我告诉你什么？”这是我们经常听到的由于沟通不畅而产生的抱怨。这是由于邮件传输问题，导致沟通出现障碍，没有实现有效的沟通。

我们经常看到一个公司在创办初期，公司的沟通是有效的，每个主管和工人都认识老板，老板能叫出大多数人的名字，员工和管理层关系相当融洽，大家没有等级和地位的差异，几乎每天都在一起，白天一起工作，晚上一起娱乐，员工觉得他们了解公司管理者，管理者也认为他们知道员工的喜怒哀乐。员工对公司怀有强烈的忠诚感，公司与员工的关系十分密切、和谐。可是随着公司的繁荣壮大，员工不像以前那样理解管理者了，甚至不像以前那样与管理者亲近了，员工好像有意躲避管理者。高层管理者对很多员工不熟悉，对于管理者提出的管理目标，很多人不理解，有的甚至不认同。部门之间开始扯皮，出了问题互相推卸责任，部门之间来往较少，不知道对方在忙些什么。部门内部经常会出现各种各样的问题，公司也出现大量的无效重复劳动。从以上可以看出公司在沟通方面出现了问题。如何进行有效的沟通成为管理者应该关注的问题。

一、沟通的含义

企业管理过程中每一件事都包含着沟通的任务。(注意:不是一些事情,而是每一件事!)管理者没有信息就不可能做出决策，而一旦做出决策，没有沟通就不可能实现目标。因此企业管理者和员工都要从各自的角度认识沟通的重要性，掌握沟通的有效方法，否则就会陷入无穷无尽的问题与困境之中。

沟通是指为了实现组织目标，信息从发送者到接收者的传递和理解的过程。首先，沟通包含着意义的传递。如果信息或想法没有被传送到，则意味着沟通没有发生。也就是说，说话者没有听众或写作者没有读者则都不能构成沟通。其次，要使沟通成功，信息不仅需要被传递，还要被理解。

根据上述定义，沟通的含义应包括以下四个方面：

（1）沟通是有目的性的，信息发送者与信息接收者之间进行沟通不是为了传递信息，就是为了传递情感。总之，两者之间的沟通是为了实现一定的目标，不存在没有目的性的沟通。

（2）沟通是双方的行为，必须有信息的发送者和接收者。其中，双方既可以是个人，也可以是群体或组织。

（3）沟通是一个传递和理解的过程。如果信息没有被传递给对方，则意味着沟通没有发生。而信息在被传递之后还应该被理解，如一个人收到一封英文信件，但他却不认识里面的英文单词，所以即使信件被传达到收件人手中，也无法实现有效的沟通，因为信件里面表达的信息和情感没有被收件人理解。一般来说，信息经过传递之后，接收者感知到的信息与发送者发出的信息完全一致，才是一个有效的沟通过程。

（4）要有信息内容，并且这种信息内容不像有形物品一样由发送者直接传递给接收者。

在沟通过程中，信息的传递是通过一些符号来实现的，如语言、身体动作和表情等，这些符号经过传递，往往附加了发送者和接收者一定的态度、思想和情感。

沟通是指两个以上的人或组织为达成共识所进行的信息分享。为使组织赢得竞争优势，管理者应致力于提高效率，保证质量，保持对顾客的关心和创新。开展有效沟通是实现组织目标的有效手段之一，对赢得竞争优势也是必要的。

管理者能通过采用更有效的新技术改造工艺流程，以及通过训练员工掌握新技术和更多技巧来提高效率。良好的沟通对管理者学习新技术、在组织中实施新技术和训练员工运用新技术是必要的。同样，有效的沟通也是改进质量的关键。管理者需要让组织的所有成员明白提高质量的意义和重要性，以及达到高质量的途径。为提高质量，下属需要与他们的主管就存在的问题与建议进行沟通，自我管理工作团队的成员们需要相互交流思想。

良好的沟通对提高对顾客需求的响应速度也是有帮助的。当组织中最接近顾客的成员，如百货商店的售货员、银行的出纳，向管理者反映顾客的需求与欲望时，管理者最好能做出回应。相应地，管理者也需要与组织的其他成员沟通，以便决定怎样更好地适应顾客变化的偏好。

二、沟通的方式

在沟通过程中，如果沟通双方能够灵活运用沟通方式，那么沟通可以取得良好的效果。例如，某部队的刘师长亲自将委任李红星为副团长的委任状交给他，临走时又拍拍李红星的肩膀说："小伙子好好干，前途无量。"在这个过程中，刘师长灵活地采用了多种沟通方式，不仅实现了传达信息的沟通目的，而且使整个沟通过程充满赞赏与鼓励。管理者只有熟悉沟通方式，才能灵活运用。沟通方式可以从以下几个方面进行分类。

（一）按照信息传递媒介划分

按照信息传递媒介划分，沟通可分为口头沟通、书面沟通、非语言沟通、电子媒介沟通。这是组织中使用最普遍的沟通划分。

1. 口头沟通

人们之间最常见的交流方式是交谈，也就是口头沟通。常见的口头沟通包括演说、正式的一对一讨论或小组讨论、非正式的讨论以及传闻或小道消息的传播。口头沟通的优点是比较灵活，速度快，双方可以自由讨论，有亲切感，便于及时进行反馈。在这种方式下，信息可以在最短的时间里被传送，并在最短的时间里得到对方的回复。如果接收者对信息有疑问，迅速的反馈可以使发送者及时检查其中不够明确的地方并进行改正。

但是，当信息经过多人传送时，口头沟通的主要缺点便会暴露出来。在此过程中卷入的人越多，信息失真的潜在可能性就越大。每个人都以自己的方式解释信息，当信息到达终点时，其内容常常与最初大相径庭。如果组织中的重要决策通过口头沟通在权力金字塔中上下传递，则信息失真的可能性相当大。同时，口头沟通对沟通双方的个人表达能力要求比较高；口头沟通具有时效性，有一过即逝的特点；由于种种原因（如自身口语表达能力差、对信息发送者权威的敬畏等）影响沟通，许多信息接收者会对信息的理解囫囵吞枣或断章取义，从而可能导致信息失真的可能性。

管理故事

有一个秀才去买柴，他对卖柴的人说："荷薪者过来！"卖柴的人听不懂"荷薪者"（担柴的人）三个字，但是听得懂"过来"两个字，于是把柴担到秀才前面。

秀才问他："其价如何？"卖柴的人听不太懂这句话，但是听得懂"价"这个字，于是就告诉秀才价钱。

秀才接着说："外实而内虚，烟多而焰少，请损之。（你的木柴外表是干的，里头却是湿的，燃烧起来，会浓烟多而火焰小，请减些价钱吧。）"卖柴的人因为听不懂秀才的话，于是担着柴就走了。

管理者平时最好用简单的语言、易懂的言辞来传达信息，而且对于说话的对象、时机要有所掌握，有时过分地修饰反而达不到想要完成的目的。

2. 书面沟通

书面沟通是指以文字作为信息媒介来传递信息的一种沟通形式。书面沟通的形式有备忘录、报告书、通知、内部刊物、布告栏和公司手册、信函等。为什么信息的发送者会选用书面沟通？因为它持久、有形、可以核实。一般情况下，发送者与接收者双方都拥有沟通记录，沟通的信息可以无限期地保存下去。如果对信息的内容有疑问，过后的查询是完全可能的。对于复杂或长期的沟通来说，这尤其重要。例如，构思一个新产品的市场推广计划可能需要几个月的大量工作，以书面的形式记录下来，可以使计划的构思者在整个计划的实施过程中有一个参考。所以书面沟通比口头沟通显得更为周密，逻辑性强，条理清楚。书面沟通还可以使许多人同时了解信息，扩大信息的使用范围。

但是，书面沟通也有自己的缺陷：无法确知信息是否送达；有时在信息传递过程中，可能会出现被某一层次的管理者截留，致使该层次以下的管理者无法获得信息；要求正确、规范；口头沟通能使接收者对其所听到的东西提出自己的看法，而书面沟通则不具备这种内在的反馈机制。例如，1930 年 5 月，蒋介石与冯玉祥、阎锡山大战中原时，冯玉祥和阎锡山曾商定在河南北部的沁阳会师，以集中兵力歼灭驻守在那里的蒋军。可是，冯玉祥手下的作战参谋在拟定作战命令时，却把"沁"阳写成了"泌"阳（该地在河南南部，与沁阳相隔近千里），一字之差，使冯军失去了歼灭蒋军的有利战机，反而使蒋军坐得了战争的主动权。所以书面沟通比较呆板，不易随客观情况的改变而及时修正，不能像口头沟通那样随机应变，不能得到及时反馈。其结果是无法确保所发出的信息能被接收到，即使被接收到，也无法保证接收者对信息的理解正好是发送者的本意。

3. 非语言沟通

一些沟通既非口头形式也非书面形式，而是通过非文字的信息加以传递。在沟通中，非语言沟通传递了大约 55%的信息。非语言沟通是语言沟通的一种有效的补充形式，强化了语言沟通。但由于个人风格不同，非语言沟通易产生误解。

非语言沟通方式非常多，如上课时，学生们无精打采或在做其他事情，传达给老师的信息是学生们已经开始厌倦了；同样，当大家纷纷把笔记本合上时，则意味着该下课了。还有如一个人的办公室和办公桌的大小、一个人的穿衣打扮等都向别人传递着某种信息。非语言沟通中最常见的是体态语言和语调。体态语言，包括手势、面部表情和其他身体动作。例如，一副怒吼咆哮的面孔所表达的信息显然与微笑不同。手部动作、面部表情及其他姿态能够传达的信息意义有攻击、恐惧、腼腆、傲慢、愉快、愤然等。语调，指的是个体对词汇或短语的强调。我们可以从下面的例子中体会语调对信息的影响。假设一名学生问老师一个问题，老师听完后，反问了一句："你这是什么意思？"发问的声调不同，学生的理解和反应也不一样。轻柔、平稳的声调和刺耳尖利、重音放在最后一词所产生的意义完全不同。一般人们会认为第一种语调表明这个人在寻求更清楚的解释，第二种语调则表明了这个人的攻击性或防御性。下面重点介绍几种非语言沟通方式：

（1）目光。眼睛是心灵的窗户，人在沟通过程中可以在语言方面进行掩饰或虚构，但目光反映出来的信息无法掩饰，所以在沟通过程中，目光接触被认为是最为重要的非语言沟通形式。目光接触实现沟通反馈，传达肯定、否定、喜欢、激动、失落、悲伤等情绪。人在兴奋时，瞳孔会放大，传递喜悦与激动。相反，人在失落时，瞳孔自然会缩小，所以在沟通中，目光起着传递信息或情感的重要作用。

（2）人际距离。人际距离是指人与人之间所保持的空间距离，是人与人的空间位置关系，直接影响人们之间的沟通。

一个人身体周围有一个"气泡"，人的身体被包裹在"气泡"当中。这个"气泡"所覆盖的空间范围就成了一个人的自我空间。

一个人的自我空间只允许那些已经在心理上建立起了安全感、情感上已经被接纳的人来分享。

人与人之间的空间距离分为四类：亲密距离（15～45 厘米）、个人距离（45～120 厘米）、社交距离（120～350 厘米）和公共距离（350 厘米以上）。

人们倾向于有较大的自我空间，需要与人保持一定的距离，否则就会感到别人侵犯了自己的空间，心理上产生强烈的不适感。人际距离越合理，越有利于进行有效沟通。但若人与人的空间距离太大，也不利于进行有效的沟通。即在较近的距离内进行沟通，容易营造融洽、合作的气氛；而当空间距离太大时，则很容易营造敌对、相互攻击的气氛。

例如，某单位主办一个讨论会，与会者都是风度高雅的知名知识分子，但很快，讨论会的气氛变成了相互攻击、相互排斥。原因是与会者隔着较远的距离，发言者必须把每一句话大声说出来，重重地抛给对方，这样，人们在心理上明显地产生了一定的敌对情绪。所以讨论的气氛很快变成了自我捍卫和竭力反驳。

（3）身体运动。身体运动是最容易被觉察的一种身体语言，更容易引起人们的注意。身体接触是表达某些强烈情感最为有效的方式，人与人之间的相互理解、隔阂的消融、深厚的友谊等也常需要通过身体的接触得以充分表达。例如，当一个球员进球后，其他队员跑上去不顾一切地拥抱他时所表达的那份激动、喜悦、赞美等，是任何其他沟通方式都无法表达的。当有经验的领导见到年轻的下属时，经常会拍拍其肩膀，以表示鼓励、认同和赞赏，这样会使下属感到很亲切。

身体运动的方式常见的有：摆手——制止或否定；手外推——拒绝；双手外摊——无可奈何；挠头皮——困惑；搓手——紧张；拍脑袋——自责；耸肩——不以为然等。在我们日常的生活与工作中运用最广泛的身体接触方式就是握手。握手是在一般社交场合最为合适的沟通方式。在沟通过程中握手能够成功地给别人留下良好的印象。握手要注意以下规则：一是握手者必须从内心真诚接纳别人；二是握手应真诚有力，避免“钓鱼式”“死鱼式”“抓指尖式”握手；三是作为主人、上级或女性，应主动伸手与人相握；四是握手时要保持适当的目光接触。

4. 电子媒介沟通

我们现在依赖各种各样复杂的电子媒介来传递信息。除了常见的媒介（如电话）之外，我们还拥有电视、计算机、静电复印机、传真机等一系列电子设备。将这些设备与言语和纸张结合起来就产生了更有效的沟通方式。其中发展最快的应该是互联网了。人们可以通过计算机网络快速传递书面及口头信息。例如，电子邮件迅速而廉价，并可以同时将一份信息传递给若干人。

（二）按照信息传递方向划分

按照信息传递方向划分，沟通可分为下行沟通、上行沟通、平行沟通和斜向沟通。

1. 下行沟通

下行沟通是指信息自上而下的沟通，如上级把企业战略目标、管理制度、政策、工作命令、有关决定、工作程序及要求等传递给下级。下行沟通顺畅可以帮助下级明确工作任务、目标及要求，增强其责任感和归属感，协调企业各层次的活动，增强上下级之间的联系等。但在逐层向下传达信息时应注意防止信息被误解、歪曲和损失，以保证信息的准确性和完整性。

2. 上行沟通

上行沟通是指自下而上点面结合的沟通，如下级向上级反映意见、汇报工作情况、提出意见和要求等。上行沟通是管理者了解下属和一般员工意见及想法的重要途径。上行沟通畅通无阻，各层次管理人员才能及时了解工作进展的真实情况，了解员工的需要和要求，体察员工的不满和怨言，了解工作中存在的问题，从而有针对性地做出相应的决策。上行沟通中应防止信息被层层“过滤”，尽量保证真实性和准确性。

3. 平行沟通

平行沟通是指组织内部平行机构之间或同一层级人员之间的沟通，如组织内部各职能部门之间、车间之间、班组之间、员工之间的信息交流。平行沟通是加强各部门之间的联系、了解、协作与团结，减少各部门之间的矛盾和冲突，改善人际关系和群际关系的重要手段。

4. 斜向沟通

斜向沟通是指处于不同层次的没有直接隶属关系的成员之间的沟通。这种沟通方式有利于加快信息流动，促进相互理解，并为实现组织的目标而协调各方的努力。

管理中这四种沟通缺一不可。纵向的上行沟通、下行沟通应尽量缩短沟通渠道，以保证信息传递的快速与准确；横向的平行沟通应尽量做到广泛和及时，以保证协调一致和人际和谐。同时，为加快信息流动可灵活运用斜向沟通。

（三）按照沟通渠道划分

按照沟通渠道划分，沟通可分为正式沟通和非正式沟通。

1. 正式沟通

正式沟通是通过组织明文规定的渠道所进行的信息传递与交流。正式沟通畅通无阻，组织的生产经营活动及管理活动才会井然有序；反之，整个组织将陷入紊乱甚至瘫痪状态。因此，正式沟通渠道必须灵敏而高效。正式沟通的优点是正规、权威性强、沟通效果好，参与沟通的人员普遍具有较强的责任心和义务感，从而易保持所沟通信息的准确性及保密性。管理系统的信息都应采用这种沟通方式。其缺点是对组织机构依赖性较强而造成速度迟缓、沟通形式刻板。如果组织管理层次多，沟通渠道长，就容易造成信息损失。

2. 非正式沟通

非正式沟通是指在正式沟通渠道以外信息的自由传递与交流。这类沟通主要是通过个体之间的接触来进行的。非正式沟通不受组织监督，是由组织成员自行选择途径进行的，比较灵活方便。员工中的人情交流、生日聚会、工会组织的文娱活动、走访、议论某人某事、传播小道消息等都属于非正式沟通。非正式沟通往往能表露人们的真实想法和动机，还能提供组织没有预料的或难以获得的信息。与正式沟通相比，非正式沟通有以下几个特点：

（1）信息交流速度较快。

（2）非正式沟通的信息比较准确。据国外研究表明，它的准确率可高达 95%。

（3）可以满足职工的需要。非正式沟通不是基于管理者的权威，而是出于职工的愿望和需要。

（4）沟通效率较高。非正式沟通一般是有选择地针对个人的兴趣传播信息，正式沟通则常常将信息传递给不需要它们的人。

（5）非正式沟通有一定的片面性。非正式沟通中的信息常常被夸大、曲解，因而需要慎重对待。

（四）按照沟通内容划分

按照沟通内容划分，沟通可分为信息沟通和情感沟通。

1. 信息沟通

信息沟通是指可解释的信息由发送人传递到接收人的过程。具体地说，它是人与人之间思想、观念、态度的交流过程，是情报相互交换的过程。信息是客观世界中事物特征、状态及发展变化的直接或间接的反映。整个物质世界和人类社会充满着信息和信息的交换，人们的衣、食、住、行等一切活动都离不开信息。信息的表示形式多种多样，数字、文字、语言、声音、光、符号、图形、报表等都能表示信息。

2. 情感沟通

情感沟通是指人与人之间情感的表达与建立，是良好人际关系形成的前提。情感沟通使人与人之间相互理解，形成凝聚力强的团队。

三、沟通的模式

（1）轮型。在轮型网络中，信息来自组织的一个中心成员，其余成员没有必要相互沟通，所有成员通过与中心成员沟通来完成群体目标。

（2）链型。在链型网络中，成员按照原先设定的顺序互相沟通。链型的沟通模式一般出现在流水线群体这样任务有先后顺序、相互依赖的群体中。

（3）环型。在环型网络中，群体成员与和他们具有同样经历、信仰、专门技术、背景、办公场所，甚至聚会时坐在一起的人们进行沟通。

（4）网络型。在网络型网络中，每一个团队成员与其余所有成员都进行信息交流。

四、沟通的过程

沟通过程分为两个阶段。在传播阶段，信息在两个或两个以上的个人或群体之间分享。在反馈阶段，达到共同理解。每个阶段里面又有许多不同的阶段。

在传播阶段，发送者，也就是想与他人或群体分享信息的个人或群体，决定信号，即所要沟通的信息。然后，发送者将信号编译为符号或语言，这个过程叫作编码。一般说来，信号常被编码为字词。噪声指的是阻碍沟通过程的任何状况。

信号经编码后，通过媒介传送到接收者——信号预期要到达的个人或群体。媒介简单地说就是通道，如电话、信件、便笺，或者在会议上面对面的交流，通过这些途径，编码后的信息被传送给接收者。在下一个阶段，接收者翻译和理解信号的意思，这个过程叫作解码，这是沟通的关键。

在反馈阶段，由接收者开始（这时接收者成为发送者），接收者决定要对原发送者（这时成为接收者）传送什么样的信号，将信号进行编码，然后通过选择好的渠道传送。必须确认原信息已经被收到和理解，也可重述原信息以确信原信息被正确理解，或者请求更多的信息。原发送人对信号解码，确保达到共同的理解，沟通过程如图 8-1 所示。

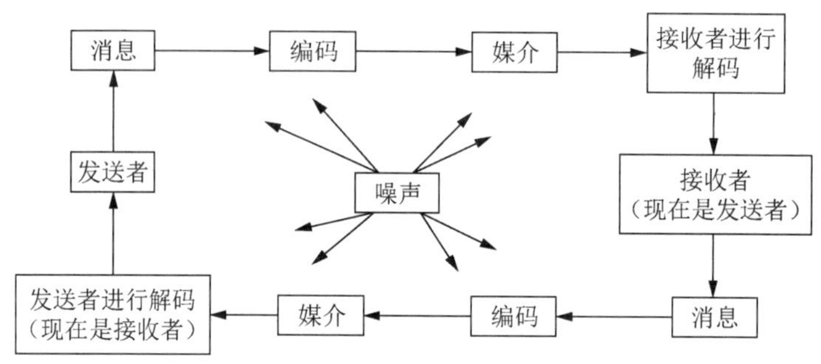

图 8-1　沟通过程

如果发送者认为还没有达到共同理解，发送者和接收者要循环沟通过程多次，直至达成共同的理解。

通过写或说的字词对信息进行编码，叫作言语沟通。我们也可以不通过语言对信息进行编码，我们称之为非言语沟通。它指的是通过面部表情（微笑、扬眉、皱眉、拉下巴）、身体语言（姿势、手势、点头、耸肩），甚至衣服的款式（随意、正式、保守、流行）进行沟通。通用汽车公司的执行副总裁巴腾伯格说，当他和 CEO 史密斯在工厂散步时，喜欢穿着便装或运动装，而不是套装，以传达这样一种信号：通用汽车公司陈旧的官僚作风已经被瓦解，公司比过去更加分权和非正式化。向员工授权不断增强的趋势也使像巴腾伯格和史密斯这样的管理者们着装非正式化，以传达这样一种信号：组织的所有员工都是团队成员，他们在一起工作，为顾客创造价值。

正如巴腾伯格和史密斯意识到的那样，非语言沟通能够支持或加强语言沟通，就像热情和真诚的微笑能够增强对干得好的工作的赞赏效果，关切的表情能增强对个体的关心效果。在这些事例中，语言沟通与非语言沟通的适当结合能帮助双方相互理解，达成共识。

组织成员有时不以语言的形式表达，而是以非语言形式来表达思想。有时，不方便用语言表达的，用表情或身体语言可以顺利地进行表达。某位管理者在赞同一个实际上他并不喜欢的建议时，也许会无意识地通过做鬼脸来表达他的不喜欢。

有时，当信息无法通过语言表达时，可以使用非语言来表达。许多律师十分清楚这种沟通技巧。律师对非语言沟通通常是训练有素的。例如，站在法庭的何处可产生最大的影响；在审讯的不同阶段，怎样利用眼睛接触陪审团成员。律师有时也会因采用了不合适的非语言沟通形式影响陪审团而招致麻烦。在路易斯安那州的一个法庭上，见习辩护律师皮尔托因摇头表示怀疑，摆动手臂表示不满，在被告辩护律师陈述案情时咯咯大笑而被马奇法官警告并处以 2500 美元罚款。

第二节 进行有效沟通

引导案例

陈红新的困惑

陈红新是海门市化工原料厂综管部的负责人。他负责集团的日常管理。他最担心的是沟通和激励。虽然他觉得在开会时，所有的管理者及职工都认真在听，但他们在工作中的表现使他怀疑他们是否理解了自己的意思。他的许多指导都得不到实施。看了一些收集的反馈交流信息，他发现一些管理人员对自己的工作目标不太明确。但他们相信如果某些信息沟通得当，他们会做得更好。大多数办事人员和车间主任缺乏想象力和驱动力。由于他不能很好地与职工沟通，不能做好激励工作，有些职工甚至觉得他没能力胜任这个职位。为此，他很苦恼。

思考：陈红新遇到了什么问题？

案例启示：陈红新遇到的问题是下属不能很好地理解他的意图，上下级之间不能进行有效的信息传递，沟通方式不恰当，沟通渠道不畅通，即沟通中存在障碍，不能满足员工的需要，员工没有工作积极性，不能很好地实现组织目标。

有效沟通是指在恰当的时间及适宜的场合，用得体的方式表达思想和感情，并能被别人正确理解和执行的过程。在组织管理活动中存在很多无效的沟通，原因是在沟通过程中存在沟通障碍。

一、沟通障碍

在人们沟通的过程中，常常会受到各种因素的影响和干扰，使沟通受到阻碍。沟通障碍主要来自三个方面：发送者的障碍、接收者的障碍、沟通通道的障碍。

（一）发送者的障碍

在沟通过程中，信息发送者的情绪、倾向、个人感受、表达能力、判断力等都会影响信息的完整传递。障碍主要表现在：

（1）表达能力不佳。信息发送者如果口齿不清、词不达意或者字迹模糊，就难以把信息完整、准确地表达出来；如果使用方言、土语，可能会使接收者无法理解。在不同国籍、不同民族成员之间的交流中这种障碍更加明显。

例如，有一个笑话说，主人请客吃饭，眼看约定的时间已过，只来了几个人，不禁焦急地说："该来的没有来。"已到的几位客人一听，扭头就走了两位。主人意识到他们误解了自己的话，又难过地说："不该走的走了。"结果剩下的客人也都气呼呼地走了。

（2）信息传递不全。发送者有时会人为缩简信息，使信息变得模糊不全。

（3）信息传递不及时或不适时。信息传递过早或过晚，都会影响沟通效果。

（4）知识经验的局限。信息发送者和接收者如果在知识和经验方面相差悬殊，发送者认为沟通的内容很简单，不考虑对方，仅按照自己的知识和经验范围进行编码，而接收者却难以理解，从而影响沟通效果。

（5）对信息的过滤。过滤是指故意操纵信息，使信息显得对接收者更有利。例如，某管理人员向上级传递的信息都是对方想听到的东西，这位管理人员就是在过滤信息。过滤的程度与组织结构层次和组织文化有关。组织纵向管理层次越多，过滤的机会也就越多。组织文化则通过奖励系统鼓励或抑制这类过滤行为。如果奖励只注重形式和外表，管理人员便会有意识地按照上级的习惯品位调整和改变信息的内容，现实生活中“报喜不报忧”就是典型的信息过滤行为。

（二）接收者的障碍

从信息接收者的角度看，影响信息沟通的因素主要有以下六个：

（1）信息译码不准确。接收者如果对发送者的编码不熟悉，就有可能误解信息，甚至得到相反的理解，如爱迪生卖自动发报机的故事说明信息译码不准确带来沟通障碍。爱迪生发明了自动发报机之后想卖掉，因为不熟悉市场行情，其与妻子米娜不知道能卖多少钱，米娜一咬牙说：“要 2 万美元吧。”爱迪生笑着说：“太多了吧？”一位商人想买自动发报机，在商谈时，商人询问价格，爱迪生认为要 2 万美元太多了，不好意思开口，于是沉默不语。商人几次追问无果，忍不住说：“那我先出个价，10 万美元，怎么样？”爱迪生大喜，当场与商人成交。这个故事说明商人的损失在于对爱迪生沉默不语，信息译码不准确。

（2）对信息的筛选。受主观性的影响，接收者在接收信息时会根据自己的知识经验去理解，按照自己的需要对信息进行选择，从而可能使许多信息内容丢失，造成信息的不完整甚至失真。

（3）对信息的承受力。每个人在单位时间内接受和处理信息的能力不同，对于承受力较低的人来讲，如果信息过量，他难以全部接受，就会造成信息的丢失从而产生误解。

（4）心理上的障碍。接收者对发送者不信任，敌视或冷淡、厌烦，或者心理紧张、恐惧，都会歪曲或拒绝接受信息。

（5）过早地评价。在完整地接受一项信息之前就对信息做出评价，将有碍于对信息所包含的意义的接受。价值判断就是对一项信息总价值的估计，它是以信息的来源、可靠性或预期的意义为基础的。过于匆忙地做出评价，就会使接收者只能听到他所希望听到的那部分内容。

（6）情绪。在接收信息时，接收者的感觉会影响到他对信息的理解。不同的情绪感受会使个体对同一信息的解释截然不同。狂喜或悲伤等极端的情绪体验都可能阻碍信息的沟通，因为这种情况下人们会出现意识狭隘的现象而不能进行客观理性的思维活动，而代之以情绪性的判断。因此，应尽量避免在很激动的时候进行沟通。

（三）沟通通道的障碍

沟通通道问题也会影响沟通的效果。沟通通道障碍主要有以下几方面：

（1）沟通媒介选择不当。例如，对于重要事情而言，口头传达效果较差，因为接受者会认为“口说无凭”而不加重视。

（2）几种媒介相互冲突。当信息用几种形式被传送时，如果相互之间不协调，接受者会难以理解传递的信息内容。例如，领导表扬下属时面部表情很严肃甚至皱着眉头，就会让下属感到迷惑。

（3）沟通渠道过长。组织机构庞大，内部层次多，从最高层传递信息到最低层，从低层汇总情况到最高层，中间环节太多，容易使信息损失较大。

（4）外部干扰。信息沟通过程中人们经常会受到自然界噪声、机器故障的影响或被其他事物干扰，也会因双方距离太远而沟通不便，影响沟通效果。

二、有效沟通的方法

从上述的沟通障碍可以看出，只要采取适当的措施克服这些沟通的障碍，就能实现管理的有效沟通。因此，无论是人际沟通、组织内的沟通，还是组织与组织之间的沟通，要想实现有效的沟通，就必须对沟通技能和方法进行改进和开发。

（一）有效沟通的先决条件

1. 在自上而下沟通方面

（1）管理者必须了解下级工作人员的工作情况、欲望及个人问题。

（2）管理者应该有主动沟通的态度：一个团队的主管应该主动地与下属分享团队内的所有消息、新闻、政策及各项工作措施。这样才能使其上下一致，培养团队合作精神。

（3）团队须制订完备的沟通计划。任何政策措施，在付诸实施前，须将其内容传达给所有工作人员，以求共同了解，减除他们工作中的紧张情绪，在人事上产生和谐关系。

（4）主管人员须获得工作人员的信任。工作人员能否理解主管沟通的要义，依赖于其对主管是否信任，因为对主管的不信任，他会对所有的事都产生疑惑，从而曲解主管的用意，使沟通难以达到预期的效果。

2. 在自下而上沟通方面

（1）主管须平等对待下属。领导和蔼可亲、平易近人，是下级主动与上级沟通的主要因素。如果一个领导终日一副严厉的面孔，使别人不敢亲近，望而生畏，也就谈不上什么良好的沟通了。

（2）经常召开工作座谈会。让所有的工作人员都有发言的机会，而主管应多听，并注意综合大家的意见，绝不能趁开会的时候训话或展示自己的口才。

（3）建立建议制度。开明的主管，为使团队不断进步，应经常采纳工作人员的意见和建议，不论建议能否立即得到实施，凡提建议的人都应受到鼓励。主管应定期把实施情况或不能采纳的原因婉转地向提出人解释，一方面表示主管对建议的重视，另一方面感谢提建议的人，使他们内心愉快而乐于再提建议。

（4）公平而合理的制度。鼓励自下而上的沟通，最主要的是建立公平而合理的升迁、奖惩、考绩等制度。一个组织如果在这些制度上有了不公平的待遇，人们必定心灰意冷或阳奉阴违，沟通也就不能发挥作用了。

3. 在平行沟通与斜向沟通方面

在采取集权制的组织中，上级事事过问，凡事都须统一指挥，层层上呈。在这种情形下，沟通必然贫乏，平行单位或人员之间也就失去了自由处理问题的权力，从而减少了沟通协调的机会。而对于采取分权制或授权制的组织来说，其采用平行沟通一般比较畅通，因为下级单位或人员有一定的权力来处理本身权责范围以内的工作，不必事事上呈。如有需要，他们可以在合作的原则下通过平行沟通尽快处理工作任务，以提高效率。因此，可以说，平行沟通的先决条件就在于主管能否适当地授权。

（二）有效沟通的原则

（1）明确沟通目标。沟通是一种有目标的行为，在沟通之前，信息发送者必须非常清晰地知道沟通的目标是什么。例如，主管因为业务问题要与上级进行沟通，在与上级进行沟通前必须明确自己这次沟通的目的，是汇报业务进展情况，还是讲讲业务的发展。目标明确，是实现有效沟通的前提。

（2）管制信息流。在沟通过程中会有很多信息的传递与交流，沟通双方要在所有的信息中抓住重要的关键的信息，防止有效信息的流失。

（3）选择恰当的沟通渠道与方式。信息发送者发出的信息都要通过一定的沟通渠道传递给信息接收者，前面已阐述了沟通渠道和沟通方式有很多种，要根据沟通目标，选择恰当的沟通渠道和方式。

（4）运用语言艺术。讲究语言艺术是一种沟通技巧，在沟通中尽量使用积极的语言，语言要简洁明了，通俗易懂。

（5）了解沟通对象。知彼知己才能百战不殆，在与人沟通前，了解他人的行为习惯和工作风格，用对方熟悉的语言和术语进行沟通，会增强沟通的针对性，可以使沟通更有效，同时可以避免触及他人的忌讳。

（6）及时地运用反馈。在沟通过程中，由于存在着很多干扰因素，如对方没有完全理解你的意思，你需要进一步详细阐述，或你发给对方的信息对方并未收到等，影响了沟通的有效性。所以在沟通中要及时进行反馈，实现有效沟通。

（三）实现有效沟通的方法

1）强调有效沟通的重要性

首先，要加强组织中管理与被管理者对沟通重要性的认识。通常人们认为沟通是一件非常简单的事，并不重视沟通的重要性，同时，又在某种程度上对沟通存在着误解。例如，人们常常以为向对方讲述一件事后，沟通就完成了，没有考虑到“语言”本身并不代表“意思”，其中还存在一个破译转化的过程。沟通虽然非常普遍，看起来非常容易，但是有效沟通却常常是一种困难和复杂的行为。

其次，管理者和被管理者还要了解组织沟通过程的一些规律。例如，在组织中营造重视沟通的氛围，创造一个相互信任的沟通环境，不仅在各项管理职能中有效运用沟通手段，还要重视非正式沟通中小道消息对组织管理的重要性等。

2）提高人际沟通技能

信息发送者和接收者都要增强自己的人际沟通技能，提高有效沟通的水平。

（1）改进沟通态度。信息沟通不仅仅是信息符号的传递，它包含着更多的情感因素，所以在沟通过程中，沟通双方采取的态度对于沟通的效果有很大的影响。任何沟通都是相互的，是相互的包容与接纳，是让对方感受到你的热情与诚意。只有双方坦诚相待，才能消除彼此间的隔阂，从而求得双方的合作。另外，还要以积极的、开放的心态对待沟通，要愿意并且有勇气用恰当的方法展示自己的真实想法。如果在沟通过程中顾虑重重，会产生很多误会。

（2）提高自己的语言表达能力。语言是信息的载体，是提高沟通效率要解决的首要问题。掌握语言表达艺术的前提是通过学习和训练，使自己运用语言的能力达到熟练自如、得心应手的水平。一般规律是沟通中要与沟通对象、沟通环境、沟通内容结合起来考虑如何使用语言。也就是说，无论是采用口头交谈还是采用书面交流的形式，都要力求准确地表达自己的意思。同时，双方还要相互了解对方的接受能力，根据对方的具体情况来确定自己表达的方式和用语等；选择正确的词汇、语调、标点符号；注意逻辑性和条理性，对重要的地方要加上强调性的说明；借助体态语言来表达完整的思想和感情，加深双方的理解。

（3）培养倾听的艺术。以前人们往往只注重说写能力的培养，忽视了听的能力的训练和培养。最有价值的人，不一定就是最能说的人。老天给我们每个人两只耳朵一张嘴巴，本来就是让我们多听少说的。事实上，没有听就很难接收到有用的信息。而倾听则区别于一般的听，它是指通过感官（视觉、听觉、触觉等）媒介，接收、吸收并理解对方思想、信息和情感的过程。倾听意味着专心、注意别人所发出的信息。有些人误解了别人的想法，只因为光听见别人说话，却没有用心去听。善于倾听，是沟通最重要的技巧之一。积极主动地倾听可以给人们在沟通过程中带来很多好处。

倾听可以帮你获取重要的信息。通过倾听，我们不仅可以了解到对方所传达的信息，还可以了解对方的感情，由此还可以推断出对方的性格、目的和心态。

倾听可以掩盖自身的弱点。“言多语失”“沉默是金”等告诉我们，在对别人所谈问题不太了解时，多听而不说或者少说，是掩盖自身弱点的最好方法。

善听才能善言。只有先听别人的意见，才能更有效地了解别人，包括了解他谈话的目的、背景、情感和弱点等，这些都为你跟对方交谈提供了契机，不仅使对方觉得你充分考虑了他的需要和见解，还会使你的谈话更有针对性和感染力，你的建议才容易被接纳。

倾听可以使你获得友谊和信任。人们大多喜欢发表自己的意见，如果你能谦虚地倾听，给他们说话的机会，他们会觉得你和蔼可亲、值得信赖。管理者更应该倾听来自顾客、上级、下级的信息，及时有效的沟通会使他们对你更加信赖和尊重。细心地聆听既是对自己负责，也是对他人的尊重。倾听在我们工作中占重要地位，听得准确与否直接关系到我们的行动正确与否。

倾听是一种艺术，也是一种技巧。具体来讲，倾听要点如表 8-1 所示。

表 8-1　倾听要点

要做到的事	不要做的事
表现出兴趣	争辩
全神贯注	打断
该沉默时必须沉默	从事与谈话无关的活动
选择安静的地方	过快或提前做出判断
留出适当的时间用于辩论	草率地给出结论
注意非语言暗示	让别人的情绪直接影响你
当你没听清楚时，要以疑问的方式重复	
当你发现遗漏时，直截了当地问	

具体解释如下。

① 设身处地，站在对方的立场上进行思考。要听得投入，全神贯注地听，不仅要用耳朵去听，还要用整个身体去听。例如，要保持与说话者的目光接触，身体微微前倾，以信任、接纳、尊重的目光让说话者把要说的意思表达清楚。同时，注意控制自己的情绪，克服心理定式，保持耐心，尽可能站在说话者的角度去听，认真地顺着说话者的思路去听。另外，自己不要多说，尽量避免打断别人的谈话。假若对方看到你“挣扎的眼神”，即使你正在听对方说话，你也会特别惊讶地发现对方已经转移话题，在说另一件更有趣的事情了。

② 要有耐性，听完再发表看法。倾听对方讲话，还要学会约束自己、控制自己的言行，听清内容。要完整地接收信息，听清全部内容，不要听到一半就心不在焉，更不能匆忙下结论。同时要营造一种轻松、安静的气氛，排除谈话时各种噪声的干扰，使听者能努力抓住其中的关键点。如不要轻易插话，不要打断对方的讲话，也不要自作聪明地妄加评论。很多人过于喜欢表露自己，这会导致与对方交流时过多地讲话或打断别人讲话，并妄加评论。这不仅会影响自己倾听，也会影响对方对你的印象。

③ 积极回应，适时发问。理解信息并能听出对方的感情色彩，这样才能完全领会说话者的真正含义。同时要准确地综合和评价所接收的信息，对一些关键点要时时加以回顾，通过重复要点或提一些问题来强化和证实你所理解的信息。对一些疑问和不清楚的问题，也要在适当时候向对方提问，以保证对信息的准确理解。另外，为了能听懂，还要借助一些辅助材料如报告、提纲、小册子或讲义等帮助理解。

④ 准确理解。要对对方的信息在听见的基础上加以准确的理解，即要听懂对方的意图。要在理解对方的基础上记住所传递的信息，可以通过将对方的话用自己的语言来重新表达，或者记住所说的典型事例，以及对信息加以分类和整理等方式增强有效记忆。另外，如有必要，在听的时候做些笔记，以便于事后回忆和查阅。

⑤ 使用并观察肢体语言。沟通时，内心的感觉会透过肢体语言清清楚楚地表现出来。如果倾听者态度开放、对说话者的谈话很感兴趣，那就表示他愿意接纳对方，很想了解对方的想法，说话者就会受到鼓舞。肢体语言沟通包括身体语言沟通和副言语沟通。身体语言沟通包括表情、目光、手势、衣着打扮等。副言语沟通包括声调的变化、哭、笑、停顿等。

管理故事

曾经有个别国的人到中国来，进贡了三个一模一样的金人，金碧辉煌的，把皇帝高兴坏了。可是这人同时出了一道题目：这三个金人哪个最有价值？皇帝想了许多办法，请珠宝匠检查、称重量、看做工，得出结论都是这三个金人是一模一样的。怎么办？使者还等着回去汇报。泱泱大国，不会连这点小事都不懂吧？最后，有一位退位的老大臣说他有办法。皇帝便将使者请到大殿上，老臣胸有成竹地拿出三根稻草，先插入第一个金人的耳朵里，稻草从另一边耳朵掉了出来。第二个金人的稻草则从嘴巴里直接掉了出来，而第三个金人，稻草进去后掉进了肚子，什么响动也没有。于是，老臣说：第三个金人最有价值！使者默默无言，答案正确。

最有价值的人，不一定就是最能说的人。老天给我们每个人两只耳朵一张嘴巴，本来就是让我们多听少说的。善于倾听，是沟通最重要的技巧之一。

3）讲究“说”的艺术

人的一生中，从牙牙学语到老年，不论是处理生活琐事、进行学习活动职场工作，都必须借助有效的语言沟通达成共识，建立良好的人际关系。语言要简洁明了，避免华而不实、过度夸饰；尽量使用中性词语，避免使用情绪化语言；语言表达要准确，多使用积极性语言，少使用或不使用消极性语言。例如，企业家查尔斯·史考勃有一次经过他的钢铁厂，当时正值午休，他看到几个员工正在“严禁吸烟”的警示牌下吸烟，便向那些人走去，友好地递给他们几根雪茄说：“诸位，如果你们能够到外面去吸烟，那我真是感激不尽了。”吸烟的人立刻意识到自己违反了规定，于是一个个把烟头熄灭，同时对查尔斯·史考勃产生了好感。查尔斯·史考勃巧妙地运用了“说”的艺术，实现了有效的沟通，提示管理者在与下属沟通过程中要注意使用语言艺术，切勿因芝麻小事而采用严厉的口气批评下属。即使要批评也要用温和的语言，要照顾被批评者的心情与面子，不妨先夸奖他的长处，然后再批评。

在沟通过程中我们不妨用“您的看法如何”“我们一起干”“不妨试试”等这种体现尊重、鼓励及体现出团队合作意识的语言进行沟通，会达到有效沟通的效果。即使并不赞同对方的想法，也要仔细倾听他话中的真正意思。若要表达不同的意见，应该说：“我很感激你的意见，我觉得这样非常好；同时，我有另一种看法，来互相研究一下，到底什么方法对彼此都好。”重点是运用语言艺术，让他人喜欢你，从而博得他人信任，这样表达的意见也易被对方采纳。

4）构建合理的沟通渠道

为实现有效的组织沟通，管理者应在注重人际沟通的基础上，进一步考虑组织的行业特点和环境因素，结合正式沟通渠道和非正式沟通渠道的优缺点，通过对组织结构的调整，设计一套包含正式和非正式沟通的沟通渠道，同时缩短信息传递的链条，以便使组织的信息沟通更加迅速、及时、有效。在现代信息经济时代背景下，网络型管理沟通渠道模式是一种理想的企业管理沟通渠道模式。组织尽量在保持满足其业务发展需要的组织管理结构下，努力向网络型管理沟通渠道模式靠近，从而使本企业适应经济信息化、知识化、全球化趋势，使企业的组织管理结构与管理沟通渠道具备更多网络型组织管理结构的特征，使企业能够成为信息化企业。

① 直线型组织管理结构的管理沟通渠道模式。对于直线型组织管理结构的企业来说，最佳的管理沟通渠道模式是，在链型沟通渠道模式的基础上，根据企业自身管理需要，在适当的管理环节或部分加入轮型沟通渠道模式和梯型沟通渠道模式，或者说是跨链型沟通渠道模式，促使企业既保持基本的简单有效的链型沟通渠道模式，又根据管理的需要，增加一些必要的补充渠道，实现管理沟通渠道最大限度的网络化，有利于改善企业管理，使企业形成比较完善的管理沟通系统，帮助各个层级的直线管理者更全面和深入地获得更全面的信息，以更好地达成合作。

② 直线-职能型组织管理结构的最佳管理沟通渠道模式。直线-职能型组织管理结构自然形成的企业管理沟通渠道模式，是以轮型、多轮型为主的沟通渠道模式，但缺少相关部门之间的平行沟通渠道，缺乏跨级别的跨链沟通渠道。要在其自然形成的以多轮型、链型为主要构成部分的混合型管理沟通渠道模式中必要和适当之处加入跳链型和梯型沟通渠道模式，以保持企业管理沟通渠道模式全面完整，更加深入有效地管理整个组织的正常运行。

③ 事业部制组织管理结构的最佳管理沟通渠道模式。由于采用事业部制组织管理结构的企业规模更大，业务更多样和复杂，事业部与事业部之间的信息沟通难度升级。事业部制下的企业层级相对较多，管理沟通的信息有时要经过较长时间和渠道路线的传递，这类企业应该建立跨链沟通渠道。跨链型沟通渠道可以帮助企业掌握与核查某些管理信息，对企业克服官僚主义等大企业病有帮助。在事业部与事业部之间则建立起一定的梯型管理沟通模式，促进各事业部对企业管理资源共享，提高企业整体管理沟通水平。

④ 矩阵型组织管理结构的最佳管理沟通渠道模式。在矩阵型组织结构中，相关的部门与人员形成了横向与纵向管理沟通关系，形成了比较接近网络型的混合型管理沟通渠道模式，使有效管理信息可以在企业中较顺畅地大规模流动，对加强企业管理和提高企业管理沟通速度、效率有利。

不同企业除了组织管理结构差异以外，还存在着其他许多方面的差异，如企业文化传统的差异、企业人力资源状况的差异、企业从事的业务性质的差异等，这些差异会影响企业管理沟通的目标。因此，只有适合其管理需要的沟通渠道模式，才是最佳的管理沟通渠道模式，在沟通渠道的构建上不能死板教条。

5）采用恰当的沟通方式

选用恰当的沟通方式对增强组织沟通的有效性也十分重要，因为组织沟通的内容千差万别，针对不同的沟通需要，应该采取不同的沟通方式。从沟通的速度方面考虑，利用口头和非正式的沟通方法，就比书面的和正式的沟通方法速度快。从反馈性能来看，面对面交谈，可以获得立即的反馈，而书面沟通则有时得不到反馈。从可控性来看，在公开场合宣布某一消息，对于其沟通范围及接受对象毫无控制；反之，选择少数可以信赖的人，口头传达某种信息则能有效地控制信息。从接收效果来看，同样的信息，由于渠道的不同，被接收的效果也不同。正式书面通知，可能使接受者十分重视，反之，在社交场合所提出的意见可能被对方认为讲过就算了，并不加以重视。因此，要根据沟通渠道的不同性质采用不同的沟通方式，这样沟通效果才会更好。

6）改进组织沟通的各种技术

在组织的管理中采用一些积极有效的管理技术和方法会增强组织沟通的有效性。一般有以下方法：一是采取信息沟通检查制度。这种方法是将信息沟通看成实现组织目标的一种方式，而不是为了沟通而沟通，因而就可以把组织内外的信息沟通看成一个与组织目标相关的一组沟通因素。利用这种信息沟通检查制度，可以分析所设计的许多关键性管理活动中的沟通。它既可以用于出现问题之际，也可用于事前防范。二是设立意见箱和查询制度。通过设立意见箱来征求员工意见，以此改善自下而上的沟通。查询制度是组织设立的另外一种答复员工所提出的关于组织方面问题的方法。这些问题和答复可以在组织内部刊物上登出，从而使组织与员工之间有了广泛而有效的交流，促进了组织的有效沟通。三是进行员工调查和反馈。对组织中员工的态度和意见进行调查，是一种有用的自下而上的沟通手段。这种形式的调查使员工感到他们可以自由表达他们真实的观点。而当调查结果反馈到员工那里时，则变成了自上而下的沟通。调查反馈使员工感到他们的意见已被管理者听到和考虑，因而增强了组织与员工的有效沟通。

（四）组织管理沟通

管理沟通不仅是管理者与下属之间的纽带，而且是管理者实现其管理职能必不可少的手段。管理者利用沟通这一手段，让员工心甘情愿地努力实现组织目标。管理沟通中不断传递着三种类型的信息：一是技术信息，是指传递干什么、怎么干、何时干的相关信息；二是协调信息，是指传递与谁在一起工作的信息；三是激励和态度信息，对员工进行鼓励，影响员工的工作表现与业绩。

组织内部的管理沟通通过会议、电话、传真、邮件等沟通形式传递着技术、协调与激励和态度信息。但由于沟通漏斗的存在，在沟通的过程中往往会有大量的信息流失。组织内信息传递与流失见表 8-2。增强沟通的效果，避免有效信息的流失，对于管理者管理职能的实现以及组织绩效的提升有着积极的作用。下面介绍上下级和平行部门之间如何进行有效沟通。

表 8-2 组织内信息的传递与流失

组织层次	原始信息	信息流失
总经理	100%	0
副总经理	66%	34%
经理	56%	44%
厂长	40%	60%
班组长	30%	70%
员工	20%	80%

（1）主管与上级进行沟通。主管与上级进行沟通主要是接受上级的指示，并能有效地执行上级的指示。在沟通过程主管要抓住以下几个要点：

① 理解上级希望你做什么。上级对主管下达指示，要求主管能够把指示正确地传达给基层员工，并确保指示得以执行。指示包括三部分内容：需要做什么（具体目标），如何来做（方法、步骤、投入的资源），何时必须完成（汇报时间、汇报形式）。

② 确保指示具体明确。如果指示不明确，工作过程中就会出现偏差。沟通的关键在于执行。在与上级沟通时，要注意倾听，弄清楚做什么、如何做、何时做是极为重要的，并且这些都要是明确的。

③ 主管有权力在一定的范围内提出不同的意见，但不能就目标本身提出不同意见。

④ 主管有必要在资源方面与上级达成一致，即事先获得上级的支持。

⑤ 确定上级什么时候希望看到什么形式的结果报告。主管向上级汇报，可以报告（书面）或口头形式向上级汇报执行情况。汇报的内容应该包括：是否按工作日程表完成工作；如果不是，需要采取什么措施以保证按日程安排工作；预计未来会有哪些问题阻碍计划的完成；需要上级给予什么支持等。

（2）主管与下属进行沟通。主管与下属进行沟通主要是向下级下达任务。主管在正确理解上级指示后，召开部门大会，把这些指示传达下去，并确保基层员工能理解与正确实施。同时，主管还要和下属说明可能存在的变化。在沟通过程中要注意以下几点：

① 对上级下达的目标要表现出积极的态度。

② 事先与核心员工进行磋商，争取他们对目标的支持。

③ 征询员工关于如何实现目标的建议，并激励员工，偶尔去实地看看工作完成的实际情况，对绩效好的员工进行表扬，对绩效不好的员工提出改进意见。设立绩效标准，并按标准衡量实际的工作绩效，并根据考核结果进行奖惩。

④ 不要隐藏信息，要开放，建立汇报制度，要对自己所负责的工作进展情况了然于胸。

⑤ 不要阻止负面意见，要充分听取各种意见；不要斥责带来坏消息或承认错误的员工。

⑥ 制定时间表，分配工作任务。要确保自己亲自负责一些最艰苦的工作。

（3）与平行部门的其他主管沟通。各部门主管在充分理解公司总目标的基础上，尊重其他部门目标，相互沟通，才能达到合作的境界。重要的是要了解其他主管在工作目标与工作重点方面的信息，了解其他部门对你部门有什么期望、对你部门工作的影响、你能为其他部门提供什么帮助。在工作过程中如果其他主管对你的工作提出抱怨，不要采取防御的姿态，而要仔细倾听改进的建议，在与其他部门建立良好关系方面付出自觉的努力，能站在其他主管的角度理解问题，不要在上级面前责怪其他主管的行为，而应该努力解决部门之间出现的各种问题或意见分歧。

良好的沟通常常被错误地理解为沟通双方达成协议，而不是准确理解信息的意义。譬如有人与你意见不同时，你可能认为此人没有完全领会你的看法，换句话说，很多人认为良好的沟通是使别人接受自己的观点。但事实上，我可以很明白你的意思却不同意你的看法。当一场争论持续了相当长的时间，旁观者往往断言这是由于缺乏沟通导致的。然而，调查表明恰恰此时正在进行着大量有效的沟通，他们中的每一个人都充分理解了对方的观点和见解。那为什么还会有人认为是缺乏沟通所导致的呢？主要原因是人们把有效的沟通与意见一致混为一谈了。

管理案例

联合制造公司总经理奥斯特曼对随时把本公司经济上的问题告诉雇员的重要性非常了解。她知道，由于市场价格不断跌落，公司正在进入一个困难的竞争时期。同时她也清楚，为了保住本公司的市场份额，必须降低产品的出售价格。

奥斯特曼每月向所有雇员发出一封定名为“来自总经理部”的信，她认为这是传递信息的一种好方式。然而，一旦出现了重要情况，她还要把各部门负责人召集到那个简朴的橡木镶板的会议室里。在她看来，这样做会使这些负责人确实感到他们是管理部门的成员并参与了重大决策的制定。根据会议的礼仪规定，所有与会人员都要在预定时间之前就座，当奥斯特曼夫人进来时要起立致意，直至得到允许后再坐下。这次会议，奥斯特曼进来后只简单地点了点头，示意他们坐下。

“我叫你们都来，是想向你们说明我们所面临的可怕的经济形势。我们面对的是一群正在咬我们脚后跟的恶狼一样的对手。他们正在迫使我们以非常低的价格出售我们的产品，并且要我们按根本不可能实现的日期交货。如果我们这个大公司——自由企业的一个堡垒——还打算继续存在下去，我们所有的人就都要全力投入工作，齐心协力地干。下面我具体地谈谈我的意见。

“首先，我们这里需要积极思想的人，而且所有的人都应当通力合作。我们必须要使生产最优化，在考虑降低成本时，不能对任何一个方面有所疏忽。为了实现降低成本的应急计划，我在公司外聘请了一个最高级的生产经理。

“我们要做的第二件事是最大限度地提高产品质量。在我们这个企业里，质量就是一切。每部机器都必须由本部门的监督员按计划进行定期检验。只有经过监督员盖章批准后，机器才能开始运转，投入生产。在质量问题上，再小的事情也不能忽视。

“在我的清单上所列的值得认真考虑的第三个问题是增强我们的推销员的力量。顾客是我们这个企业的生命线，尽管他们有时不对，我们还是要态度和气地、灵活地对待他们。我们的推销员必须学会做生意，使每一次推销都有成效。公司对推销员的酬报办法是非常公正的，即使如此，我们还打算通过提高滞销货的佣金率来增加他们的奖金数额。我们想使这个意见在董事会上得到通过。但是，我们必须保住成本，这是不能改变的。

“最后，我要谈谈相互配合的问题。这对我们来说比其他任何问题都更加重要。要做到这一点，非齐心不可。领导就是配合，配合就是为同一目标共同努力。你们是管理部门的代表，是领导人，我们的目标你们是知道的。现在让我们一起努力工作，并迅速地把我们的这项复杂的事情搞好吧！要记住，我们是一个愉快的大家庭。”

发表完意见之后，奥斯特曼用严厉的目光向在座的人扫视了一下，似乎在看是否有人敢讲什么。没有一个人说话，因为他们都知道，发表任何意见都会被奥斯特曼夫人看作持有不同意见。

奥斯特曼结束了她的讲话，参加会议的人都站了起来，静立在各自的椅子旁边。奥斯特曼收起文件，离开会议室朝她的办公室走去。

思考：

1. 这个案例中，构成沟通障碍的除了语言因素之外，还有什么因素？
2. 若这次会议由你安排，你打算怎样来保证双向的沟通？

本章重点知识归纳

1. 沟通是指为了实现组织目标，信息从发送者到接收者的传递和理解的过程。沟通是有目的性的；沟通是双方的行为；沟通是一个传递和理解的过程；信息的传递是通过一些符号来实现的。

2. 有效沟通是指信息发送者在恰当的时候及适宜的场合，选择恰当的沟通渠道，用得体的方式表达思想和感情，并能被信息接收者正确理解和执行的过程。

3. 按照信息传递媒介划分，沟通可分为口头沟通、书面沟通、非语言沟通、电子媒介沟通。按照信息传递方向划分，沟通可分为下行沟通、上行沟通、平行沟通和斜向沟通。按照沟通渠道划分，沟通可分为正式沟通和非正式沟通。按照沟通内容划分，沟通可分为信息沟通和情感沟通。

4. 在人们沟通信息的过程中，常常会受到各种因素的影响和干扰，使沟通受到阻碍。沟通障碍主要来自三个方面：发送者的障碍、接收者的障碍、沟通通道的障碍。

5. 倾听的技巧：设身处地，站在对方的立场上进行思考；要有耐性，听完再发表看法；积极回应，适时发问；准确理解；使用并观察肢体语言。

6. 说的技巧：选择“说”的环境；选择“说”的机会；多使用积极性语言，少使用消极性语言；正确使用肢体语言。“说”的环境：环境嘈杂时不说；环境对自己不利时不说；善于营造最佳环境。“说”的机会：对方心情不好时不说；对方专注于其他事情时不说；对方抗拒时不说。

第八章想一想

第八章做一做

第八章 PPT

第九章
控制技术与方法

学习目标

通过本章的学习，学生应理解控制的含义和基本过程；区分三种不同类型的控制；了解奖惩和考核的含义、关注点；掌握主要的控制技术和方法，初步具备控制技能。

第一节 控制职能

引导案例

客户服务质量控制

美国某信用卡公司的卡片分部认识到高质量的客户服务非常重要。客户服务不仅影响公司信誉，也和公司利润息息相关。例如，一张信用卡每早到客户手中一天，公司可获得33美分的额外销售收入，这样一年下来，公司将有140万美元的净利润。及时地将新办理的和更换的信用卡送到客户手中是客户服务质量的一个重要方面，但这远远不够。

通过对客户服务质量进行控制来反映其重要性，最初是由卡片分部的一个地区副总裁凯西·帕克提出来的。她说："一段时间以来，我们对传统的评价客户服务的方法不大满意。向管理部门提交的报告有偏差，因为报告中很少包括有问题但没有抱怨的客户，或那些只是勉强满意公司服务的客户。"她相信，真正衡量客户服务的标准必须基于和反映持卡人的见解。这就意味着要对公司控制程序进行彻底检查。第一项工作就是确定客户对公司的期望。对抱怨信件的分析指出了客户服务的三个重要特点：及时性、准确性和反应灵敏性。持卡者希望准时收到账单、快速处理地址变动、采取行动解决抱怨。

了解了客户期望，公司质量保证人员开始建立控制客户服务质量的标准。所建立的180多个标准反映了诸如申请处理、信用卡发行、账单查询反应及账户服务费代理等服务项目的可接受的服务质量。这些标准都基于客户所期望的服务的及时性、准确性和反应灵敏性上，同时也考虑了其他一些因素。

除了客户见解，服务质量标准还反映了公司竞争性、能力和一些经济因素。例如，一些标准受组织现行处理能力的影响，另一些标准反映了其经济能力。考虑了每一个因素后，适当的标准就成型了，所以控制服务质量的计划开始实施。

计划实施效果很好，如处理信用卡申请的时间由35天缩短到15天，更换信用卡从15天缩短到2天，回答用户查询时间从16天缩短到10天。这些改进给公司带来的潜在利润是巨大的。例如，办理新卡和更换旧卡节省的时间会给公司带来1750万美元的额外收入。另外，如果用户能及时收到信用卡，他们就不会使用竞争者的卡片了。

该质量控制计划除为公司带来潜在的收入和利润外，对公司还有其他的益处：使整个公司都注重客户期望。各部门都以自己的客户服务记录为骄傲。而且每个雇员都对改进客户服务做出了贡献，员工士气大增。每个雇员在为客户服务时，都认为自己是公司的一部分，是公司的代表。

卡片分部客户服务质量控制计划的成功，使公司其他部门纷纷效仿。无疑，它对该公司的贡献将是非常巨大的。

思考：

1. 该公司控制客户服务质量的计划是前馈控制、反馈控制还是即时控制？

2. 找出该公司对计划进行有效控制的三个因素。

3. 为什么该公司将标准设立在经济可行的水平上，而不是最高可能的水平上？

案例启示：控制与计划的关系相当密切，计划起着指导性作用，管理者在计划的指导下领导各项管理活动以便达成组织目标，而控制则是为了保证一切管理活动都能按照计划进行。因此，可以说，计划和控制是一个问题的两个方面。本案例中的服务质量控制就是通过制订恰当的计划，明确控制的目的，进行有效的控制。

一、控制职能概述

1. 控制职能的含义

所谓控制，就是按照计划标准衡量计划的完成情况和纠正计划执行中的偏差，以确保计划目标的实现，或适当修改计划，使计划更加符合实际情况。控制是监视各项活动，保证组织计划与实际运行状况动态适应的管理职能。

在现代管理活动中，管理控制工作的目标主要有两个：

（1）限制偏差的累积。一般来说，工作中出现偏差是不可避免的。但小的偏差失误在较长时间里会逐渐积累放大并最终对计划的正常实施造成威胁。因此管理控制应当能够及时地获取偏差信息。

（2）适应环境的变化。从制定目标到实现目标，总是需要一段时间。在这段时间，组织内部的条件和外部环境可能会发生一些变化，这就需要构建有效的控制系统帮助管理人员预测和把握这些变化，并对由此带来的机会和威胁做出相应的反应。

2. 控制工作的地位和作用

（1）控制是作用于管理活动全过程的重要的管理职能。正如前面我们所介绍的，组织所处的内外部环境是在不断变化的，组织及其活动中的人、财、物及信息等各种资源的组合方式也是复杂多变的；因此，不论你的预测有多精确，计划有多周详，也不可能做到未卜先知、全无偏差。只要偏差存在就需要用控制职能来发现并纠正偏差，偏差的出现与计划、组织、领导中的哪些职能有关，控制就会对其产生作用直至偏差消失。

① 当原有的组织目标及为其拟订的行动方案与剧烈变化的环境（远远超出了预测）产生矛盾时，控制就会警示组织修正原订目标和计划，使其更加切合实际。

② 当偏差的产生是由于组织结构或人员配备不合理时，控制会提醒组织应该重新进行人员选拔、人员组合、任务分派及明确职责来纠正偏差；如果偏差的产生是由于对组织成员的激励不够，协调不善，控制会提示管理者采取更高明的领导方法和激励方法来对其下属进行有效的管理。

上面所述看起来很复杂，实际上逻辑简单、清晰：管理活动的任何一个环节都可能存在偏差，不管是计划、组织、领导中哪一职能与偏差的产生有关，控制职能都会对其产生作用直至偏差消失；此外，良好的控制不但能够消除偏差，还能找到偏差产生的真正原因以及消除偏差的有效途径，并将其反馈给管理者，作为管理者今后更为有效地行使各种管理职能的重要依据。

（2）控制可以帮助企业赢得竞争优势——效率、质量、顾客响应及创新。

① 通过控制，管理者可以准确地评价组织的产出能力及资源的使用效率。大部分优秀的管理者都希望能够精确地测定出本企业生产每一单位产品所消耗的资源数量，以及有多少单位的产品或服务正在生产之中。而控制系统中包含了管理者用来评估产品或服务的生产效率的标准。此外，如果管理者试图对原有的生产组织方式进行改造以获得更高的效率，控制系统还可以使管理者明确这种改造是否取得了成功及成功程度如何。

例如，过去汽车的生产是全手工的，七八个工人围着一辆汽车敲敲打打进行生产，后来福特率先提出了用生产线组装来代替以往的全手工生产，这可以说是汽车制造业的一次重大变革，可是这次变革成功吗？这一点毫无疑问，因为我们采用了控制系统中“汽车的日产量”这一指标来分别评价“全手工生产”和“生产线组装生产”两种生产组织方式。

② 一个有效的控制系统可以帮助管理者始终监督产品和服务的质量，并持续地对其进行改进。正如我们所知道的，质量是当今企业赢得竞争优势的又一重要手段，而组织控制是决定产品和服务质量的关键因素，这主要是因为一个良好的控制系统可以向管理者提供产品或服务质量真实的反馈信息。

例如，克莱斯勒公司就坚持统计顾客的投诉数量和新车的返修数量，以此来对本企业的服务和产品质量做出正确的评价，并不断实施改进。

③ 良好的控制可以使员工更积极主动地为顾客提供帮助，并与顾客保持良好的联系。一个企业对其顾客的响应水平会直接影响到企业在顾客心目中的形象及企业与顾客之间的关系。良好的响应是企业富有活力及尊重顾客的重要表现。

例如，中国电信公司会在为顾客完成安装服务后的第二天主动打电话询问顾客对其工作人员的评价，以此来监督和激励其员工更好地响应顾客提出的服务要求，与顾客保持良好的联系。

④ 恰当的控制与鼓励创新的组织文化的结合，对提高组织的创新水平具有重要的意义。创新对于一个企业来说意义重大。企业要想提高员工的创新水平，必须给予员工一定的自由发挥的空间，但是这种自由发挥的空间必须在一个合理的控制系统的掌控之中。此外，控制系统还能够正确地考核员工的实际创新业绩，并将这些业绩与员工的收入挂钩，进而起到对员工的激励作用。

管理案例

经过长达 15 年的精心准备，耗资 15 亿美元的哈勃太空望远镜最后终于在 1990 年 4 月发射升空。但是，美国国家航空航天局（NASA）仍然发现望远镜的主镜片存在缺陷。直径达 94.5 英寸的主镜片的中心过于平坦，导致成像模糊。因此望远镜对遥远的星体无法像预期那样清晰地聚焦，结果造成一半以上的实验和许多观察项目无法进行。

更可悲的是，如果有一点更细心的控制，这些是完全可以避免的。镜片的生产商珀金斯-埃默公司，使用了一个有缺陷的光学模板来生产如此精密的镜片。具体原因是，在镜片生产过程中，进行检验的一种无反射校正装置没设置好。校正装置上的 1.3 毫米的误差导致镜片研磨、抛光成了误差形状。但是没有人发现这个错误。具有讽刺意味的是，与其他许多美国国家航空航天局项目所不同的是，这一次并没有时间上的压力，而是有足够充分的时间来发现望远镜上的错误。实际上，镜片的粗磨在 1978 年就开始了，直到 1981 年才抛光完毕。此后，由于“挑战者号”航天飞机的失事，完工后望远镜又在地球上待了两年。

美国国家航空航天局负责哈勃项目的官员对望远镜制造中的细节根本不关心。事后国家航空航天局中一个由 6 人组成的调查委员会的负责人说：“至少有三次明显的证据说明问题的存在，但这三次机会都失去了。”

一件事情，无论计划做得多么完善，如果没有令人满意的控制系统，在实施过程中仍然会出问题。因此，进行有效的管理，必须考虑到设计良好的控制系统所带来的好处。

3. 控制工作的基本特征

（1）目标性。同其他管理工作一样，控制工作也具有明确的目的性特征。管理控制无论是着眼于纠正执行中的偏差还是调整计划以适应环境的变化，都是紧紧地围绕组织的根本目标进行的。控制工作的意义就体现在，它通过发挥纠偏和调适两个方面的功能，促使组织更有效地实现其根本目标。

（2）整体性。首先，从开展控制工作的主体看，完成计划和实现组织目标是组织全体成员共同的责任，因此管理控制不仅仅是管理人员的职责，也是组织全体成员的共同职责。让全体成员共同参与管理控制工作，也有利于增进其对控制工作的理解，更有效地开展管理控制工作。其次，从控制的对象来看，管理控制覆盖组织活动的各方面，人、财、物、时间、信息等资源，各层次、各部门、各单位的工作，以及企业生产经营的各个不同阶段等，都是管理控制的对象。最后，管理控制需要把整个组织的活动作为一个整体来看待，使各方面的控制协调一致，以达到组织整体优化的效果。

（3）动态性。管理控制不同于一般的机械、物理控制。机械、物理控制是一种高度程序化的控制，具有稳定性特征。组织则不是静态的，其外部环境和内部环境随时都在发生着变化，从而决定了控制对象、控制标准和方法不可能固定不变。管理控制应具有动态的特征，这样才能够保证和提高控制工作的灵活性和有效性。

（4）人本化。组织中的管理控制是由具体的人执行的，本质上是对人的行为的一种控制。通过控制工作，管理者可以帮助员工分析偏差产生的原因，端正员工的工作态度，指导他们采取纠正的措施。这样既能达到控制的目的，又能提高员工的工作能力和自我控制能力。

4. 控制的基本原则

要想真正发挥控制职能的作用，建立一个有效的控制系统，必须坚持一些基本原则。

（1）重点原则。控制的过程可以说是发现和纠正偏差的过程。在控制过程中不仅要注意偏差，而且要注意出现偏差的具体事项，我们不可能控制工作中所有的事项，而只能针对关键的事项，且仅当这些事项的偏差超过了一定限度，足以影响目标的实现时才予以控制纠正。事实证明，要想完全控制工作或活动的全过程几乎是不可能的，因此应抓住活动过程中的关键和重点进行局部的和重点的控制，这就是所谓的重点原则。

控制作为一种管理职能，它为组织目标服务。良好的控制必须有明确的目的，不能为控制而控制。无论什么性质的工作往往都有多个目标，但总有一两个是最关键的。管理者要在这众多目标中选择出关键的、反映工作本质和需要控制的目标加以控制。

（2）及时性原则。高效率的控制系统，要求能迅速发现问题并及时采取纠正偏差的措施，一方面要求及时准确地提供所需的信息，避免时过境迁，使控制失去应有的效果；另一方面要估计可能发生的变化，使采取的措施与已变化了的情况相适应，即纠正偏差措施的安排应有一定的预见性。

（3）灵活性原则。任何控制对象和控制过程都受到众多未来因素的影响，而对未来因素变化的预测总会存在一定的不准确性，因此所控制的对象和过程也不可能完全按照所设计的控制目标发展。控制的灵活性原则就是要求制订多种应付变化的方案和留有一定的后备力量，并采用多种灵活的控制方式和方法来达到控制的目的。控制应保证在发生某些未能预测到的事件的情况下，如环境突变、计划疏忽、计划失败等，控制仍然有效，因此要有一定的弹性和替代方案。

（4）经济性原则。控制是一项需要投入大量的人力、物力、财力等各种资源的活动，耗费之大正是今天许多应予以控制的问题没有得以控制的重要原因，因此在进行控制时必须坚持经济性原则。一是要求实行有选择的控制，全面周详的控制不仅是不必要的，也是不可能的，要正确而精心地选择控制点，控制点太多会不经济，太少会失去控制；二是要求努力降低控制的耗费而提高控制效果，改进控制方法和手段，以最少的资源投入取得理想的控制效果。

（5）可操作性原则。控制的最后落实应是纠正偏差措施的实际贯彻，并发挥应有的效果。因此这些措施必须具有可操作性，即这些措施必须是可以投入实际运作的，而且在经济上必须是合理的，在技术上是可行的。

二、控制机制

控制系统是向管理者提供有关组织战略和组织结构能否有效地发挥作用这一信息的正式的目标设定、监督、评估和反馈系统。当出现偏差时，有效的控制系统就会向管理者发出警告，并给他们留出对机会和威胁做出反应的时间。

有效的控制系统应具有三个特征：①足够灵活，以便管理者能对意料之外的事件及时做出反应；②能够提供准确的信息，向管理者提供组织业绩的真实情况；③能够向管理者提供及时的信息（具有时效性的信息）。

1. 控制系统的构成

（1）控制的目标体系。任何控制活动都有一定的目标取向，无目的的控制是不存在的。在一个组织中，控制应服从于组织发展的总体目标。在这个前提下，总目标所派生出来的分目标及各项计划的指标，也是控制的依据。

（2）控制的主体。组织中控制系统的主体是各级管理者及其所属的职能部门。组织内的控制活动是由人来执行操纵的，它以各层次的管理者为主体，能根据变化了的环境和条件有意识地调节自己的活动。控制主体控制水平的高低是控制系统能发挥多大作用的决定性因素。

（3）控制的对象。组织控制系统的控制客体，即控制的对象，是整个组织的活动。控制的对象可以从不同角度进行划分。从横向看，组织中的人、财、物、时间、信息等资源都是控制的对象。从纵向看，组织中的各层次，如企业中的部门、车间、班组都是控制的对象；从控制的阶段看，组织内不同的业务阶段和业务内容也是控制对象，如企业中供、产、销三个阶段都需要控制。因此组织的控制应该是全面的控制。

（4）控制的技术系统。控制的技术系统即控制的手段和工具系统，主要包括控制的机构、控制的工具、信息系统等几个方面。

（5）控制的信息反馈系统。及时发现指标体系中哪个或哪些指标的完成过程存在偏差，找到偏差出现的原因，制订纠正偏差可行的方案，并通过实施纠正措施来确保指标的完成。

2. 控制系统运转的基本要求

（1）要以明确的、切实可行的组织目标和计划作为开展控制工作的前提。

（2）要有专门的控制职能部门和专职人员作为实施控制工作的组织保证。

（3）要有健全的信息反馈渠道。

（4）要有一套符合组织目标和计划的要求且切实可行的控制标准。

（5）要科学地选择控制点，突出控制工作的重点对象。

（6）要能及时准确地发现、分析和解决组织活动中的问题。

（7）要提高控制工作的灵活性。

（8）要考虑控制工作的经济性和合理性。

（9）要注重采用先进、适用的控制方法和手段。

三、控制的基本类型

在组织中，控制可以从不同的角度来进行划分。

1. 按照控制点的位置分类

按照控制点处于事物发展进程的阶段，控制可以分为事前控制、事中控制和事后控制。

（1）事前控制。事前控制又称事先控制，是指一个组织在一项活动正式开始之前所进行的控制活动。事前控制主要是对活动最终产出的确定和对资源投入的控制，其重点是防止组织使用的资源在质和量上产生偏差。因此事前控制的基本目的是保证某项活动有明确的绩效目标，保证各种资源要素的合理投放，如各种计划、市场调查、原材料的检查验收、组织招工考核、入学考试等，都属于事前控制。

（2）事中控制。事中控制又称过程控制、现场控制，是指在某项活动或工作过程中进行的控制，管理者在现场对正在进行的活动给予指导与监督，以保证按规定的政策、程序和方法进行。事中控制的目的是及时发现并纠正工作中出现的偏差，如生产过程中的进度控制、每日情况统计报表、学生的家庭作业和期中考试等，都属于事中控制。

（3）事后控制。事后控制又称反馈控制。事后控制是在工作结束之后进行的控制。事后控制把注意力主要集中在工作结果上，通过对工作成果进行测量、比较和分析，采取措施，进而调整今后的行动。事后控制是历史悠久的控制类型，传统的控制方法几乎都属于此类，如企业对生产出来的成品进行质量检查、学校对学生的违纪处理等，都属于事后控制。

管理故事

魏文王问名医扁鹊说：“你们家兄弟三人，都精于医术，到底哪一位医术最好呢？”扁鹊答说：“长兄最好，中兄次之，我最差。”文王再问：“那么为什么你最出名呢？”扁鹊答说：“我长兄治病，是治病于病情发作之前。由于一般人不知道他事先能铲除病因，因此他的名气无法传出去，只有我们家的人才知道。我中兄治病，是治病于病情初起之时。一般人以为他只能治轻微的小病，所以他的名气只及于本乡里。而我扁鹊治病，是治病于病情严重之时。一般人都看到我在经脉上穿针管来放血、在皮肤上敷药等大手术，所以以为我的医术高明，名气因此响遍全国。”

事后控制不如事中控制，事中控制不如事前控制，可惜大多数的企业经营者均未能体会到这一点，等到错误的决策造成了重大的损失才寻求弥补，有时是“亡羊补牢，为时已晚”。

2. 按照控制信息的性质分类

按照控制信息的性质，控制可以分为反馈控制、即时控制和前馈控制。

（1）反馈控制。反馈控制就是根据过去的情况来指导现在和将来，即从组织活动过程中的信息反馈中发现偏差，通过分析原因，采取相应措施来纠正偏差（图 9-1）。

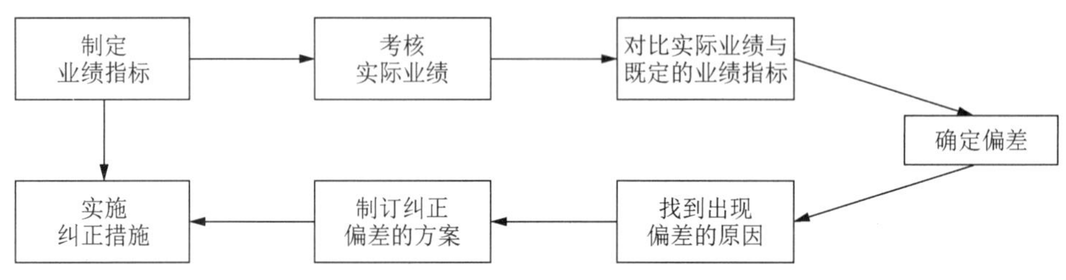

图 9-1　反馈控制系统的工作原理

在我们的现实生活中，冰箱的温控系统是典型的反馈控制系统：当冰箱的温控系统察觉到冰箱内部的温度高于预先设定的温度标准时，就会发出信号，制冷功能随即启动。随着制冷设备的持续作业，冰箱内部的温度开始下降，当温度开始低于预先设定的温控标准时，温控系统重新发出信号，制冷设备随即就会停止工作。应用于管理领域的反馈控制系统，与冰箱的温控系统非常相似。

反馈控制是一个不断提高的过程，它的工作重点是把注意力集中在历史结果上，并将它作为未来行为的前提和基础。在组织中应用最广泛的反馈控制方法有财务报告分析、标准成本分析、质量控制分析与工作人员成绩评定等。

综上所述，每个组织都有其自身的目标。为了实现目标，组织就要制订计划（未来的行动方案和蓝图)；为了判断是否实现了计划，就要建立一个完整的指标体系；既然是指标体系，说明其中所包含的指标是有层次的，彼此是相关联的；如果指标体系中的每一个指标都被完成了，说明计划就实现了，进而组织目标也就实现了。反馈控制的作用就在于：及时发现指标体系中哪个或哪些指标的完成过程存在偏差，找到偏差出现的原因，制订纠正偏差的可行的方案，并通过实施纠正措施来确保指标的完成。之所以称其为反馈控制系统，是因为只有在偏差出现以后，它才能够发挥作用，正如前面所介绍的——反馈控制系统所返回的都是与偏差有关的东西。所以该方法的中心问题是最终结果，即用历史结果指导将来的行动。

（2）即时控制。反馈控制不是最好的控制，但它目前仍被广泛地使用着，这是因为有许多工作现在还没有有效的预测方法，而且受主客观条件的限制，人们往往会在执行计划过程中出现失误。但如果能够在第一时间考核业绩，那么就可能在第一时间发现偏差。我们把大幅度地提高业绩考核及时性的这种反馈控制称为即时控制。即时控制系统就是基于对即时信息的采集、分析来实施控制的一种管理控制系统，即监督实际正在进行的操作，以保证按目标办事。即时信息是指与事件的发生同步产生的信息。过去主要由管理人员通过在现场的亲身观察来判断和纠正其他人员按程序行事，现在通过计算机来进行控制。

但是从图 9-1 中可以发现，即使我们能够在第一时间获得即时信息并考核业绩、对比实际业绩和既定指标，甚至发现偏差，通常情况下我们也很难在短时间内找到导致偏差出现的主要原因，更不要说制订纠正偏差的方案以及实施纠正措施了。因此，至少目前来看，还很难完全做到即时控制。

（3）前馈控制。正如我们前面所介绍的，不论是反馈控制系统还是罕见的即时控制系统都只能在偏差出现以后才能够发挥作用。而前馈控制指的是通过对情况的观察、规律的掌握、信息的分析、趋势的预测，预计未来可能发生的问题，在其发生前即采取措施加以防止的控制方法，又称为指导将来的控制。其着眼点是通过预测对被控对象的投入或过程进行控制，以保证所期望的产出。例如，通过市场营销预测来调整企业的营销策略、通过流通资金的预算来控制资金的收支等，都属于前馈控制。

前馈控制系统的工作原理与预防“狼吃羊”系统的工作原理非常相似。例如，我们可以通过对前 10 个月的销售业绩进行分析和评估，预测出按照现在的趋势可能会无法完成今年的销售指标。此时我们可以提前采取行动，如通过加大广告的投入力度等，来避免“年底无法完成销售指标”这一偏差的出现。图 9-2 就是一个前馈控制系统的工作原理图。

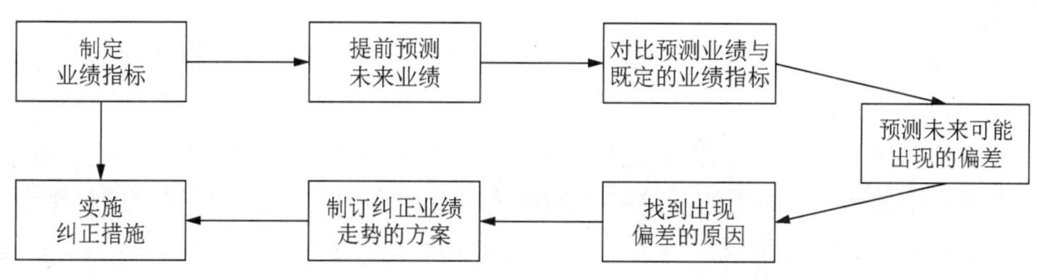

图 9-2 前馈控制系统的工作原理

有些学者认为在某种意义上前馈控制系统就是一个反馈控制系统，因为二者的工作原理如出一辙，都是通过纠正业绩上存在的偏差来确保实现组织目标的，只不过前馈控制系统是以预测的偏差作为控制依据，而反馈控制系统是以实际产生的偏差作为控制依据。

三种控制系统的区别如图 9-3 所示：前馈控制是建立在能测量资源的属性和特征的信息基础上的，因此纠正的中心是资源。即时控制是建立在与活动有关的信息基础上的，而这种活动就是所要纠正的对象。而反馈控制所要纠正的是资源和活动，而不是结果。

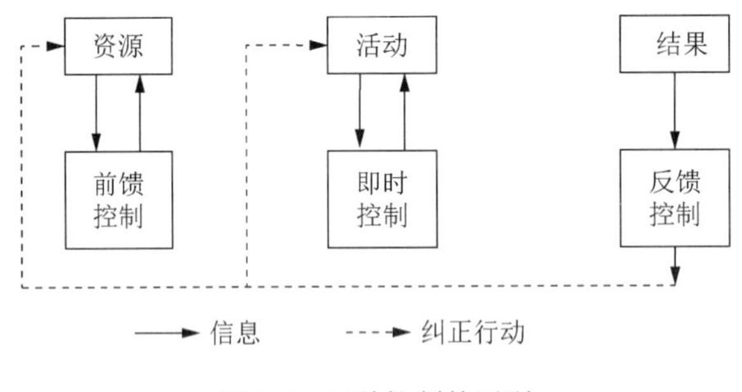

图 9-3　三种控制的区别

3. 按照控制力量的来源分类

按照控制力量的来源，控制可以分为正式组织控制、群体控制和自我控制。

（1）正式组织控制。正式组织控制是通过管理人员设计和建立起来的一些机构或规定来进行控制。例如，组织可以通过规划指导组织成员的活动，通过预算来控制消费，通过审计来检查各部门或各成员是否按照规定进行活动，对违反规定或操作规程者给予处理等，都属于正式组织控制。在多数组织中，普遍实行的正式组织控制的内容包括以下几个方面。

① 实施标准化，即制定统一的规章制度，制订标准的工作程序以及生产作业计划等。

② 保护组织的财产不受侵犯，如防止偷盗、浪费等，包括记录设备的使用情况、审计作业程序以及责任的分派等。

③ 质量标准化，包括产品的质量及服务的质量。主要采取的措施有职工培训、工作检查、质量控制以及激励政策。

④ 防止滥用权利，可以通过制定明确的权责制度、工作说明、指导性政策、规划以及严格的财务制度来完成。

⑤ 对员工的工作进行指导和考核，可通过评价系统、产品报告、直接观察和指导等方式来完成。

（2）群体控制。群体控制是基于非正式组织成员之间的不成文的价值观念和行为准则进行的控制。非正式组织尽管没有明文规定的行为规范，但组织中的成员都十分清楚这些规范的内容，都知道如果自己遵守这些规范，就会得到其他成员的认可，可能会强化自己在非正式组织中的地位；如果违反这些行为规范就会遭到惩罚，这种惩罚可能是遭受排挤、讽刺，甚至是被驱逐出该组织。群体控制在某种程度上左右着职工的行为，如果处理得好有利于组织目标的实现，如果处理得不好则会给组织带来很大危害。

（3）自我控制。自我控制是指个人有意识地按某一规范进行活动。自我控制能力取决于个体本身的素质。例如，一个员工不愿把企业的东西据为己有，可能是因为他具有较强的自我控制能力。具有较高层次需求的人比具有较低层次需求的人具有较强的自我控制能力。实际上，自我控制更多地受组织文化的影响。组织文化并不是通过外部强制而发挥作用的约束控制系统（如直接监督和采用标准操作规则的行政控制），而是员工在内化了组织文化中的价值观和规范后，在其指引下进行决策和行动的自觉控制系统或自我控制系统。

第二节　有效控制的程序

引导案例

星龙湾大酒店的悲剧

2001年8月8日，星龙湾大酒店在鲜花的簇拥和鞭炮的喧嚣中正式对外营业了。这是一家集团公司投资成立的涉外星级酒店，该酒店不仅拥有装潢豪华、设施一流的套房和标准客房，下设的老宁波餐厅更是特色经营传统宁波菜和海派家常菜肴，为中外客商提供各式专业和体贴的服务。由于集团公司资金雄厚实力强大，因此在开业当天，不仅社会各界知名人士到场剪彩庆祝，更吸引了大批新闻媒体竞相采访报道。一时之间，星龙湾大酒店门前是人头攒动，星光熠熠。

最让星龙湾人感到骄傲和值得夸耀的是酒店大堂里的一盏绚丽夺目、熠熠生光的水晶灯。这盏水晶灯是公司王副总经理亲自组织货源，最终从奥地利某珠宝公司高价购回的，货款高达120万美元。这样的超级豪华水晶灯不仅在全国罕见，即使是在国外，也只有在少数几家五星级大酒店里才能见到。开业当天，来往宾客无不对这盏豪华的水晶灯赞不绝口，称羡不已。尤其是经过媒体报道，星龙湾酒店的水晶灯更成为当天的头条新闻，星龙湾大酒店在这一天也像那盏水晶灯一样，一举成名，当天客房入住率就达到了80%以上。王副总经理也因此受到了公司领导的高度赞扬，一连几天，王总的脸上都洋溢着快乐而满足的笑容。然而，好景不长，两个月后，这盏高规格高价值的水晶灯就出了状况。首先，它失去了原来的光泽，变得灰蒙蒙的，即使用清洁布使劲擦拭也不复往日光彩。其次，部分金属灯杆出现了锈斑，还有一些灯珠破裂甚至脱落。人们看到这破了相的水晶灯，议论纷纷，这就是破费数百万美元买来的高档水晶灯吗？鉴于情况严重，公司领导责令王总经理在限期内对此事做出合理解释，并停止了他的一切职务。这个时候，王副总经理再也笑不出来了。事件真相很快就水落石出了，原来这盏价值近千万元人民币的水晶灯根本不是从奥地利某珠宝公司购得的，而是通过南方某地的W公司代理购入的赝品水晶灯。王副总经理在交易过程中贪污受贿，中饱私囊。虽然出事之后，王副总经理受到了法律的严惩，然而星龙湾大酒店不仅因此遭受了数千万元的巨额损失，更为严重的是酒店名誉蒙受重创，成为同行的笑柄。这对于一个新开业的公司而言，是个致命的打击。

思考：星龙湾大酒店为什么会发生这样的悲剧？在以后的企业经营中又该如何防范呢？

案例启示：星龙湾大酒店在未经过公开招标的情况下，即与南方 W 公司签订了价值为 120 万美元的代购合同。一笔交易毁了整个企业，这里面的教训发人深省。一笔采购业务，特别是金额较大的业务通常涉及采购计划的编制、物资的请购、订货或采购、验收入库、货款结算等。因此，应当针对各具体环节的活动，建立完整的采购程序、方法和规范，并严格依照执行。只有这样，才能防止作弊，保证企业经营活动的正常进行。

根据这个案例涉及的环节，企业应做如下控制：首先，要做到职务分离，采取集体措施；其次，要做好入库验收控制；最后，还必须做好货款支付控制。

本案例中，能堂而皇之地挂在豪华的酒店大厅中的价格高昂的赝品水晶灯，没有技术证明资料，没有必要的查验手续，而管理人员就慷慨大方地将支票签了，钱付了，这是无意的疏忽还是当事人有意地回避和遮掩？不管实情如何，这都反映了该公司整个材料采购环节内部控制中存在着巨大漏洞，以至让不法分子有利可图，有机可乘。

一、确定控制标准

控制标准是控制工作得以开展的前提，是检查和衡量实际工作的依据和尺度。如果没有控制目标、标准，便无法衡量实际工作，控制工作也就失去了目的性。为确定控制标准，必须正确地选择控制对象和关键控制点，并根据控制对象的具体特征采用科学的方法制订控制标准。

（一）控制标准的含义与作用

标准是用来衡量实际或预期工作成果的标尺或尺度。控制标准反映工作计划和目标对实际工作的要求，是控制目标的表现形式，也是测定实际工作绩效的基础。对照控制标准，管理人员可以对工作状况是否与计划相一致以及工作绩效好坏做出判断。没有一套完整的控制标准，衡量绩效和纠正偏差就会失去客观的依据。因此，制订控制标准是控制工作的起点。

（二）控制标准的分类

1. 定量标准与定性标准

定量标准就是可以用数字量化的标准。定量标准主要包括实物标准（如产品数量、废品数量）、价值标准（如单位产品成本、销售收入、利润等）、时间标准（如工时定额、交货期）。

定性标准就是难以量化的标准，如有关产品和服务质量、组织形象等方面的衡量一般都是定性的。

2. 实物标准与价值（财务）标准

实物标准是一种非货币化的标准，用于反映定量的工作成果。例如，单位产量工时、单位台时产量、每日门诊人数等。实物标准也可以用来反映质量，如轴承面硬度、公差的精确度、纺织品的耐久性等。实物标准普遍适用于基层生产单位，是计划工作的基石，也是控制的基本标准。

价值（财务）标准是用货币度量的标准。具体又分为费用标准、资金标准和收入标准。费用标准是采用货币形式衡量消耗的指标，如单位产品人工费用、材料费用等。费用标准也是一种普遍应用于基层生产组织的控制标准。资金标准是费用标准的变种，是以货币计量实物项目的一种标准，如投资项目的投资回收率等。收入标准则是以货币形式衡量销售额的指标，如单位产品销售收入等。

（三）制订控制标准的步骤

1. 确定控制对象

（1）环境因素。组织的计划和目标的确定必须考虑那些对组织有重要影响的环境因素。对组织具有显著影响的环境因素往往是控制工作的重点。

（2）资源投入。组织成果是通过从外部获取各种需要的资源并对其进行加工转换而得到的。投入的资源数量、质量如何，不仅会影响到组织活动能否按期限、数量、质量和品种的要求完成经营任务指标，而且获取资源的成本费用也会影响到经营活动的经济效果。因此，必须对资源投入进行控制，使之在各方面都符合预期经营成果的要求。

（3）活动过程。企业员工的工作质量和数量是决定经营成果的重要因素，因此，必须使企业员工的活动符合计划和预期结果的要求。为此，必须建立员工的工作规范，明确各部门、各单位、各人员在各时期的阶段成果指标，以便对他们的活动进行切实有效的控制。

上述各方面因素中哪些是管理控制工作的重点，需要根据具体的情况来确定。在工作成果较难衡量而工作过程也难以标准化、程序化的高层管理和创新性活动中，工作者的素质和技能是主要的控制对象。而在工作方法或程序与预期工作成果之间有比较明确或固定关系的常规性活动中，工作过程本身就是主要的控制对象。

2. 选择关键控制点

所谓关键控制点，是指对计划目标实现具有重大影响的关键点，它们是业务活动中一些限定性的不利因素，或是能使计划更好地发挥作用的有利因素。企业控制住了关键点，实际上也就控制了全局。关键控制点主要有以下几种：①影响整个工作运行过程的重要操作与事项；②能在重大损失出现之前显示出差异的事项；③若干能反映组织主要绩效水平的时间与空间分布均衡的控制点。

关键控制点的数量和分布应足以使管理者对组织总体状况形成一个比较全面的把握。

3. 选择合适的方法制定控制标准

制订控制标准常用的方法有以下三种。

（1）统计分析法。统计分析法是根据企业的历史数据资料以及同类企业的水平，运用统计学方法来确定企业经营各方面工作的标准。用统计计算法制定的标准，便称为统计标准。

统计分析法的优点是简便易行。其局限性在于：一是对历史统计数据的完整性和准确性要求高，否则制定的标准没有任何意义；二是统计数据分析方法选择不当会严重影响标准的科学性；三是统计资料只反映历史的情况而不反映现实条件的变化对标准的影响；四是利用本企业的历史性统计资料为某项工作确定标准，可能低于同行业的先进水平，甚至是平均水平。

（2）经验估计法。经验估计法是根据管理人员和工作人员的实际工作经验，并参考有关技术文件或实物，评估计划期内条件的变化等因素，制定标准的方法。经验估计法适用于缺乏技术资料、统计资料的情况。其优点是简单易行，工作量小，但受主观因素影响大，准确性差。

（3）工程标准法。工程标准法是指在对工作情况进行客观的分析，并以准确的技术参数和实测的数据为基础，通过科学计算确定标准的方法。

使用工程标准法制订的标准具有精确可靠的优点，但技术要求高，计算工作量大，要求有较全面和准确的技术资料。

（四）控制标准的制订要求

制订的控制标准应符合以下要求：便于对各部门的工作进行衡量；有利于组织目标的实现；应与未来的发展相结合；应尽可能体现出一致性；应是经过努力可以达到的；应具有一定的弹性。

二、衡量工作成效

假如企业经营活动中的偏差都能在产生之前就被发现，管理者就可以预先采取必要的措施，并取得良好的效果。这是一种理想的控制与纠偏的方式，但并非所有的管理人员都有卓越的见识能预估出问题。在客观条件的限制下，最令人满意的控制方式就是：必要的纠偏措施能在偏差产生之后迅速采取。为此，要求管理人员及时掌握能够反映偏差是否产生并能判定其严重程度的信息。

1. 确立适宜的衡量方式

确立适宜的衡量方式包括确立衡量的项目、衡量的方法、衡量的频度、衡量的主体。

2. 建立有效的信息反馈系统

信息要能有效地服务于管理控制工作，需要符合以下三项基本要求：信息的及时性；信息的可靠性；信息的适用性。

管理人员获得控制信息的方法主要有亲自观察、分析报表资料、召开会议、抽样调查。

3. 通过衡量工作成效，检验标准的客观性和有效性

衡量工作成效是以预定的标准为依据来进行的，这就出现了一个问题：偏差到底是在执行中出现的还是标准本身就存在问题？

检验标准的客观性和有效性，是要分析对标准执行情况的测量能否取得符合控制需要

的信息。

三、纠正偏差

对实际工作成效加以衡量后，下一步就应该将衡量结果与标准进行对比。如果有较大偏差，则要分析造成偏差的原因并采取矫正措施；如果没有偏差，则应首先分析控制标准是否有足够的先进性，在认定标准水平合适的情况下，将之作为成功经验予以分析总结并用于指导今后的工作。矫正偏差的基本步骤如下。

1. 分析偏差信息，找出产生偏差的主要原因

在采取纠偏措施以前，必须首先对反映偏差的信息进行评估和分析。评估和分析偏差信息的任务，就是要判断偏差的严重程度，是否会对组织活动目标的实现产生影响。管理人员必须对可能造成偏差的各种影响因素进行深入、透彻的分析，透过表面现象找出造成偏差的深层原因，为制订切实有效的纠偏措施提供保证。

2. 根据偏差产生原因确定矫正措施实施的对象

在管理控制过程中，矫正措施实施的对象可能是企业的实际工作过程，也可能是指导这些活动的计划或事先确定的衡量实际工作的标准。

3. 针对不同情况选择适当的矫正措施

在找出了偏差产生原因，确定矫正对象后，管理者应根据不同情况制订针对性的矫正措施。对于因实际工作偏差造成的问题，控制的办法主要是纠偏，即通过加强管理和监督，确保工作与计划和标准一致；若发现计划目标或标准不切实际，控制工作则主要是按实际情况修改计划、目标或标准；若是组织运行环境出现了重大的未预料的变化，致使计划不能满足实际环境需要，那么相应的控制措施就是修正原来的计划或在必要时重新制订新计划。

第三节 控制技术与方法

引导案例

利润为何停止增长

西方石油公司在加利福尼亚州北部着手实施一项雄心勃勃的勘探计划。他们的计划很快取得了成功，发现了一个大气田和几个优良产油井。

随着利润的积累，银行竞相向西方石油公司贷款，投资者也迫切地购买该公司的股票，西方石油公司吞并了几家大的公司。

该公司经历了特殊的发展历程。1957 年它的销售额还不足 50 万美元，但到了 1974 年，

销售额就增长到了27亿美元。利润也保持同步增长。然而，到了1974年年末，发生了许多不利事件，使西方石油公司的高层主管部门受到了震惊。其中重大的事件有：

（1）新的、较大的化工产品竞争对手出现，公司的化工产品的利润持续下降。

（2）全国煤炭行业的罢工使煤矿在1974年10月和11月几乎连续关闭了2个月，使公司利润减少1100多万美元。

（3）新的全国煤矿安全法对开矿工作程序做了严格的改动规定，降低了劳动生产率，而且规定在雇用不到有经验的煤矿工时，要雇用许多新矿工，以致不得不雇用一些缺少经验的矿工。

（4）根据新的劳工合同，煤矿工人的工资有相当大的增长。

（5）塑料薄膜、塑料板和塑料纤维分公司在1974年的亏损超过了1000万美元，主要由于：①新厂设计不当，运转费用比预期的高；②新的、有前途的涂塑材料达不到规定指标，结果买主又把它整车运回公司；③称重、检查和贮存方法的设施不当使原材料大量浪费。

（6）在1974年度收益中扣除的最大亏损，是把8800万美元作为2亿美元为期3～5年油船租赁可能损失的一部分报损处理。欧洲企业的总经理是自作主张租赁油船的。这位总经理为这一沉重代价的决策而辞职。

（7）损失掉许多其他不成功的投资。一家小分公司的总经理拟准了在他的分公司总部所在地建造一幢新办公楼，费用为600万美元，在建造接近尾声时，发现他的分公司正在与另一家分公司进行合并，而合并后的公司总部要迁到另一个城市去。负责在国外油田钻探油井的经理遇到了预料不到的困难，他超支预算达500万美元，但在此之前，公司总部中竟然无人知晓，而且不知道油井已被废弃。

公司CEO伊斯曼先生坚持认为，一个机构的总部应当精简干练。他认为，他能够以董事长和总经理的身份来监视西方石油公司的经营管理，总经理的工作是与各分公司和子公司的经营保持密切联系。伊斯曼先生要对公司的重大决策做出决定，而且特别要对新的兼并以及石油勘探新租约和特许权进行谈判。他坚持认为，每个子公司和分公司的高级主管人员应该自己从事经营管理，而且主要根据收益和资产负债表来评定他们的工作成绩。

总部的主要控制方法是资本费用的预算。每年财务副总经理都要与分公司和子公司的高级主管人员坐在一起，听取他们对资本投资费用的需要量，然后运用自己的判断把资金分配到投资项目中去。此外，每隔3个月分公司和子公司都要向总部上报资产负债表和收益报表。这些报表由会计部门审查，然后用以编制公司汇总报表，向银行和投资者发送。

思考：西方石油公司对下属公司的主要控制手段有哪些？公司利润滑坡的主要原因是什么？

案例启示：控制技术与方法是指控制过程中所使用的具体控制方法和手段。控制技术与方法是多种多样的，各有其特点和作用。在管理实践中，为了实现有效的控制，必须合理选择适宜的控制技术和方法。根据需要，一般要将多种控制技术与方法综合起来运用。

一、专项控制

控制的对象是组织的活动，其主要内容是对组织中的人、财、物各方面资源运用状况和成效的控制。一般包括计划控制、质量控制、成本控制、库存控制、时间控制、数量控制、安全控制、人员行为控制等。下面简要介绍质量控制、成本控制、库存控制。

1. 质量控制

质量控制包括产品质量控制和工作质量控制，即质量控制既包括对企业物质产品或服务产品的质量控制，也包括对企业各项工作质量的控制。

进行质量分析和质量控制的常用方法包括排列图法、因果分析图法、对策表法、分层法、相关图法、直方图法和控制图法等。排列图法、因果分析图法、对策表法、分层法和相关图法为质量控制分析的常用方法（其中排列图法、因果分析图法和对策表法通俗地被归纳为两图一表法，一般要结合起来使用）；直方图法和控制图法为工序质量控制的常用方法。

直方图是指将收集到的数据按其大小等间距地分为若干组，以组距为底，以组内数据个数（频数）为高的一系列直方形所连起来的矩形图，是用于工序质量控制的一种质量数据的分布图形。

控制图又称为管制图，由美国贝尔电话实验所的休哈特博士在 1924 年首先提出使用后，就一直作为科学管理的一种重要方法，特别是在质量管理方面成了一个不可或缺的管理工具。它是一种有控制界限的图，用来区分引起质量波动的原因是偶然的还是系统的，也可以用来提供系统存在问题的各种原因的信息，从而判断生产过程是否处于受控状态。控制图按其用途可分为两类，一类是供分析用的控制图，用控制图分析生产过程中有关质量特性值的变化情况，看工序是否处于稳定受控状态；另一类是供管理用的控制图，主要用于发现生产过程是否出现了异常情况，以预防产生不合格品。

2. 成本控制

成本控制就是指以成本作为控制的手段，通过制订成本总水平指标值、可比产品成本降低率以及成本中心控制成本的责任等，达到对经济活动实施有效控制的一系列管理活动与过程。

将成本控制在一定的限度内，不断降低成本水平，需要遵循必要的步骤，采取适当的方法。一般来说，成本控制按照如下步骤进行：

（1）制定控制标准，确定目标成本。

（2）根据企业的各种数据记录、统计资料进行成本核算。

（3）进行成本差异分析。

（4）及时采用措施，降低成本。

3. 库存控制

库存控制的方法有很多，如定量控制法、定期控制法、双堆法、ABC 分类控制法等。

定量控制法一般适用于单价较低、需要量比较稳定或缺货损失大的物料等。而定期控制法一般适用于需要量大的主要原材料、必须严格管理的重要物料、有保管期限制的物料、需要量变化大而且可以预测的物料，以及发货繁杂、难以进行连续库存动态登记的物料等。这里主要介绍库存的 ABC 分类控制法。

ABC 分类控制法又称为重点管理法，其基本原理是处理问题要分清主次，区别关键的少数和次要的多数（帕雷托原理），根据不同情况进行分类管理。帕雷托原理是意大利经济学家帕雷托在分析社会财富分布状况的基础上得出的，后来许多管理学者将其应用于管理领域。

库存的 ABC 分类控制法就是将物料按其重要程度、消耗数量、价值大小、资金占用等情况，划分为 ABC 三类，分别采取不同管理方法，抓住重点，照顾一般。

ABC 分类控制法的具体过程是，首先将库存物料按占用金额从大到小排列，并算出库存资金总额；然后计算累计库存资金额占库存资金总额的百分比；最后按累计库存资金额的百分比划分 A、B、C 类（表 9-1）。

表 9-1　库存物料 ABC 分类标准

类别	因素的重要性	库存品种占全部库存品种的比重	库存资金占库存资金总额的比重
A	关键因素	5%～10%	70%～80%
B	一般因素	15%～20%	20%～25%
C	次要因素	70%～80%	5%～10%

对于 A 类物料，应精确地控制存货，一般宜采用定期控制法，尽量缩短订货间隔期，因为对这类物料来说，哪怕多一个月的存货，都会增加不少开支，因而，要投入较大的精力把库存压到最低水平。

对 B 类物料，可按经济订购批量，采用定量订购方式进行控制。按一般状况调节库存水平，有时可严一些，有时可松一些。

C 类物料重要程度一般，可适当放宽控制，采用定量订购方式或双堆法。但对一些生产关键用料的 C 类物料，或属于短缺的资源，则应加强控制。

ABC 分类控制法的操作非常简单，实践证明，应用这种方法可取得显著效果。但要注意的是，ABC 分类控制法一般是以库存价值为基础进行分类的，它并不能反映库存物料对利润的贡献度，以及对生产的紧迫性等情况，而在某些情况下，C 类物料库存缺货所造成的损失也可能是十分严重的。因此，在实际运用 ABC 分类控制法时，需灵活地根据实际情况进行操作。

二、综合控制

综合控制是与专项控制相对应的。专项控制是针对受控系统的某个要素或领域进行单项控制，而综合控制是对整个受控系统进行全面控制。

财务指标是企业所有经营活动及其成果的综合反映，所以综合控制就是以财务指标为中心的一种系统控制。

综合控制的方法主要有全面预算法、管理审计和财务审计法、损益控制法、投资报酬率控制等。大致可分为预算控制和非预算控制两类。

(一) 预算控制

预算是一种计划技术，是未来某一个时期具体的、数字化的计划，它把计划分解成以货币或其他数量单位衡量的预算指标，要求将各部门的运作和开支控制在预算范围内。

预算也是一种控制技术，它把预算指标作为控制标准，用来衡量其计划的执行情况。利用预算，管理者可以准确衡量部门生产经营情况和效益好坏，有利于管理者对各部门工作进行评价和控制。

1. 预算的种类

① 收支预算。包括收入预算和支出预算。收入预算主要是在某个计划期的有关收益及其来源，如企业有销售收入、租金、专利收入及其他投资收益等，可根据具体情况做相应预算。支出预算是对组织活动未来支出进行的预算，是企业预算中最重要的预算。

② 实物预算。是以实物为计量单位的预算，它的范围很广，如产量预算、人工预算、机时预算、原材料消耗预算、燃料消耗预算、库存预算等。

③ 投资预算。一般包括建新厂、买房产、购买机器设备等扩大固定资产投资以及其他方面的投资预算。

④ 现金预算。根据收支预算确定计划期内的现金收支情况，让管理者清楚有多少现金，够不够一些计划的开支，从中也可以发现是否有多余的现金库存或不合适的开支。

⑤ 综合预算。是考虑各种因素后的多项内容的预算，它的单位可以是货币，也可以是实物，如资产负债表预算等。

2. 预算控制的一般程序

① 由组织高层管理人员向主管预算编制的部门提出在一定时期内的发展战略、计划与目标。

② 主管预算编制的部门在对组织发展战略、计划与目标进行研究的基础上，向组织各部门的主管人员提出有关编制预算的建议和要求，并提供必要的资料。

③ 各部门的主管人员依据组织计划与目标的要求，结合本部门的实际情况，编制本部门的预算，并与其他部门相互协调。在此基础上，将本部门预算上报主管部门。

④ 主管预算编制的部门将各部门上报的预算进行汇总，在认真协调的基础上，编制出组织的各类预算和总预算。最后上报组织的高层管理层进行审核批准。

3. 现代预算方法——零基预算

零基预算的基本思想是，在每个预算年度开始时，把所有还在继续开展的活动都视为从零开始，重新编制预算。

传统的预算是以前期的费用水平为基础，通过适度增减的方式制订的。而零基预算最大的特点是以零为基础，即一切预算项目都按重新开始的项目进行审查，其最大优点就是不受过去预算条条框框的影响，完全按新的目标要求预算，从而能够更有效地保证目标实现。

（二）非预算控制

非预算控制一般包括行政控制方法（如视察与指导、报告、考核与评估等）、资料分析法（如统计分析法、比率分析法、损益控制法等）和审计法等。

审计是常用的一种控制方法，是针对企业的整体运行和经营活动的一项控制技术，一般有三种主要的审计形式。

1. 外部审计

外部审计通常是由一个独立的公共会计事务所来进行的。主要目的是测定企业的财务记录是否真实地反映了企业的财务状况，验证这些记录是否准确，测定是否一贯地实施了既定的会计程序。外部审计是间接的，主要针对企业的财务记录，不包括计划、政策和作业以及一些非财务部门。

2. 内部审计

内部审计是由企业组织内部的特殊人员负责实施的。主要目的是为内部控制提供依据和手段，它力图测定其他控制的效能，因此，内部审计被看作对其他控制形式的总控制。其作用表现为：第一，内部审计提供了一种测定程序和方法，来检查企业在实现其目标、遵循既定政策方面是否成功；第二，内部审计可以对企业政策、计划的可行性和有效性、控制方式等方面提出改进建议和措施；第三，内部审计使高层管理人员对企业的经营管理状况、收支状况和信用状况有一个清晰的了解和全面的认识。

3. 管理审计

管理审计是由企业自己负责实施的。管理审计较之于传统的审计，履行更加广泛的职能，其范围包括企业的会计、财务、人事、生产、销售等各方面。例如，通过对市场趋势、技术的最新发展的了解，对企业的外部环境进行客观的预测，确定企业在行业中的位置，拟订今后的发展规划；为企业的管理人员提供企业内部生产经营各方面的信息和资料，帮助他们正确地进行经营决策和控制等。管理审计不同于一般的审计，它主要是面向未来的。

三、考核与奖惩

在控制工作中，对组织成员的考核与奖惩是一个必不可少的重要工作环节。考核与奖惩可以规范组织成员的行为，对组织成员的工作实施有效的监督，激发员工的工作热情。

（一）考核重点与考核方式

考核是指通过科学的方法和客观的标准，对组织成员的工作绩效进行评价，从而全面了解组织成员完成工作的情况，发现其存在的不足和问题，并提出相应的改进措施。

考核是对人的行为进行控制的重要环节。其目的在于为发现与选拔人才，为对员工进行奖惩、升降、调配、培训等提供基本依据。对员工工作绩效的客观评价有利于挖掘和有效利用员工潜在的工作能力；有利于激励员工努力工作，积极进取；有利于发现工作中的问题，使员工明确进一步改进的方向。

1. 考核工作要求

主管人员在考评工作过程中，应该注意以下一些问题。

（1）考核要有客观的标准。标准的制订应注意两个问题，一是标准内涵应具体明确；二是标准要尽可能进行量化，这样有利于进行考核。

（2）考核要有可行的方法。一是考核要有明确的目的，应采用有针对性的考核方法；二是考核方法设计的项目应简便适中，不要过分复杂；三是所采用的考核方法获得的结果应客观可靠，令人信服。

（3）考核要有合理的时间安排。一是考核时间要有明确的计划，不宜进行临时性考核；二是考核时间间隔要适中。时间间隔太短，容易导致工作量过大，考核结果差异不明显，从而导致对被考核人的工作的较大影响；时间间隔过长，不利于及时发现问题，难以起到促进作用。

（4）考核结果要与被考核人“见面”。这样有利于促进上下级进行沟通，了解彼此的期望；有利于让被考核人发现问题，改进工作。

2. 考核重点

考核工作的内容涉及面很广，内容包括德、能、勤、绩、体等方面。考核工作的重点主要包括工作成绩、工作态度和工作能力三个方面。

（1）工作成绩是指一个人在其岗位职责范围内，完成工作任务的数量、质量、工作效率以及从事创造性劳动的成绩，包括合理化建议、科研成果等内容。

（2）工作态度是指一个人以多大的干劲从事本职工作，包括人员的事业心、责任感、勤奋精神和工作态度等。

（3）工作能力是指一个人在从事职能工作时，其自身能力的适应程度，包括独立工作能力、分析解决问题能力、领导能力、管理能力等。工作能力还可以划分为一个人的学识水平、理解力、判断力、决策力、创造力、表现力、反应力等。在考核工作中，应根据不同的人员、不同的岗位，确定出具体的评价项目和标准。

3. 考核方式

考核方式有很多种，要根据考核的具体要求和考核对象的具体情况加以合理选择。

（1）根据考核范围和角度不同，考核方式可以分为综合考核、工作行为考核、工作成果考核。综合考核是指按照德、能、勤、绩、体的要求，对员工进行全面考核。这时考核的因素很多，涉及面广，工作量大，一般适用于领导干部的选拔、管理人员的晋升、职称的评审等方面；工作行为考核是指根据员工行为表现进行的考核，主要考核员工的工作态度和能力，一般适用于绩效难以量化的员工考核，以及以脑力劳动为主的管理人员和工程技术人员的考核；工作成果考核是指对员工的工作成果进行的考核，其考核内容是员工的绩效，适用于各类人员可以量化的考核。

（2）根据参与考核的主体不同，考核方式可以分为自我考核、上级考核和群众考核。自我考核是指通过对自身的工作加以反省和评估，提高自身的政治素质、业务水平和管理能力，其缺陷在于主观性较强；上级考核是指上级主管人员对下级的工作情况进行的考量，这种考核具有权威性；群众考核是组织成员根据组织要求，相互之间进行的一种考核，这种考核方式能够体现民主参与，能使员工感受到一种参与感、荣誉感，有助于增进组织成员之间的了解，从而提高员工的工作积极性。

（3）根据考核时间不同，考核方式可以分为定期考核和不定期考核。定期考核是间隔固定的时间段对员工进行的考核；不定期考核是指间隔不确定的时间段对员工进行的考核。

（二）考核技术与方法

1. 考核技术的基本类型

实际工作中可以使用的考核技术很多，从性质来看，考核技术可以分为两大类：

（1）主观考核技术。是指主要以考核者的主观判断为标准对被考核者进行的一种考核技术。此方式简便可行，但是主观意识影响很大，公平性会受到影响。

（2）客观考核技术。是指以客观的标准对员工进行评估的一种考核技术。此方法不受考核者主观影响，完全以一些硬性指标为准，但也缺乏灵活性。

2. 常用的考核方法

（1）考试法。是指利用笔试和口试的方法对员工进行测试的一种方法，笔试主要侧重于考核专业理论知识，而口试主要侧重于了解被考核者的知识水平、潜力等方面。

（2）成绩记录法。是指以工作成绩记录为基础的一种工作评价方法，考核的指标往往是硬性的、客观的和定量的。

（3）对偶比较法。是一种将被考核对象的工作情况进行逐一配对比较，最终确定名次的方法。

（4）范例对比法。通常分若干个项目进行考核，然后就每个项目的每一等级先选出一名适当的员工作为范例，再逐一进行对照，将项目分数进行加总的一种的考核方法。

（5）评语法。是用简短的书面鉴定的方法来对员工的表现进行考核的方法。

（三）奖惩原则与方法

奖励和惩罚是对人的行为进行控制的重要内容之一。奖惩的意义在于鼓励和肯定积极因素，抵制与否定消极因素，从而保持员工队伍积极向上的精神风貌。

1. 奖惩原则

（1）奖惩要制度化、规范化。奖惩要有明确的制度规定，要公之于众，并经常进行宣

传教育，使奖惩有章可循、有法可依。

（2）奖惩要公平合理、奖罚分明。

（3）奖惩要以客观事实为依据。奖惩要建立在客观的事实基础之上，否则员工会产生不满情绪。

（4）奖惩要采用适宜的方式方法。奖励要保持物质激励与精神激励相结合。惩罚要尽可能不损害员工的自尊心，要以理服人。

（5）奖惩要注意时效性。奖惩要及时，这样才能达到奖励先进和鞭策后进的目的。

2. 奖惩方法

奖励可采用的方法有口头表扬、定期表扬和正式嘉奖等。惩罚一般有批评、行政处分、除名等方法。其中除名是组织所能行使的最严重的惩罚。

四、管理人员的考评

1. 管理人员考评的目的

进行管理人员考评，是为了确定占据职位的人员是否确实符合要求，值得进一步提拔还是应当加以调整；明确管理人员的薪酬应当依据什么基准确定等。此外，考评还可以起到促进组织内部沟通、学习的作用。

2. 管理人员考评的内容

（1）贡献考评。贡献考评是指考评和评估管理人员在一定时期内担任某个职务过程中对实现企业目标的贡献程度，即评价和对比组织要求某个管理职务及其所辖部门提供的贡献与该部门的实际贡献。贡献考评可以作为决定管理人员报酬的主要依据。

（2）能力考评。能力考评是指通过考查管理人员在一定时间内的管理工作，评估他们的现实能力和发展潜力。即分析他们是否符合现任职务的要求，任现职后素质和能力是否有所提高，从而能否担任更重要的工作。

3. 管理人员考评的方法

（1）实测法。即通过对各种项目进行实际测量来考评管理人员的方法。例如，对员工进行生产技术技能的考评，通常采用现场作业对其实际测量，进行技术测定、能力考核。

（2）成绩记录法。即将取得的各项成绩记录下来，以最后累积的结果进行评价的方法。这种方法主要适用于对能实行日常连续记录的生产经营活动，如生产数量、进度、质量投诉等的考评。

（3）书面考试法。即通过各种书面考试的形式进行考评的方法。这种方法适用于对员工所掌握的理论知识进行测定。

（4）直观评估法。即依据对被考评者平日的观察，由考评者凭主观判断进行评价的方法。这种方法简便易行，但易受考评者的主观影响，科学性差。

（5）情境模拟法。即设计特定情境，考查被考评者现场随机处理能力的一种方法。

（6）民主测评法。即由组织的人员集体打分评估的考评方法，一般采用问卷法进行。

（7）因素评分法。即分别评估各项考核因素，为各因素评分，然后汇总，确定考核结果的一种考评方法。

本章重点知识归纳

1. 控制，就是按照计划标准衡量计划的完成情况和纠正计划执行中的偏差，以确保计划目标的实现，或适当修改计划，使计划更加符合实际情况。

2. 控制的分类：按照控制点的位置，控制可分为事前控制、事中控制和事后控制；按照控制信息的性质，控制可以分为反馈控制、即时控制和前馈控制；按控制力量的来源，控制可以分为正式组织控制、群体控制和自我控制。

3. 控制的基本原则：重点原则、及时性原则、灵活性原则、经济性原则、可操作性原则。

4. 控制过程：确定控制标准；衡量工作成效；纠正偏差。

5. 控制的对象是组织的活动，其主要内容是对组织中的人、财、物各方面资源运用状况和成效的控制。一般包括计划控制、质量控制、成本控制、库存控制、时间控制、数量控制、安全控制、人员行为控制等。

第九章想一想

第九章做一做

第九章 PPT

第十章 创新与创新管理

学习目标

通过本章的学习，学生应理解创新和创新管理的含义、内容、过程和作用，了解创新的类别和特征；理解技术创新的内涵、贡献和源泉；理解组织创新的内涵。

第一节 创新概述

引导案例

特斯拉：开源与企业创新联盟

特斯拉的成功被业界归为互联网思维的成功，而马斯克的开放专利之举，也正体现了互联网“自由、平等、开放、分享”的精神，但他真的就是活雷锋吗？

特斯拉开源所有专利的目的就在于让更多的人或企业在一个较低门槛上就可以站在巨人的肩膀上，投入世界电动汽车发展和普及的浪潮当中。开放专利从表面上看，是让竞争对手占了便宜，然而此举却无形中提高了特斯拉技术的普适性，使它在未来标准制订中抢占了有利的地位。

因此，隐藏在这背后的效应便是，倘若特斯拉专利开源一旦达到一定规模，其技术盟友成长到一定体量之时，他们不得不兼容特斯拉的充电标准。显然，如果特斯拉建立了一个以特斯拉技术为支持的产业联盟，那么相信超级电池工厂的富余产能将会被特斯拉的盟友所消化，这时特斯拉不仅是一个电动汽车的制造者，更是上游核心电池资源的掌控者。

2015 年 1 月 23 日，马斯克现身底特律北美车展。这一次，马斯克说到特斯拉真正面对的敌人，未必是传统厂商和经销商，而是已经习惯了内燃机车的用户，以及根植于传统业态的庞大产业惯性。要打破这个桎梏，联盟是最好的手段。

因此，特斯拉欢迎其他汽车商进入电动汽车行业，是想形成一个“电动汽车的矩阵”，而不再单打独斗，这样一来，整体的电动汽车行业就会有更大的势能，在市场培育、政策突破、技术积累、电动汽车产业链的形成等方面，就会形成群体的生态效应，增大电动汽车体量。

所以，特斯拉需要盟友，而不是敌人。此前特斯拉开放专利，也是出于这一目的。“特迷”们认为，特斯拉有望组建类似 Open Handset Alliance 的联盟机构，当初谷歌、三星等公司就是靠这个联盟从苹果嘴里掏出大部分比萨的。

正如马斯克所说，电动汽车要想成功，需要汽车行业之外其他很多领域的技术，这种整合、创新的能力，特斯拉比其他任何传统汽车制造商都更擅长。特斯拉是个很好的例子，告诉我们通过开放与合作的形式，可以获得一个产业生态圈的发展，可以建立企业技术创新联盟，从而带动整个电动汽车行业的创新。

思考：什么是创新？企业创新的关键是什么？

案例启示：通过案例，我们发现，国家之间的开放合作终究是要落实到企业这个市场主体上，因此，企业如何更好地进行创新就是一个关键的问题。因为在知识经济时代，企业仅仅依靠内部的资源进行高成本的创新活动，已经难以适应快速发展的市场需求以及日益激烈的企业竞争。于是，“开放式创新”正在逐渐成为企业创新的主导模式。

一、作为管理基本职能的创新

“创新”这个名词对管理专业的学生来说并不陌生。当它在管理学或经济学的教科书中出现的时候，通常与设备的更新、产品的开发或工艺的改进联系在一起。无疑，这些技术方面的革新是创新的重要内容，但不是全部内容。我们认为，创新是一种思想及在这种思想指导下的实践，是一种原则以及在这种原则指导下的具体活动，是管理的一种基本职能。

从逻辑顺序上来考查，在特定时期内对某一社会经济系统（组织）的管理工作主要包括下述内容：

（1）确立系统的目标，即人们从事某项活动希望达到的目标和水平。

（2）制订并选择可实现目标的行动方案。

（3）分解目标活动，据此设计系统所需要的职务、岗位，并加以组合，规定它们之间的相互关系，形成一定的系统结构。

（4）根据各岗位的工作要求，招聘和调配工作人员。

（5）发布工作指令，组织供应各环节活动所需的物质和信息条件，使系统运行起来。

（6）在系统运转过程中，协调各部分的关系，使他们的工作相互衔接、平衡地进行。

（7）检查和控制各部门的工作，纠正实际工作中的失误和偏差，使之符合预定的要求。

（8）重视内外条件的变化，寻找并利用变革的机会，计划并组织实施系统的变革和发展。

上述管理工作可以概述为：设计系统的目标、结构和运行规划，启动并监视系统的运行，使之按预定的规则操作；分析系统运行中的变化，进行局部或全局的调整，使系统不断呈现新的状态。显然，其核心就是维持与创新。任何组织系统的任何管理工作无不包含在维持或创新中。维持和创新是管理的本质内容，有效的管理在于适度的维持与适度的创新的组合。

二、创新与维持的关系及其作用

维持是保证系统活动顺利进行的基本手段，也是系统中大部分管理人员，特别是中层和基层的管理人员要花大部分精力从事的工作。管理的维持职能是要严格地按预定的规划来监视和修正系统的运行，尽力避免各子系统之间的摩擦，或减少因摩擦而产生的结构内耗，以保持系统的有序性。没有维持，社会经济系统的目标就难以实现，计划就无法落实，各成员的工作就有可能偏离计划的要求，系统的各个要素就可能相互脱离，各自为政，各行其是，从而整个系统就会呈现一种混乱的状况。所以，维持对于系统生命的延续是至关重要的。

但是，仅有维持是不够的。任何社会系统都是一个由众多要素构成的，与外部不断发生物质、信息、能量的交换的开放的非平衡系统。而系统的外部环境是在不断地发生变化的，这些变化必然会对系统的活动内容、活动形式和活动要素产生不同程度的影响。同时，系统内部的各种要素也是在不断发生变化的。系统内部某个或某些要素在特定时期的变化必然要求或引起系统内其他要素的连锁反应，从而对系统原有的目标、活动要素之间的相互关系等产生一定的影响。

系统若不及时根据内外变化的要求，适时进行局部或全局的调整，则可能被变化的环境淘汰，或为改变了的内部要素所不容。这种为了适应系统内外变化而进行的局部和全局的调整，便是管理的创新职能。

任何社会经济系统，不论是谁创建了它，不论创建的目的是什么，一旦它开始存在，它首先必须追求的目标是维持其存在，延续其寿命，实现其发展。但是，不论系统的主观愿望如何，系统的寿命总是有一定期限的。我们把系统自诞生被社会承认开始到消亡被社会淘汰结束的时期称为系统的寿命周期。一般社会经济系统在寿命周期中要经历孕育、成长、成熟、蜕变以及消亡五个阶段。

从某种意义上来说，系统的社会存在是以社会的接受为前提的，而社会之所以允许某个系统存在，又是因为该系统提供了社会需要的某种贡献；系统要向社会提供这种贡献，则必须首先以一定的方式从社会中取得某些资源并加以组合。系统向社会的索取（投入资源）越小于它向社会提供的贡献（有效产出），系统能够向社会提供的贡献与社会需要的贡献越吻合，则系统的生命力就越是旺盛，其寿命周期则越可能延长。初生期的系统，限于自身的能力和社会的了解，提供社会所需要的贡献的能力总是有限的；随着系统的成长和成熟，它与社会的互相认识不断加深，所能提供的贡献与社会需要的贡献便倾向于和谐；而一旦系统不能跟上社会的变化，其产品或服务不再被社会需要，或内部的资源转换功能退化，系统向社会的索取超过对社会的贡献，则系统会逐步地被社会抛弃，趋向消亡。

根据上面的分析，可以看出，系统的生命力取决于社会对系统贡献的需要程度和系统本身的贡献能力；而系统的贡献能力又取决于系统从社会中获取资源的能力、利用资源的能力以及对社会需要的认识能力。要提高系统的生命力，扩展系统的生命周期，就必须使系统提高内部的这些能力，并通过系统本身的工作，增强社会对系统贡献的需要程度。由于社会的需要是在不断变化的，社会向系统供应的资源在数量和种类上也在不断改变，系统如果不能适应这些变化，以新的方式提供新的贡献，则可能难以被社会允许继续存在。系统不断改变或调整取得和组合资源的方式、方向和结果，向社会提供新的贡献，这正是创新的主要内涵和作用。

综上所述，作为管理的两个基本职能，维持与创新对系统的生存发展都是非常重要的，它们是相互联系、不可或缺的。创新是维持基础上的发展，而维持则是创新的逻辑延续；维持是为了实现创新的成果，而创新则是为更高层次的维持提供依托和框架。任何管理工作，都应围绕着系统运转的维持和创新而展开。只有创新没有维持，系统会呈现无时无刻、无所不变的无序的混乱状态，而只有维持没有创新，系统则缺乏活力，犹如一潭死水，适应不了任何外界变化，最终会被环境淘汰。卓越的管理是实现维持与创新最优组合的管理。

三、创新的类别与特征

系统内部的创新可以从不同的角度去考查：

（1）从创新的规模以及创新对系统的影响程度来考查，创新可分为局部创新和整体创新。

局部创新是指在系统性质和目标不变的前提下，系统活动的某些内容、某些要素的性质或其相互组合的方式，系统的社会贡献的形式或方式等发生变动；整体创新则往往改变系统的目标和使命，涉及系统的目标和运行方式，影响系统的社会贡献的性质。

（2）从创新与环境的关系来分析，创新可分为消极防御型创新与积极攻击型创新。

防御型创新是指由于外部环境的变化对系统的存在和运行造成了某种程度的威胁，为了避免威胁或由此造成的系统损失扩大，系统在内部展开局部或全局性调整；攻击型创新是在观察外部世界运动的过程中，敏锐地预测到未来环境可能提供的某种有利机会，从而主动地调整系统的战略和技术，以积极地开发和利用这种机会，谋求系统的发展。

（3）从创新发生的时期来看，创新可分为系统初建期的创新和运行中的创新。

系统的组建本身就是社会的一项创新活动。系统的创建者在一张白纸上绘制系统的目标、结构、运行规划等蓝图，这本身就要求有创新的思想和意识，创造一个全然不同于现有社会（经济组织）的新系统，寻找最满意的方案，取得最优秀的要素，并以最合理的方式组合，使系统进行活动。但是“创业难，守业更难”，创新活动大量地存在于系统组建完毕开始运转以后。系统的管理者要不断地在系统运行的过程中寻找、发现和利用新的创业机会，更新系统的活动内容，调整系统的结构，扩展系统的规模。

（4）从创新的组织程度上看，创新可分为自发创新与有组织的创新。

任何社会经济组织都是在一定环境中运转的开放系统，环境的任何变化都会对系统的存在和存在方式产生一定影响，系统内部与外部直接联系的各子系统接收环境变化的信号以后，必然会在其工作内容、工作方式、工作目标等方面做积极或消极的调整，以应付变化或适应变化的要求。同时，社会经济组织内部的各个组成部分是相互联系、相互依存的。系统的相关性决定了与外部有联系的子系统根据环境变化的要求自发做出调整后，必然会对那些与外部没有直接联系的子系统产生影响，从而要求后者也做相应调整。系统内部各部分的自发调整可能产生两种结果：一种是各子系统的调整均是正确的，从整体上说是相互协调的，从而给系统带来的总效应是积极的，可使系统各部分的关系实现更高层次的平衡——除非极其偶然，这种情况一般不会出现；另一种情况是，各子系统的调整有的是正确的，而另一些则是错误的——这是通常可能出现的情况，因此，从整体上来说，调整后各部分的关系不一定协调，给组织带来的总效应既可能为正，也可能为负（这取决于调整正确与失误的比例），也就是说，系统各部分自发创新的结果是不确定的。

与自发创新相对应的，是有组织的创新。有组织的创新包含两层意思：①系统的管理人员根据创新的客观要求和创新活动本身的客观规律，制度化地检查外部环境状况和内部工作，寻求和利用创新机会，计划和组织创新活动。②在这同时，系统的管理人员要积极地引导和利用各要素的自发创新，使之相互协调并与系统有计划的创新活动相配合，使整个系统内的创新活动有计划有组织地展开。只有组织创新，才能给系统带来预期的积极的比较确定的结果。

鉴于创新的重要性和自发创新结果的不确定性，有效的管理要求有组织地进行创新。为此，必须研究创新的规律，分析创新的内容，揭示创新过程的影响因素。

当然，有组织的创新也有可能失败，因为创新本身意味着打破旧的秩序，打破原来的平衡，因此，具有一定的风险，更何况组织所处的社会环境是一个错综复杂的系统，这个系统的任何一次突发性的变化都有可能打破组织内部创新的程序。但是，有计划、有目的、有组织地创新取得成功的机会无疑要远远大于自发创新。

四、创新职能的基本内容

系统在运行中的创新涉及许多方面。为了便于分析，我们以社会经济生活中大量存在的企业系统为例来介绍创新的内容。

（一）目标创新

企业是在一定的经济环境中从事经营活动的，特定的环境要求企业按照特定的方式提供特定的产品。当环境发生变化时，企业的生产方向、经营目标以及企业在生产过程中与其他社会经济组织的关系就要进行相应的调整。我国的社会主义工业企业，在高度集权的计划经济体制背景下，必须严格按照国家的计划要求来组织内部的活动。经济体制改革以来，企业同国家和市场的关系发生了变化，企业必须通过其自身的活动来谋求生存和发展。

因此，在新的经济背景中，企业的目标必须调整为“通过满足社会需要来获取利润”。至于企业在各个时期的具体的经营目标，则更需要适时地根据市场环境和消费需求的特点及变化趋势加以整合，每一次调整都是一种创新。

（二）技术创新

技术创新是企业创新的主要内容，企业中出现的大量创新活动是有关技术方面的，因此，有人甚至把技术创新视为企业创新的同义语。现代工业企业的一个主要特点是在生产过程中广泛运用先进的科学技术。技术水平是反映企业经营实力的一个重要标志，企业要在激烈的市场竞争中处于主动地位，就必须顺应甚至引导社会技术进步的方向，不断地进行技术创新。

由于一定的技术都是通过一定的物质载体和利用这些载体的方法来体现的，因此企业的技术创新主要表现在要素创新、要素组合方法的创新以及产品创新三个方面。

1. 要素创新

企业的生产过程是一定的劳动者以一定的劳动手段作用于劳动对象，使之改变物理、化学形式或性质的过程。参与这个过程的要素包括材料、设备以及企业员工三类。

（1）材料创新。材料是构成产品的物质基础，材料费用在产品成本中占很大比重，材料的性能在很大程度上影响产品的质量。材料创新的内容包括：开辟新的来源，以保证企业扩大再生产的需要；开发和利用量大价廉的普通材料（或寻找普通材料的新用途），替代量少价昂的稀缺材料，以降低产品的生产成本；改造材料的质量和性能，以保证和促进产品质量的提高。现代材料科学的迅速发展为企业的原材料创新提供了广阔的前景。

（2）设备创新。现代企业在生产过程中广泛地利用了机器和机器设备体系，劳动对象的加工往往由机器设备直接完成，设备是现代企业进行生产的物质技术基础。马克思曾经说过："各种经济时代的区别，不在于生产什么，而在于怎样生产，用什么劳动资料生产。"设备的技术状况是企业生产力水平具有决定性意义的标志。因此，不断进行设备的创新，对于改善企业产品的质量，对于减少原材料、能源的消耗，对于节省活劳动的使用都有着十分重要的意义。

设备创新主要表现在下述几个方面：①通过利用新的设备，减少手工劳动的比重，从而提高企业生产过程的机械化和自动化的程度；②通过将先进的科学技术成果用于改造和革新原有设备，延长其技术寿命，提高其效能；③有计划地进行设备更新，以更先进、更经济的设备来取代陈旧的、过时的老设备，使企业建立在先进的物质技术基础上。

（3）人事创新。任何生产手段都需要依靠人来操作和利用，企业在增加新设备、使用新材料的同时，还需不断提高人的素质，使之符合技术进步后的生产与管理的要求。

企业的人事创新，既包括根据企业发展和技术进步的要求不断地从外部取得合格的新的人力资源，而且更应注重企业内部现有人力的继续教育，用新技术、新知识去培训、改造和发展他们，使之适应技术进步的要求。

2. 要素组合方法的创新

利用一定的方式将不同的生产要素加以组合，是形成产品的先决条件。要素的组合包括生产工艺和生产过程的时空组织两个方面。

生产工艺是劳动者利用劳动手段加工劳动对象的方法，包括工艺过程、工艺配方、工艺参数等内容。工艺创新既要根据新设备的要求，改变原材料、半成品的加工方法，也要求在不改变现有设备的前提下，不断研究和改进操作技术和生产方法，以求使现有设备得到更充分的利用，使现有材料得到更合理的加工。工艺创新与设备创新是相互促进的，设备的更新要求工艺方法做出相应的调整，而工艺方法的不断完善又必然促进设备的改造和更新。

生产过程的时空组织包括设备、工艺装备、在制品以及劳动在空间上的布置和时间上的组合。空间布置不仅影响设备、工艺装备和空间的利用效率，而且影响人机配合，从而直接影响工人的劳动生产率；各生产要素在时空上的组合，不仅影响在制品、设备、工艺装备的占用数量，从而影响生产成本，而且影响产品的生产周期。

因此，企业应不断地研究和采用更合理的空间布置和时间组合方式，以提高劳动生产率、缩短生产周期，从而在不增加要素投入的前提下，提高要素的利用效率。20世纪最伟大的企业生产组织创新，莫过于福特将泰勒的科学管理原理与汽车生产实践相结合而产生的流水生产线。流水线的问世引起了企业生产效率的革命。

3. 产品创新

生产过程中各种要素组合的结果是形成企业向社会贡献的产品。企业是通过生产和提供产品来求得社会承认、证明其存在的价值，也是通过销售产品来补偿生产消耗、取得盈余，实现其社会存在的。产品是企业的生命，企业只有不断地创新产品，才能更好地生存和发展。

产品创新包括许多内容，这里主要分析物质产品本身的创新，物质产品创新主要包括品种创新和结构创新。

品种创新要求企业根据市场需要的变化，根据消费者偏好的转移，及时地调整企业的生产方向和生产结构，不断开发出用户欢迎的适销对路的产品。

结构创新在于不改变原有品种的基本性能，对现在生产的各种产品进行改进和改造，找出更加合理的产品结构，使其生产成本更低、性能更完善、使用更安全，从而更具市场竞争力。

产品创新是企业技术创新的核心内容，它既受制于技术创新的其他方面，又影响其他技术创新效果的发挥：新的产品、产品的新的结构，往往要求企业利用新的机器设备和新的工艺方法，而新设备、新工艺的运用又为产品的创新提供了更优越的物质条件。

（三）制度创新

要素组合的创新主要是从技术角度分析了人、机、料各种结合方式的改进和更新，而制度创新则需要从社会经济角度来分析企业系统中各成员之间的正式关系的调整和变革。

制度是组织运行方式的原则规定。企业制度主要包括产权制度、经营制度和管理制度三个方面的内容。

（1）产权制度是决定企业其他制度的根本性制度，它规定着企业最重要的生产要素的所有者对企业的权力、利益和责任。不同的时期，企业各种生产要素的相对重要性是不一样的。在主流经济学的分析中，生产资料是企业生产的首要因素，因此，产权制度主要指企业生产资料的所有制。

目前存在的相互对立的两大生产资料所有制——私有制和公有制（或更准确地说是社会成员共同所有的“共有制”）——在实践中都不是纯粹的。私有制正越来越多地渗入“共有”的成分，被“效率问题”困扰的公有制则正或多或少地添进“个人所有”的因素（如我国目前试行中的各种形式的股份制)。企业产权制度的创新也许应朝着寻求生产资料的社会成员“个人所有”与“共同所有”的最适度组合的方向发展。

（2）经营制度是有关经营权的归属及其行使条件、范围、限制等方面的原则规定。它表明企业的经营方式，确定谁是经营者，谁来组织企业生产资料的占有权、使用权和处置权的行使，谁来确定企业的生产方向、生产内容、生产形式，谁来保证企业生产资料的完整性及其增值，谁来向企业生产资料的所有者负责以及负何种责任。经营制度的创新方向应是不断寻求企业生产资料最有效利用的方式。

（3）管理制度是行使经营权、组织企业日常经营的各种具体规则的总称，包括对材料、设备、人员及资金等各种要素的取得和使用的规定。在管理制度的众多内容中，分配制度是极为重要的内容之一。分配制度涉及如何正确地衡量成员对组织的贡献并在此基础上如何提供足以维持这种贡献的报酬。由于劳动者是企业诸多要素的利用效率的决定性因素，因此，提供合理的报酬以激发劳动者的工作热情，对企业的经营就有着非常重要的意义。分配制度的创新在于不断地追求和实现报酬与贡献的更高层次上的平衡。

产权制度、经营制度、管理制度三者之间的关系是错综复杂的。一般来说，一定的产权制度决定相应的经营制度。但是，在产权制度不变的情况下，企业具体的经营方式可以不断进行调整；同样，在经营制度不变时，具体的管理规则和方法也可以不断改进。而管理制度的改进一旦发展到一定程度，则会要求经营制度做相应的调整；经营制度的不断调整，则必然会引起产权制度的变革。因此，反过来，管理制度的变化会反作用于经营制度，经营制度的变化会反作用于产权制度。

企业制度创新的方向不断调整和企业所有者、经营者、劳动者三者之间的关系不断优化，使各个方面的权力和利益得到充分的体现，使组织的各种成员的作用得到充分的发挥。

（四）组织机构和结构的创新

企业系统的正常运行，既要求具有符合企业及其环境特点的运行制度，又要求具有与之相应的运行载体，即合理的组织形式。因此，企业制度创新必然要求组织形式的变革和发展。

从组织理论的角度来考虑，企业系统是由不同的成员担任的不同职务和岗位的结合体。这个结合体可以从结构和机构这两个不同层次去考查。所谓机构是指企业在构建组织时，根据一定的标准，将那些类似的或与实现同一目标有密切关系的职务或岗位归并到一起，形成不同的管理部门。它主要涉及管理劳动的横向分工的问题，即把对企业生产经营业务的管理活动分成不同部门的任务。

而结构则与各管理部门之间，特别是与不同层次的管理部门之间的关系有关，它主要涉及管理劳动的纵向分工问题，即所谓的集权和分权问题。不同的机构设置，要求不同的结构形式；组织机构完全相同，但机构之间的关系不一样，也会形成不同的结构形式。由于机构设置和结构的形成受到企业活动的内容、特点、规模、环境等因素的影响，因此，不同的企业有不同的组织形式，同一企业在不同的时期，随着经营活动的变化，也要求组织的机构和结构不断调整。组织创新的目的在于更合理地组织管理人员的努力，提高管理的效率。

（五）环境创新

环境是企业经营的土壤，同时也制约着企业的经营。环境创新不是指企业为适应外界变化而调整内部结构或活动，而是指通过企业积极的创新活动去改造环境，去引导环境朝着有利于企业经营的方向变化。例如，通过企业的公关活动，影响社区、政府政策的制定；通过企业的技术创新，影响社会技术进步的方向；等等。就企业来说，环境创新的主要内容是市场创新。

市场创新主要是指通过企业的活动去引导消费，创造需求。新产品的开发往往被认为是企业创造市场需求的主要途径。其实，市场创新的更多内容是通过企业的营销活动来进行的，即在产品的材料、结构、性能不变的前提下，或通过市场的地理转移，或通过揭示产品新的物理使用价值，来寻找新用户，或再通过广告宣传等促销工作，来赋予产品以一定的心理使用价值，影响人们对某种消费行为的社会评价，从而诱发和强化消费者的购买动机，增加产品的销售量。

五、创新的过程

要有效地组织系统的创新活动，就必须研究和揭示创新的规律。

创新在本质上是杂乱无章的，因为创新是对旧事物的否定，是对新事物的探索。对旧事物的否定，创新必定要突破原先的制度，破坏原先的秩序，必须不遵守原有的章程；对新事物的探索，创新者只能在不断的尝试中去寻找新的程序、新的方法，在最终的成果取得之前，可能要经历无数次反复，无数次失败。因此，它看上去必然是杂乱的。但这种“杂乱无章”是相对于旧制度、旧秩序而言的，是相对于个别创新而言的。就创新的总体来说，它们必然依循一定的步骤、程序和规律。

总结众多成功企业的经验，成功的创新要经历寻找机会、提出构想、迅速行动、坚持不懈这样几个阶段的努力。

（一）寻找机会

创新是对原有秩序的破坏。原有秩序之所以被打破，是因为其内部存在着或出现了某种不协调的现象。这些不协调为系统的发展提供了有利的机会或对其造成了某种不利的威胁。创新活动正是从发现和利用旧秩序内部的这些不协调现象开始的。不协调为创新提供了契机。

旧秩序中的不协调既可存在于系统的内部，也可产生于对系统有影响的外部。就系统的外部来说，有可能成为创新契机的变化主要有：

（1）技术的变化，从而可能影响企业资源的获取、生产设备和产品的技术水平。

（2）人口的变化，从而可能影响劳动市场的供给和产品销售市场的需求。

（3）宏观经济环境的变化。迅速增长的经济背景可能给企业带来不断扩大的市场，而整个国民经济的萧条则可能降低企业产品需求者的购买能力。

（4）文化与价值观念的转变，从而可能改变消费者的消费偏好或劳动者对工作及其报酬的态度。

就系统内部来说，引发创新的不协调现象主要有：

（1）生产经营中的瓶颈，可能影响了劳动生产率的提高或劳动积极性的发挥，因而始终困扰着企业的管理人员。这种卡壳环节，既可能是某种材料的质地不够理想，且始终找不到替代品，也可能是某种工艺加工方法的不完善，或是某种分配政策的不合理。

（2）企业意外的成功和失败，如派生产品的销售额不断增加，从而其利润贡献不声不响地、出人意料地超过了企业的主营产品；老产品经过精心整顿改进后，结构更加合理、性能更加完善、质量更加优异，但并未得到预期数量的订单……这些出乎企业意料的成功和失败，往往可以把企业从原先的思维模式中驱赶出来，从而可以成为企业创新的一个重要源泉。

企业的创新，往往就是从密切地注视、系统地分析社会经济组织在运行过程中出现的不协调现象开始的。

（二）提出构想

敏锐地观察到了不协调现象的出现以后，还要透过现象究其原因，并据此分析和预测不协调的未来变化趋势，估计它们可能给组织带来的积极或消极后果，并在此基础上努力利用机会或将威胁转换为机会，采用头脑风暴、德尔菲法、畅谈会等方法提出多种解决问题、消除不协调、使系统在更高层次实现平衡的创新构想。

（三）迅速行动

创新成功的秘密主要在于迅速行动。提出的构想可能还不完善，甚至可能很不完善，但这种并非十全十美的构想必须立即付诸行动才有意义。“没有行动的思想会自生自灭”，这句话对于创新思想的实践来说尤为重要，一味追求完美，以减少受讥讽、被攻击的机会，就可能错失良机，把创新的机会白白地送给自己的竞争对手。创新的构想只有在不断地尝试中才能逐渐完善，企业只有迅速地行动才能有效地利用“不协调”提供的机会。

（四）坚持不懈

构想经过尝试才能成熟，而尝试是有风险的，是不可能“一打就中”，是可能失败的。创新的过程是不断尝试、不断失败、不断提高的过程。因此，创新者在开始行动以后，为取得最终的成功，必须坚定不移地走下去，绝不能半途而废，否则便会前功尽弃。要想在创新中坚持下去，创新者必须有足够的自信心，有较强的忍耐力，能正确对待尝试过程中出现的失败，既为减少失误或消除失误后的影响采取必要的预防或纠正措施，又不把一次“战役”（尝试）的失利看成整个“战争”的失败，知道创新的成功只能在屡屡失败后才姗姗来迟。

六、创新活动的组织

系统的管理者不仅要根据创新的上述规律和特点的要求，对自己的工作进行创新，更主要的是要组织下属的创新。组织创新，不是去计划和安排某个成员在某个时间点去从事某种创新活动——这在某些时候也许是必要的，但更要为下属的创新提供条件、创造环境，有效地组织系统内部的创新。

（一）正确理解和扮演管理者的角色

管理人员往往是保守的。他们往往以为组织雇用自己的目的是维持组织的运行，因此自己的职责首先是保证预先制订的规则的执行和计划的实现，“系统的活动不偏离计划的要求”便是优秀管理的象征。

因此，他们往往自觉或不自觉地扮演现有规章制度的守护神的角色。为了减少系统运行中的风险，防止大祸临头，他们往往对创新尝试中的失败吹毛求疵，随意惩罚在创新尝试中遭到失败的人，或轻易地奖励那些从不创新、从不冒险的人……在分析了前面的关于管理的维持与创新职能的作用后，再这样来狭隘地理解管理者的角色，显然是不行的。管理人员必须自觉地带头创新，并努力为组织成员提供和创造一个有利于创新的环境，积极鼓励、支持、引导组织成员进行创新。

（二）营造促进创新的组织氛围

促进创新的最好方法是大张旗鼓地宣传创新，激发创新，树立“无功便是有过”的新观念，使每一个人都奋发向上、努力进取、大胆尝试。要营造一种人人谈创新、时时想创新、无处不创新的组织氛围，使那些无创新欲望或有创新欲望却无创造行动而无所作为者感觉到在组织中无立身之处，使每个人都认识到组织聘用自己的目的不是要自己简单地用既定的方式重复那也许重复了许多次的操作，而是希望自己去探索新的方法，找出新的程序，只有不断地去探索、去尝试才有继续留在组织中的资格。

（三）制订有弹性的计划

创新意味着打破旧的规则，意味着时间和资源的计划外占用，因此，创新要求组织的计划必须具有弹性。

创新需要思考，思考需要时间。把每个人的每个工作日都安排得非常紧凑，对每个人在每时每刻都实行“满负荷工作制”，则创新的许多机遇便不可能发现，创新的构想也无条件产生。

同时，创新需要尝试，而尝试需要物质条件和试验的场所。要求每个部门在任何时间都严格地制订和执行严密的计划，否则创新会失去基地。而没有尝试机会的新构想就只能留在人们的头脑中或图纸上，不可能给组织带来任何实际的效果。因此，为了使人们有时间去思考、有条件去尝试，组织制订的计划必须具有一定的弹性。

（四）正确地对待失败

创新的过程是一个充满着失败的过程。创新者应该认识到这一点，创新的组织者更应该认识到这一点。只有认识到失败是正常的，甚至是必需的，管理人员才可能允许失败，支持失败，甚至鼓励失败。当然，支持尝试和允许失败并不意味着鼓励组织成员去马马虎虎地工作，而是希望创新者在失败中吸取有用的教训，学到一点东西，头脑变得更加清晰，从而使下次失败到创新成功的路程缩短。

（五）建立合理的奖酬制度

要激发每个人的创新热情，还必须建立合理的评价和奖惩制度。创新的原始动机也许是个人的成就感、自我实现的需要，但是如果创新的努力不能得到组织或社会的承认，不能得到公正的评价和合理的奖酬，个体则会渐渐失去继续创新的动力。促进创新的奖酬制度至少要符合下述条件：

（1）注意物质奖励与精神奖励的结合。奖励不一定是金钱上的，精神上的奖励也许比物质报酬更能满足驱动人们创新的心理需要。而且，从经济的角度来考虑，物质奖励的效益要低于精神奖励，金钱的边际效用是递减的，为了激发或保持同等程度的创新积极性，组织不得不支付越来越多的奖金。

对创新者个人来说，物质上的奖酬只有在一种情况下才是有用的：奖金的多少首先被视作衡量个人工作成果和努力程度的标准。

（2）奖励不能视作“不犯错误的报酬”，而应是对特殊贡献，甚至是对希望做出特殊贡献的努力的报酬，奖励的对象不仅包括成功以后的创新者，而且应当包括那些成功以前，甚至是没有获得成功的创新者。

就组织的发展而言，也许重要的不是创新的结果，而是创新的过程。如果奖酬制度能促进每个成员都积极地去探索和创新，那么对组织发展有利的结果是必然会产生的。

（3）奖励制度要既能促进内部的竞争，又能保证成员之间的合作。内部的竞争与合作对创新都是重要的。竞争能激发每个人的创新欲望，从而有利于创新机会的发现、创新构想的产生，而过度的竞争则会导致内部的各自为政、互相封锁；协作能综合各种不同的知识和能力，从而可以使每个创新构想都更加完善，但没有竞争的合作难以区别个人的贡献，从而会削弱个人的创新欲望。要保证竞争与协作的结合，在奖励项目的设置上，可考虑多设集体奖，少设个人奖，多设单项奖，少设综合奖；在奖金的数额上，可考虑多设小奖，少设甚至不设大奖，以给每一个人成功的希望，避免“只有少数人才能成功的超级明星综合征”，从而防止相互封锁和保密、破坏合作的现象。

第二节　企业技术创新

引导案例

IBM 的 360 系统计算机

20 世纪 60 年代初，IBM 面临的是计算机市场竞争的强大压力，于是其于 1961 年决定投资 50 亿美元开发第三代计算机——360 系统计算机。这项投资远远超过了“曼哈顿计划”的 20 亿美元的投资，被认为是“美国产业界最大的一个决策，比起波音公司决定生产喷气式飞机和福特公司决定生产成百上千万辆野马牌汽车的决策更重要”。IBM 动员了其在世界各地分支机构的科研人员进行研制开发，1964 年 IBM 宣布 360 系统研制成功，其运算速度和内存比第二代计算机提高了一个数量级，系统设计上采用了能适应计算、数据处理和实时控制等多用途及各种指令相容的通用化技术，使产品价格性能比大幅度下降，通用性提高，软件支持成倍增加，有专家称“360 系统之后，已不再是原子能时代，而是信息时代”。360 系统计算机成功地制订了业界的标准，使 IBM 的竞争对手只能选择生产与其系统兼容的机器，降低价格性能比，以争夺 IBM 的用户，或者生产与这个系统完全不同的机型，以满足不同用户的需要。1965 年，IBM 的销售额达到 25 亿美元，从而将其竞争对手远远抛在后面，构建了计算机业的 IBM 帝国。

思考：IBM 的技术创新给你带来哪些启示？

案例启示：投资 50 亿美元的巨资对 IBM 来说是冒极大的风险，其市场经营部副总裁弗兰克·卡里也许说出了 IBM 成功的秘诀："IBM 的基本策略是一种领导策略，一种创新策略，一种增长策略。这种策略就是要拿出新产品使业务量得到增长。在这样的企业中很有干头，我认为人们都喜欢在这样的公司中工作而不会喜欢在那种'随大流'的公司中工作。"

一、创新与技术创新

经济学家熊彼特曾在《经济发展理论》中把创新定义为企业家的职能，并认为企业家之所以能成为企业家，并不是因为其拥有资本，而是因为他拥有创新精神并组织了创新。根据熊彼特的观点，一个国家或地区经济发展速度的快慢和发展水平的高低，在很大程度上取决于该国或该地区拥有创新精神的企业家的数量以及这些企业家在实践中的创新努力。正是由于某个或某些企业家的率先创新、众多企业家的迅速模仿，才推动了经济的发展。

在熊彼特的理论中，创新是对生产要素的重新组合，它包括五个方面：

（1）生产一种新的产品。

（2）采用一种新的生产方法。

（3）开辟一个新的市场。

（4）获取或控制原材料和半成品的一种新的来源。

（5）实现一种新的工业组织。

后人在此基础上研究企业创新时，把它分成两类：制度创新和技术创新。前者主要涉及管理和管理体制，即主要涉及生产制造的制度环境。后者主要与生产制造有关。本章主要讨论技术创新。

一些人经常把技术创新与技术发明相混同。实际上，创新的概念要远比发明宽泛，发明是一种创新，但创新绝不仅仅是发明。如果说发明是在新知识、新理论基础上创造一种全新的技术，那么创新则既可能是这种全新技术的开发，也可能是原有技术的改善，甚至可能仅是几种未经改变的原有技术的一种简单的重新组合。

德鲁克在《革新与企业家精神》中曾以集装箱的产生为例，指出，"把卡车车身从车轮上取下，放到货船上，在这个概念中并没有包含多少新技术，可这是一项创新"，这项创新缩短了货船留港的时间，"把远洋货船的生产率提高了三倍左右，或许还节省了运费。如果没有它，过去 40 年中世界贸易的迅猛扩大就可能不会发生"。

二、技术创新的内涵

与企业生产制造有关的技术创新，其内容也是非常丰富的。从生产过程的角度来分析，技术创新包括以下几个方面。

（一）材料创新

材料既是产品和物质生产手段的基础，也是生产工艺和加工方法作用的对象。因此，在技术创新的各种类型中，技术创新可能是影响最为重要、意义最为深远的。材料创新或迟或早会促进整个技术水平的提高。

由于迄今为止作为工业生产基础的材料主要是由大自然提供的，因此材料创新的主要内容是寻找和发现现有材料，特别是大自然提供的原材料的新用途，以使人类从大自然的恩赐中得到更多的实惠。随着科学的发展，人们对材料的认识渐趋充分，利用新知识和新技术制造的合成材料不断出现，材料创新的内容也正在逐渐地向合成材料创新这个方向转移。

（二）产品创新

产品是企业的象征，任何企业都是通过向市场提供某种或某些在某种程度上不可替代的产品来表现并实现其社会存在的。产品在国内和国际市场上的受欢迎程度是企业市场竞争成败的主要标志。只有不断地发展并实现产品的创新，企业才能保持持久的竞争优势，充满生命力。

产品创新包括新产品的开发和老产品的改造。这种开发和改造是指对产品的结构、性能、材质、技术特征等一方面或几方面进行改进、提高或独创。它既可以是利用新原理、新技术、新结构开发出一种全新型产品，也可以是在原有产品的基础上，部分采用新技术开发出适合新用途、满足新需要的换代型新产品，还可以是对原有产品的性能、规格、款式、品种进行完善，但在原理、技术水平和结构上并无突破性的改变。

产品在企业经营中的作用决定了产品创新是技术创新的核心和主要内容，其他创新都是围绕着产品创新进行的，而且其成果也最终在产品创新上得到体现。

（三）工艺创新

工艺创新包括生产工艺的改革和操作方法的改进。生产工艺是企业制造产品的总体流程和方法，包括工艺过程、工艺参数和工艺配方等；操作方法是劳动者利用生产设备在具体生产环节对原材料、零部件或半成品加工的方法。生产工艺和操作方法的创新既要求在设备创新的基础上，改变产品制造的工艺、过程和具体方法，也要求在不改变现有物质生产条件的同时，不断研究和改进具体的操作技术，调整工艺顺序和工艺配方，使生产过程更加合理，现有设备得到更充分的利用，现有材料得到更充分的加工。

（四）手段创新

手段创新主要指生产的物质条件的改造和更新。任何产品的制造都要借助一定的机器设备等生产条件才能完成。生产手段的技术状况是企业生产力水平的具有决定性意义的标志。

生产手段的创新主要包括两个方面的内容：一是将先进的科学技术成果用于改造和革新原有的设备，以延长其技术寿命或提高其效能；二是用更先进、更经济的生产手段取代陈旧、落后、过时的机器设备，以使企业生产建立在更加先进的物质基础之上，如用气流纺纱取代旧式的纺纱机，用电视卫星传播系统取代原有的电视地面传播系统等。

上述几个方面的创新，既是相互区别的，又是相互联系、相互促进的：材料创新不仅会带来产品制造技术的革命，而且会导致产品物质结构的调整；产品的创新不仅是产品功能的增加、完整或更趋完善，而且必然要求产品制造工艺的改革；工艺的创新不仅要求生产方法的更加成熟，而且必然要求生产过程中利用这些新的工艺方法的各种物质生产手段的改进。

反过来，机器设备的创新也会带来加工方法的调整或促进产品功能的更加完善，工艺或产品的创新也会对材料的种类、性能或质地提出更高的要求。总之，上述各种创新虽然侧重点各有不同，但任何一种创新都必然会促进整个生产过程的技术改进，从而必然会带来企业整体技术水平的提高。

创新的“无家者联系器”App

据统计，2012 年在美国至少有 100 万无家可归的人，为防止这一数字继续上升，“10 万家庭活动”推出了一个名为“无家者联系器”的 App，用于帮助无家可归的个人或家庭找到他们永久性的住所。

这款 App 的设计者意在加强全国范围内对于流浪人员的帮助，希望居民下载这个 app，使用 App 里的调查信息来询问他们所在社区的流浪者，了解流浪者的处境和基本信息。设计者相信聚合这些信息，全国流浪者的数量将会下降。

三、技术创新的贡献

从技术创新的内涵分析中不难看出，技术或者依附于物质产品而存在，或者为物质产品的实体形成而服务。因此，不论是何种内容的技术创新，都会在一定程度上提高产品竞争力，从而提高企业竞争力。

产品竞争力及企业竞争力的强弱从根本上来说取决于企业产品对消费者的吸引力。消费者对某种产品是否感兴趣，不仅受到该产品的功能是否完整和完善程度的影响，还取决于这种或这些功能实现的费用总和。功能是否完整和完善程度决定着消费者能否从该种产品的使用中获得不同于其他产品的满足，功能实现的费用（包括产品的购买费用和使用、维修费用）则决定着消费者为获得此种产品而需付出的代价。因此，产品竞争力主要表现为产品的成本竞争力与产品的特色竞争力。

技术创新促进企业竞争力的提高便是通过影响产品的成本或特色而起作用的。材料的创新不仅为企业提供了以数量丰富、价格低廉的原材料取代价格昂贵的稀缺资源的机会，而且有可能通过材质的改善促进企业产品质量的提高；产品创新既可使企业为消费者带来新的满足，也可使企业之前生产的产品表现出新的吸引力；工艺创新既可为产品质量的形成提供更可靠的保证，也可能降低产品的生产成本；物质生产条件的创新则直接带来劳动强度的下降和劳动生产率的提高，从而直接促进产品生产成本的下降和价格竞争力的增强。

综合起来看，技术创新一方面通过降低成本而使企业产品在市场上更具价格竞争优势，另一方面通过增加用途、完善功能、改进质量以及保证使用而使产品对消费者更具特色和吸引力，从而在整体上推动企业竞争力不断提高。

四、技术创新的源泉

创新源于企业内部和外部的一系列不同的机会。这些机会可能是企业刻意寻求的，也可能是企业无意中发现并立即有意识地加以利用的。德鲁克把诱发企业创新的这些不同因素归纳成七种不同的创新来源：意外的成功或失败、企业内外的不协调、过程改进的需要、行业和市场结构的变化、人口结构的变化、观念的改变以及新知识的产生。

（一）意外的成功或失败

企业经营中经常会出现一些出乎预料的结果：企业苦苦追求基础业务的发展，并为此投入了大量的人力和物力，但结果却是这种业务令人遗憾地不断萎缩；与之相反，另一些业务虽未给予其足够的关注，却悄无声息地迅速发展。不论是意外的成功，还是意外的失败，都有可能是向企业预示着某种机会，企业必须对之加以仔细地分析和论证。

意外的成功通常能够为企业创新提供非常丰富的机会。但如果说意外的失败是企业不得不面对的现实的话，那么未曾预料到的成功则常被企业忽视。这些意外的成功既然是"出乎意料"的，那么也通常是领导者所不熟悉的，且大多与组织追求的目标与多年来形成的习惯和常识相悖。这正应了中国的老话："有心栽花花不开，无心插柳柳成荫。"

然而，在日常生活和经济生活中，人们通常只愿观察和发现那些自己所熟悉或自己所希望出现的结果，有时虽然也观察到了那些未曾预料或希望的结果的出现，但对其意义却难以有充分的认识。这样，意外的成功虽然为企业创新提供了大量的机会，但这些机会不仅可能被企业领导人视而不见，在他们的眼皮底下悄悄地溜走，而且有时甚至被视为"异端"而遭排斥。

意外的成功也许会被忽视，未曾预料到的失败则不能不面对。一项计划——这可以是某种产品的技术开发，也可以是其市场开发，不论企业在其设计、论证以及执行上是如何的精心和努力，最终仍然失败了，那么这种失败必然隐含了某种变化，从而实际上向企业预示了某种机会的存在。了解这种变化，发现这种机会，企业便可有针对性地进行有组织的创新。

不论是意外的成功还是意外的失败，一经出现，企业就应正视其存在，并对之进行认真的分析，努力弄清并回答这样几个问题：究竟发生了什么变化？为什么会发生这样的变化？这种变化会将企业引向何方？企业应采取何种对策才能充分地利用这种变化，以使之成为企业发展的机会？

（二）企业内外的不协调

当企业对外部经营环境或内部经营条件的假设与现实相冲突，或当企业经营的实际状况与理想状况不一致时，便出现了不协调的状况。这种不协调既可能是已经发生了的某种变化的结果，也可能是某种将要发生的变化的征兆。同意外事件一样，不论是已经发生的还是将要发生的变化，都可能为企业的技术创新提供一种机会。因此，企业必须仔细观察不协调的存在，分析出现不协调的原因，并以此为契机组织技术创新。

根据产生原因的不同，不协调也可分成不同的类型。宏观或行业经济景气状况与企业经营绩效的不符是可以经常观察到的一种现象。一方面，整个宏观经济形势很好，对行业产品的需求逐渐上升，同行业中的其他经济单位也在不断成长，而本企业的销售额却不能增加，市场份额因此不断萎缩。伴随着市场的扩大，企业的销售额可能在短期内不一定有较大的下降，因此不协调对企业发展的长期影响不一定能被企业及时意识到。但是行业发展了，而企业却停步不前，这显然是一种不正常的现象。这种不协调反映了企业在产品结构、原料利用、市场营销、成本与价格、产品特色等某个或某些经营方面存在着问题。分析这些问题之所在，寻找这些问题产生的原因，便可为技术的创新提供一种思路和机会。

假设和实际的不协调也是一种常见的不协调类型。任何企业，实际上任何人也是这样，都是根据一定的假设来计划和组织其活动的。假设如果不能被实际证实，那么企业战略投资或日常经营就可能是朝着一个错误的方向努力的。这时，企业的努力程度越高，带来的负面效果就越大。及时发现假设与现实的不符，企业就可以及时地改变或调整努力的方向。企业对消费者价值观的判断与消费者实际价值观的不一致是假设与现实不协调的典型类型，也是企业常犯的一种错误。

在所有不协调的类型中，消费者价值观判断与实际不一致不仅是最为常见的，对企业的不利影响也是最为严重的：根据错误的假设组织生产，企业的产品始终不可能真正满足消费者的需要，从而生产费用难以得到补偿，企业的生存危机迟早会出现。相反，如果企业较早地发现了整个行业的假设与实际不符，则可能给企业的技术创新和发展提供大量的机会。

（三）过程改进的需要

意外事件与不协调是从企业与外部的关系这个角度来进行分析的，过程改进的需要则与企业内部的工作（内部的生产经营过程）有关。由这种需要引发的创新是对现已存在的过程（特别是工艺过程）进行改善，把原有的某个薄弱环节去掉，代之以利用新知识、新技术重新设计的新工艺、新方法，以提高效率、保证质量、降低成本。由于这种创新的需要通常存在已久，因此一旦被采用，人们常会有一种理该如此或早该如此的感觉，因而可能迅速被组织接受，并很快成为一种通行的标准。

过程的改进，既可能是科学技术发展的逻辑结果，也可能是推动和促进科技发展的原动力。实际上，在过程改进所需要的知识出现以前，任何改进都是不可能实现的。因此，在组织这种改进之前，企业（也可能是在宏观层次上）可能要针对生产过程中的薄弱环节进行长期的基础研究，以催生克服这种薄弱环节所需的新知识。只有在新知识产生以后，人们才能实际地考虑如何将其应用于工业生产、改进生产过程中的某个环节。必须指出，从基础研究到应用分析，最后到工艺与方法的实际改进，这个过程可能是非常漫长的。

与前两个因素相联系，过程的改进以及与此相联系的技术创新也可能是由外部的某个或某些因素的变化而引起的。例如，劳动力资源的匮乏以及由此造成的劳动成本的增加，促使企业努力推进生产过程的机械化和自动化。

（四）行业和市场结构的变化

企业是在一定的行业结构和市场结构条件下经营的。行业结构主要指行业中不同企业的相对规模和竞争力结构以及由此决定的行业集中或分散度；市场结构主要与消费者的需求特点有关。这些结构既是行业内或市场内各参与企业的生产经营共同作用的结果，也制约着这些企业的活动。行业结构和市场结构一旦出现变化，企业必须迅速对之做出反应，在生产、营销以及管理等诸多方面组织创新和调整，否则就有可能影响企业在行业中的相对地位，甚至带来经营上的灾难，引发企业的生存危机。

相反，如果企业及时应变，则这种结构的变化给企业带来的将是众多的创新机会。所以，企业一旦意识到行业或市场结构发生了某种变化，就应迅速分析这种变化对企业经营业务可能产生的影响，确定企业经营应该朝什么方向调整。

实际上，处在行业之内的企业通常对行业发生的变化不那么敏感，而那些“局外人”则可能更易观察到这种变化以及理解这种变化的意义，因而也较易组织和实现创新。所以，对已在行业内存在的现有企业来说，行业结构的变化容易构成一种威胁。面对同一市场和行业结构的变化，企业可能做出不同的创新和选择。

因此，面对市场以及行业结构的变化，关键是要迅速地组织创新的行动，创新努力的形式和方向则可以是多重的。

（五）人口结构的变化

人口因素对企业经营的影响是多方位的。作为企业经营中一种必不可少的资源，人口结构的变化直接决定着劳动市场的供给，从而影响企业的生产成本；作为企业产品的最终用户，人口的数量及其构成确定了市场的结构及其规模。有鉴于此，人口结构的变化有可能为企业的技术创新提供契机。

作为一种经营资源的人口，其有关因素（如人口数量、年龄结构、收入构成、就业水平以及受教育程度等）的变化具有相对可视性，其变化结果也较易预测。例如，2020年进入劳动市场的人口目前已经出生，就业人口中已经从业的年限决定了未来若干年内每年退休人员的数量。根据类似的资料，企业大致可以判断未来劳动市场的供给情况以及工业对劳动力的需求压力，并从中分析企业创新的机会。

需要指出的是，分析人口数量对企业创新机会的影响，不仅要考查人口的总量指标，而且要分析各种人口构成的统计资料。总量指标虽然可在一定程度上反映人口变化的趋势，但这种数据也可能把企业的分析引入歧途。实际上，在总量相同或基本未变的人口中，年龄结构可能有着很大的差异或已经发生重大的变化。

与作为资源的人口相反，作为企业产品最终用户的人口，其有关因素对企业经营的影响可视性则相对较弱，从而对创新的要求是难以判断和预测的。例如，如果说我们可以大致确定年龄结构的变化对劳动力市场的影响，那么判断这种变化对居民消费倾向从而对需求的影响则是非常困难的。与之相关的分析，我们归纳到下一个问题中去。

（六）观念的改变

对事物的认知和观念决定着消费者的消费态度，消费态度决定着消费者的消费行为，消费行为决定着一种具体产品在市场上的受欢迎程度。因此，消费者观念上的改变影响着不同产品的市场销路，为企业提供着不同的创新机会。

观念反映了人们对事物的认识和分析的角度。从企业创新的角度来说，观念的改变既意味着消费者本身的有关认识的改变，也意味着企业对消费者某种行为或态度的认识的改变。这种改变有时并不改变事实本身，但对企业的意义则是不一样的。

需要指出的是，以观念转变为基础的创新必须及时组织才能给企业带来发展和增长的机会。所谓及时，是指既不能过迟，也不能过早。滞后于竞争对手行动，等到许多竞争企业都已利用消费观念的改变开发出了某种产品才采取措施，那么待企业措施产生效果、推出产品时，由于消费观念转变而出现的市场可能早已饱和了。

相反，如果消费者的观念尚未转变或刚刚开始转变，企业在敏锐地观察到这种机会后即迅速采取行动，这样固然可以领先竞争者许多，但为了促成这种消费观念的转变并使市场真正形成，所需的费用将不仅使企业受益，还会使整个行业受益。换句话说，企业开发的将不仅是企业市场，而是行业市场。与稍后行动的企业相比，迅速行动的企业前期投入的各种费用可能过高，因而在成本上可能会处于不利地位。

（七）新知识的产生

一种新知识的出现，将为企业创新提供异常丰富的机会。在各种创新类型中，以新知识为基础的创新是最为企业重视和欢迎的。但同时，无论在创新时间、失败的概率或成功的可能性预期及对企业家的挑战程度上，这种创新也是最为变幻莫测、难以驾驭的。

与其他类型的创新相比，知识性创新具有最为漫长的前置期，从新知识的产生到应用技术的出现，最后到产品的市场化，这个过程通常需要很长的时间。不仅在自然科学领域如此（这是人们所熟悉的），以社会科学新知识为基础的创新也如此。例如，早在19世纪初，圣西门就提出了有目的地利用资本去促进经济发展的商业银行理论，但只是到其去世二十多年后，才由他的门徒雅各布和皮里兄弟俩在1852年创办了世界上第一家商业银行——信贷公司。

知识性创新的第二个特点是这类创新不是以某一单一因素为基础，而是以多种不同类型的知识的组合为条件。虽然在这类创新的组织中首先需要依靠一种或少数几种关键的技术以及相关的知识，但在所有其他必备知识出现之前，创新是不可能实现的。这种对知识集合性的要求也是这类创新前置期较长的一个重要原因。飞机、计算机等的出现无不说明了这一点。

上面我们介绍了德鲁克关于创新的七种来源。显然，创新这个词本身的含义已经表明其机会和可能是难以穷尽的。同时还需指出，在企业实践中，创新通常是几种不同来源或影响因素共同作用的结果。

五、技术创新的战略及其选择

任何企业都在执行一套符合自己特点的技术创新战略。这种战略可能是有意制订的，也可能是在无意识中形成的。在后一种情况下，技术创新战略是一系列选择的综合结果。这些选择一般涉及多个方面。

（一）创新基础的选择

创新基础的选择需要解决在何种层次上组织创新的问题。同样显而易见的是，理论上的创新，特别是用于为企业服务的理论创新不是一两次突击性的工作就可以完成的，它需要企业，特别是企业中有关科研人员长期地、持久地且经常默默地工作。这种工作可能带来成功的结果，也可能是组织了众多的研究人员长期地进行了艰辛的工作后一无所获。基础研究的上述特点决定了选择此种战略不仅具有较大的风险，而且要求企业能够提供长期的、强有力的资金以及人力上的支持。

应用性研究只需企业利用现有的知识和技术去开发一种新产品或者探寻一种新工艺。与基础研究相比，它所需时间相对较短，资金要求相对较少，创新的风险也相对较小，研究成果的运用对于企业生产设施调整的基础性投资的要求相对来说较低。当然，与之相应，它对企业竞争优势的贡献程度也相对要小一些。

（二）创新对象的选择

技术创新主要涉及材料、产品、工艺、手段等不同方面。由于企业生产所需要的原材料主要是从外部获取的，因此材料创新主要是在外部进行的（这种创新实际上是上游企业的产品创新），企业可选择的创新对象主要涉及产品、工艺以及生产手段三个领域。

产品创新使产品在结构或性能上有所改进或全部创新，不仅能给消费者带来一种全新的享受，而且可能降低产品的生产成本或者减少产品在使用过程中的费用，所以给企业带来的不仅是特色的形成，而且可能是成本的优势。工艺创新则既可能为产品质量的形成提供更加可靠的保证，从而加强企业的特色优势，也可能促进生产成本的降低，从而使企业产品在市场上更具价格竞争力。

产品与工艺的创新主要是由企业完成的，外部一般很难替代企业来从事这项工作。生产手段的创新则不然。由于每种机器设备的制造都需要利用企业不可能同时拥有的专门的技术、人员和其他生产条件，而且企业即使拥有这些条件生产所需的机器设备，但由于数量有限，不可能达到规模经济的要求，生产成本可能很高，因此企业一般都是从外部获取各种机器设备。由于这个原因，生产手段的创新也可借助外部的力量来完成。但是，生产手段的创新不是孤立地进行的，它既可能是产品创新或工艺创新的结果（产品结构或工艺制造方法的变化必然要求生产手段也做相应的调整），也可能由此而引发产品或技术的创新。因此，由外部厂家来实现生产手段的改造，则有可能使企业与此相关的产品创新或技术创新的意图或过程过早地为竞争者所察觉，从而难以通过创新带来竞争优势的形成或提高。在这种情况下，某些关键生产手段技术创新的内部组织就是必然的选择了。

（三）创新水平的选择

创新水平的选择与创新基础的选择都涉及通过创新可能达到的技术先进程度，不过基础的选择可能导致整个行业的技术革命，特别是基础研究导致的创新可能为整个行业的生产提供一个全新的基础，而创新水平的选择则主要是在行业内相对于其他企业而言的，需要解决的主要是在组织企业内部技术创新时，是采取领先于竞争对手的“先发制人”的战略，还是实行追随他人之后但目的仍是“超过他人”的“后发制人”的战略。

“先发制人”是在行动上“先人一步”，目的是在市场竞争中“高人一筹”。先人一步行动，率先开发出某种产品或某种新的生产工艺，这种战略的意图是很明显的，即在技术上领先同行业内的其他企业，以获得市场竞争中至少是在某段时期内的垄断地位。

先发制人可给企业带来良好的声誉；可使企业占据有利的市场地位；可使企业进入最有利的销售渠道；可使企业获得有利的要素来源；可使企业获取高额的垄断利润。

率先行动带来的并非都是鲜花，“先发”并非每次都能达“制人”的目的。率先开发某种技术或产品也可能给企业带来烦恼。例如，要求企业付出高额的市场开发费用、需求的不确定性和技术的不确定性。

由于这些原因，许多企业宁愿采用追随的战略，而不愿先人一步。当然，后发的目的也是为了先至，是为了制人，而非受制于人。实际上，由于上面列举的原因，后发者虽然在时间上、在用户心目中的技术水平形象上可能处于稍微不利的地位，但它可以分享先期行动者投入大量费用而开发出的行业市场，可以根据已基本稳定的需求进行投资并在率先行动者技术创新的基础上组织进一步的完善，使之更加符合市场的要求，因此，后发制人的战略有时也不失为一种合理的选择。

（四）创新方式的选择

不论技术创新的水平和对象如何，企业在技术创新活动的组织中都可以有两种不同的选择：利用自己的力量独家进行开发，或者与外部的生产、科研机构联合起来共同开发。

独立开发与联合研究要求企业具备不同的条件，需要企业投入不同程度的努力，当然也会使企业的受益不同。独立开发不仅要求企业拥有数量众多、实力雄厚的技术人员，而且要求企业能够调动足够数量的资金。独立开发若能获得成功，企业将可在一定时期内垄断性地利用新技术来组织生产，形成某种其他企业难以模仿的竞争优势，从而获得高额的垄断性利润。当然，如果开发不能获得预期的结果，企业也将独自咽下失败的苦果。

联合开发，企业可以与合作伙伴集中更多的资源条件进行更为基础性的创新研究，并共同承担由此而引起的各种风险。开发如果失败，企业将与合作伙伴一道来分担各种损失。当然，开发如果成功，企业也不能独自利用研究成果组织产品或工艺的创新，合作伙伴也有权分享共同的成果，有权从这种成果的利用中分享一份市场创新的利益。

影响企业在开发方式上的选择的，不仅是企业自身的资源可支配状况以及开发对象的特点要求，对市场经济条件下竞争与合作的必要性认识的不同也可能是其深层次的原因。

竞争无疑是市场经济的第一原则。正是竞争促进了社会生产率的提高，带来了整个社会资源的合理配置。在技术创新领域也是一样的，竞争促使不同企业投入大量的人力和物力竞相开发和采用新的技术、生产新的产品、利用新的材料和设备，以获得市场经营中的某种成本或特点优势，占有更多的市场份额，获得更多的利润。企业技术水平的提高最终必然会促进整个社会的技术发展。

但是，不同企业单独进行所有的技术创新研究，特别是与基础理论有关的技术创新研究，所从事的将大部分是重复性的劳动。这种分别进行的重复性的劳动，不仅可能由于力量分散而进度缓慢，而且必然会导致整个社会资源的浪费。相反，如果将这些创新活动在一定范围内有组织地协调进行，则不仅会带来资源的节约，而且必然会大大加快成果形成的速度，且开发成功后，将在更大的范围内使更多的企业受益，因此对于整个社会的技术进步带来更大的贡献。

实际上，合作研究与开发不仅为经营范围限于国内的企业所重视，而且是许多国际企业的普遍选择。随着世界经济区域集团化的发展和国际市场竞争的加剧，国际企业为了增强建立全球性市场的能力，适应全球性公司发展的需要，在多个方面实行战略联盟。这种联盟不仅表现为有形资产投资上的合作，而且表现为无形资产的共同投资。前者如联合兴建新的企业，或相互在对方企业持有一定股份，后者则主要与研究和开发合作或技术转让有关。研究和开发上的合作主要指联盟各方将其资金、技术设备以及各种优势结合起来共同使用，以开发新的产品或生产技术，并在此基础上共同开发国际市场。技术转让则主要指与合作开发相关的联盟内企业之间技术资料的相互交换，以共享某些技术开发的成果。

合作开发不仅可使合作各方共同承担巨额的开发费用以及与之相关的开发风险，而且能够由于优势互补而开发出独自进行时难以开发出的新技术。

第三节 企业组织创新

引导案例

三星，从学习模仿到自主创新

有人说，韩国以三星为代表是学习模仿日本，成功地重走了一遍日本走过的道路，有一个发展电子工业的基本大法——电子工业振兴法。三星公司自创立至今，其产品开发战略演变大致经历了拷贝战略、模仿战略、紧跟技术领先者战略和技术领先战略四个阶段。

三星公司成功地重走了日本公司的发展之路，特别在作为电子工业的基础——IC 和 FPD 方面。日本 NEC/东芝研发了 DRAM（dynamic random access memory，动态随机存储器）战胜了美国的 Intel，一度称霸于世；韩国三星公司还是通过研制 DRAM 打败了日本的 Elpida，至今稳握世界 DRAM 市场牛耳。正如三星公司成立初的总裁李秉吉说：“我们要是在电子革命中落后，我们就会永远沦为落后国家。”20 世纪 90 年代掀起了以 TFT-LCD 为代表的平板显示器浪潮，三星公司不甘落后，紧跟日本 Sharp 公司，于 1995 年推出 22 英寸 LCD 屏，1997 年上市 30 英寸屏，1998 年开发出高清 LCD TV，并出口美国。

三星公司在引进外国技术的同时，始终强调内部研究与开发的重要性，强调在提升内部技术能力的基础上寻求市场、产品和技术的动态匹配。三星公司认为正是自主、不懈的研究与开发，才使其成为一家冉冉升起的全球领导企业。1990 年，三星公司的研发经费为 2.09 亿美元，1997 年增加到 9.04 亿美元，1998 年为 11.4 亿美元，2003 年则高达 29 亿美元；2003 年，三星公司在韩国有 6 个研发中心，在世界其他国家有 10 个研发中心，建立了一个全球研究与开发网络；研发人员共 19 700 人，占全部员工的 34%。

发展至今，三星集团已是集电子、机械、化工、金融及贸易于一身的国际特大型企业，其中电子是重中之重，收入约占公司的 1/3。这一切都离不开三星自主、持续、高投入和高强度的研究与开发活动和坚持自主创新发展的方向。

思考：三星的成功之道的核心在哪里？

案例启示：日本公司一直是三星的标杆，而三星赶超日本公司的这种颠覆性超越的重要因素是基于三星在创新方面的核心能力。这种创新包括了设计创新、组织创新和技术创新三个层面。在三星创新战略下，公司通过多种途径提升自己设计创新能力、组织创新能力、技术创新能力，如与 IDEO 公司及其他顶级咨询公司进行合作、建立三星创新实验室（IDS）等。

企业是人的集合体。企业绩效及其能否生存与发展取决于其成员是否努力。这些成员是在企业活动的不同时空提供这些努力的。要使这些努力转变为对企业有效的贡献，必须对他们在企业活动中的行为进行引导和整合。行为的可预测性是行为引导和整合的基本前提。

企业是通过制度结构化、层级结构化以及文化结构化来使成员的行为具有一定程度的可预测性，从而实现对这些成员在企业活动过程的不同时空的努力进行引导与整合的。其中，制度结构化规范了作为类群的企业不同参与者之间的正式关系；层级结构化规范了作为个体的这些参与者之间的正式关系；文化结构化规范了作为类群或个体的参与者在企业生产经营活动过程中的非正式关系。

我们在本章主要讨论知识经济背景对企业组织这个维度的影响。

知识经济正向我们悄然走来。知识在企业生产制造、市场营销、人事管理、财务控制等经营活动中的作用日益重要。知识及其运用的产品化、产品及其生产过程的知识化是我们在越来越多的企业中可观察到的、正在发生的客观现象。不管人们是否已经认识到，也不管人们是否承认或愿意，知识经济正逐渐取代工业经济成为现代社会的主要特征。

从企业组织分析的角度，我们认为知识经济可能表现出以下三个方面的基本特点。

（1）知识要素在企业生产经营活动中的相对重要性大大提高。资本的相对稀缺性、资本的货币形态的可转换性等特点决定了资本是工业社会最为重要的生产要素。资本市场的发展、融资手段的不断完善以及与此同时企业生产过程的渐趋复杂，使知识特别是与协调有关的知识正逐渐取代资本成为企业生产经营的第一要素。

（2）生产者与最重要的生产要素的重新结合。产业革命的发展伴随着劳动生产者与物质生产条件的分离。由于某种原因被剥夺了物质生产条件的劳动者只能通过出卖自己的劳动力来谋求生存条件，从而为工业经济的发展提供了大量的廉价劳动力。被企业雇用后，他们只能根据雇主或其代表、代理的要求来表现符合其利益的行为。整个工业经济时代企业组织的构造都是以劳动者与其物质生产条件的分离为基本假设的。然而，当知识成为最重要的生产要素后，情况发生了变化：知识作为人脑的产物在本质上是不可能与其拥有者相分离的。知识经济时代，企业的组织设计不能不考虑知识的这种特点以及由此决定的劳动者与其最重要的生产要素重新结合的现象。

（3）由于信息技术的广泛运用，知识创新和传播的速度大大加快。从某种意义上说，任何知识都是与人的活动有关的。与企业经营有关的知识是在企业经营过程中生成与发展的。知识形成、积累、创新的速度影响着企业生产过程的组织方式，影响着不同知识所有者的相对重要性，决定着企业参与者在这个过程中的相互关系。信息技术的广泛运用加速了知识的生成与发展进程，引导着企业组织的创新，影响着企业组织的结构化或再结构化。

下面我们根据上述特点，从制度结构、层级结构以及文化结构三个层面分析知识经济对企业组织创新可能产生的影响。

一、企业制度结构创新

（一）工业社会的企业制度结构特征及其原因

企业是通过规范作为类群的参与者在企业活动中权利关系的制度来引导和整合这些成员的行为的：通过企业经营活动组织权力的分配，企业制度规范着参与者类群间的权力关系，从而影响着这些参与者在企业决策制定与执行中的行为表现；通过决定经营成果的分配，企业制度规范了参与者类群间的利益关系，从而影响着不同参与者在企业成果形成中的行为特点。权力关系相对地位的确定，使参与者类群在不同模式的企业制度下有着不同的行为规律，从而使他们的行为具有一定程度的可预测性。这种可预测性使企业对参与者行为的引导和整合成为可能。

不同参与者是通过提供企业经营所必需的某些要素来实现他们对企业的贡献的。这些要素的相对重要性决定了要素供应者在企业活动中的相对权力地位，决定了企业活动中权力与利益分配的格局，从而决定了企业制度结构的特点。要素的相对重要性既取决于要素本身在企业生产经营活动中的作用，也在很大程度上受该种要素相对稀缺程度的影响。稀缺资源从资本转向知识，将导致知识参与者在企业权力关系中地位的提高。

在迄今为止的工业社会，相对于其他要素来说，资本是最为重要也是最为稀缺的。工业生产过程主要是资本与劳动结合的过程。在这个过程中，资本的所有者通过提供一定数量的资本形成一定的生产能力，集中一定的物质条件，雇用一定数量的劳动者加工和组合利用这些资源以形成一定产品。由于资本（以货币形式表现和计量的资本）具有一般等价物、可以很方便地换回其他形式的生产要素的特点，因此启动这个过程的是一定数量的资本的投入。过程原动力的特点决定了资本的所有者在过程开始之初就拥有着选择过程运行的方向、组织过程的推进、处理过程的结果的各种权力。

一般等价物使资本所具有的流动性特点，还有与此同时由于工业生产中劳动分工不断发展导致具体工人的操作范围更加狭窄，作业技能更趋专门化，从而流动更加困难的特点，使资本相对于工人的地位进一步得到确认。在这种背景的企业中，知识，特别是管理知识虽也已开始居一席之地，但主要是作为资本的附属而存在的。

（二）知识经济条件下的企业制度结构创新

企业制度结构的这种特征正在受到知识经济的挑战。知识在现代企业经营中相对作用的加强，正使权力的行使以及对成果分配的控制逐渐变成知识工作者的“专利”。

有人也许会强调，工业社会也是知识社会，工业社会的经济活动是与工业生产有关的知识的开发和利用的过程。实际上，任何人类经济活动，甚至在一般意义上任何人类社会活动的运行都是知识的发现与利用、积累与创新的过程。因此，知识社会不是突然而至的，而是逐渐演变而来的。知识经济是在工业经济，甚至是在前工业经济中就已经开始孕育的，是从工业经济中脱胎而来的。但是与工业经济相比，知识经济条件下人们所倚重的知识类型及相关知识的相对重要程度是不同的。

人们在企业中的活动可以分为两类：一类是人作用于物的活动（劳动者利用一定的劳动工具借助一定方法对劳动对象进行加工转换，生产出符合要求的某种产品的劳动），另一类是一些人作用于另一些人的劳动（主要指管理人员对作用于物的劳动者的工作安排以及工作中的指挥与协调）。人们作用于物的劳动主要需要与操作有关的知识，而作用于其他人的劳动则主要需要与协调有关的知识。知识因此可以分为两种类型：有关操作的知识与有关协调的知识。

工业社会是以操作知识的发展为基础的，工业社会的发展又不断促进着操作知识的进步。生产工具的改进导致了工业革命的产生，机器的发明和普遍运用促进了工厂制度的发展。工艺的更加先进和机器的普遍使用使工业生产渐趋复杂，从而促进了劳动分工的不断细化。细致的劳动分工在促进劳动生产率提高的同时，使每一个分工劳动者的操作技能和相关专业知识更加狭窄，更加专门化，从而使工业生产中的每一个人的劳动高度相互依赖。这种相互依赖性使对不同人在企业中分工劳动的协调变得至关重要。知识在生产中的普遍运用，单个劳动者操作技能的高度专门化，使工业生产率的提高不仅取决于个人的操作技能和作业的熟练程度，而且取决于对不同人的劳动的分工协调。正如哈耶克所分析的，分工使人们只知道与自己工作有关的那部分知识，没有人有能力获得这些知识的全部。在分工生产的条件下，“我们必须使用的背景知识不是以集中和整合的形式存在的，而是以不完全的，经常是相互矛盾的知识片断分散地为分开的个人所占有”。

因此，工业经济越发展，分工劳动越细致，劳动者的知识越专门化，与协调不同劳动者的分工劳动有关的知识就越加重要。这种重要性不仅是相对于其他知识（如操作知识）而言的，而且是相对于其他生产要素而言的。正如德鲁克指出的，知识，特别是有关协调的知识，正变为“关键的经济资源”，甚至是“今天唯一重要的资源”，“传统的生产要素——土地（即自然资源），劳动和资本没有消失，但它们已变成第二位的。假如有知识，人们便可很容易地得到传统的生产要素”。

实际上，分工劳动在工业社会的发展不仅加剧了普通劳动知识和技能的专门化与狭窄化，而且决定了协调分工劳动所需的专门知识的供应的相对稀缺性。这种相对稀缺性进一步加强了协调知识拥有者的相对地位。在生产过程相对简单，从而要求工人所具有的操作技能也相对简单的情况下，只需对这些操作技能有一定了解便可完成协调的任务。所以在工业社会初期，协调工作是由资本所有者承担的。

但是，随着工业经济的发展和工业生产过程的复杂化，资本所有者难以拥有这样的知识，只能委托拥有相关知识的经营管理人员去协调。后者在协调实践中，地位不断得到加强。所以，今天组织企业活动的协调知识是企业经营管理人员所拥有的。管理人员的职能就是运用协调知识去组织和管理企业成员的分工劳动。管理人员通过其协调劳动不仅决定着自己所拥有的协调知识的运用效率，而且决定着作为其协调对象的企业生产者的知识利用效果。所以“经理是对知识的应用和知识的绩效负责的人”。

因此，在工业社会蜕变而来的知识社会中，知识正变为最重要的资源，企业内部的权力关系正朝着知识拥有者的方向变化，企业的制度结构正从“资本的逻辑”转向我们所称的“知识逻辑”。权力派生于知识（特别是协调知识）的供应，利益（经营成果的分配）为知识的拥有者所控制，这正逐渐成为后工业社会或知识社会的基本特征。

二、企业层级结构创新

（一）工业社会的企业层级结构及其特征

在利用制度结构规范参与者类群间权力与利益关系的同时，工业经济中的企业试图通过层级结构来规范作为单个成员的参与者在企业活动中的关系和行为。

层级结构曾是人类组织结构的伟大创新，19 世纪下半叶以后在工业企业中开始被广泛运用，目前仍是企业的主要特征。

工业经济的发展首先表现为生产规模的不断扩大。当企业规模相对较小，活动内容相对较不复杂的时候，业主借助个人的知识和能力便足以应付管理的需要了。但是，随着活动规模的扩大和内容的渐趋复杂，业主个人就难以应付了。在同一时空聚集了数万甚至数十万工人从事大规模生产的条件下，要使这些人的活动有序地进行，必须在对这些人的劳动进行合理分工的基础上进行指挥和协调。首先在政府组织中被运用的层级结构便是在这样的背景下被逐渐移植到工业经济中来的。

作为工业企业的主要组织形式，层级结构曾表现出如下主要特征：

（1）直线指挥，分层授权。在层级结构中，从理论上来说，企业的最高行政长官（业主或其代理人）有权安排和指挥每一个企业成员的工作。但由于时间与精力的原因，他的有效管理幅度是有限的，因此必须把本应属于自己的部分工作及其相关的权力委托给一些下属去完成和行使。下属由于同样的原因必须将工作与权力再分解、再委托。这样，企业组织便成为一个等级结构的金字塔。金字塔中的每一个层次都根据直线上级的要求，组织完成相应的工作任务，并行使相关的权力，同时又将接受的任务分解给下一个层次去完成，并利用受托行使的权力去安排下属的工作。层级组织的基本特征便是利用直线指挥与分层授权来规范成员之间的关系，影响他们在企业活动中的行为表现。

（2）分工细致，权责明确。层级结构的工业企业实行细致的劳动分工。分工原则不仅体现在与产品制造过程相关的生产劳动中，而且体现在与生产过程协调有关的管理劳动中。分工劳动使生产者与管理者的知识和技能不断完善，相关劳动的熟练程度不断提高，从而促进了组织劳动生产率的增长。分工劳动不仅严格规定了组织成员应该履行的职责，而且明确了相应职务的工作人员为履行职责而可以行使的权力。

（3）标准统一，关系正式。标准统一首先是作业方法的标准化。在泰勒理论的影响下，企业在生产过程组织合理化的同时，使作业方法标准化。在生产过程的不同环节和岗位上，生产者按照标准的方法来完成作业。这种标准化也逐渐被移植到管理劳动的组织中。不论是谁，在处理同类的管理业务时，都按照一套标准的程序和方法来操作。其次，标准统一还表现为企业政策的一致性。制约管理人员行动及其行为的政策和规则是由企业最高权力机构统一制订、统一推行的，层级结构中的工作人员必须严格遵守这些政策和规则。政策和规则的这种一致性，不仅决定了企业组织能以整齐划一的方式表现其行为，而且使组织中各部门、各层次的管理者之间的关系不具有个人感情的色彩：层级组织中成员之间的关系，是职务或岗位所规定的角色关系，而非个人关系。企业的“组织框架图”和“说明书”确定了每个成员应该扮演的角色，每个角色扮演者应该以理智而非以感情的方式来完成其职责。组织所倚重的是角色之间的正式关系，而非个人之间的非正式关系。

目前在许多企业中采用的事业部制实际上也是层级结构。事业部制企业可以被视为传统的直线组织的联盟，因为每一个事业部都是按照上述基本特点组织起来的。

（二）知识经济与企业层级结构的改造

层级结构的这些特征曾经促进了工业企业的成功：直线指挥、分层授权保证了企业行动的迅速；分工细致、权责明确促进了效率的提高；而标准统一、关系正式则保证了企业活动的有序性。但是层级结构发挥作用并取得成功是以一定的环境条件和假设作为前提条件的。

层级结构在企业中的广泛运用是以市场环境为背景的：消费者的诸多需求尚未得到充分满足；这些需求基本上是无差异的；消费需求以及影响企业经营的其他环境因素基本上是稳定的，或虽有变化，但变化具有连续性的特征，从而基本上是可以预测的。诸多需求的未充分满足使任何产品都存在极大的市场，因此企业可以组织大规模生产；消费需求的无差异性使企业可以组织标准化生产；而需求与市场的相对稳定或后者变化的可预测性则使企业内部生产及其管理的改善主要依赖于经验的累积和总结。经验的累积和总结过程主要是组织记忆的形成。

在这种条件下，企业活动的组织调整主要是企业管理中枢的职责。在这样的背景中经营，不仅生产操作的工人可以凭借主要以过去的经验为基础形成的标准方法作业，而且管理中枢也主要利用组织记忆形成过程中不断累积和总结的经验，即有关过去的知识，借助细致的分工和统一指挥来比较集权地组织及调整生产过程中工人的标准化作业。

在知识经济正在到来的今天，层级结构依赖于成功的上述背景正在或已经发生变化：消费者日趋成熟，消费者有关消费知识的渐趋丰富，消费需求越来越具有多样化和个性化的特点；影响企业经营的环境不仅日益复杂，而且越来越不稳定，其变化不仅无法控制，而且也越来越难以预测。多样化的个性需求使企业正在失去标准化生产和一致性政策的基础；市场变化的频繁要求企业活动的内容与方式及时调整。满足个性化的消费需求，要求企业生产组织更具弹性，活动内容与方式的适应性调整则要求相关的权力从管理中枢向下分散。实际上，只有与外部环境直接相关联的那些部分有调整的权力，这种调整才可能是适时有效的。

弹性的、分权化的企业是不可能完全以组织记忆为基础来组织运行的。实际上，满足个性化需求的生产作业，应付环境变化的适时调整，是难以在已经累积的知识中找到现成答案的。这些工作必然要求相关的成员和部门在知识积累的基础上进行知识的创新。因此，新形势下的企业组织必须是有利于企业成员的学习和知识创新的组织。

有人认为，这种组织的基本雏形可能是目前已在一些高科技企业中出现的网络组织。这种组织将企业视为一组为完成特定任务而组成的横向工序流，而不是纵向的由各个职能部门组成的层级结构。网络结构主要表现出如下主要特征：

（1）它在构成上是由各工作单位组成的联盟，而非严格的等级排列。这些工作单位之间相互依赖，在关键技术和如何解决难题上相互帮助，它们的地位与核心机构平等。核心机构只选择与调整企业的战略方向，设计各部分共享的组织基础，创造促成向心力的企业文化，保证各部分的相互合作，而各项工作则由各工作单元来完成。

（2）企业成员在网络组织中的角色不是固定的，而是动态变化的。网络中的工作单元可能是稳定的，但单元之间的关系则是为了完成一定的项目而设计的。一旦项目完成，单元之间的关系则可能需要重组。由于企业活动的项目及其进展情况是在不断变化的，因此网络结构也需要不断地调整。

（3）企业成员在网络结构中的权力地位不取决于其职位（因为职位大多是平行的，而非纵向排列的），而取决于他们拥有的不同知识。“在层级组织中，你拥有的职位决定你的权力。在分权的网络化组织中，你的权力源于你了解的知识和你认识的人。”

由于网络结构中的各工作单元都是一个权力中心，因此可以及时应对市场变化的调整；由于每个工作单元都与其他单元保持广泛的联系，从而不仅促进了知识与经验的交流，而且使各单元的适应性调整有充分的知识和信息的基础。因此，网络结构是适应型的、学习型的组织结构。

不过，我们认为，知识经济带来的变化可能是对现存的层级组织进行网络化的改造：用网络结构来补充层级结构，而不是将后者完全取代。实际上，管理任何由一定数量的成员参与的集体活动，一定程度的集权和统一指挥是必不可少的。没有这样的集权和统一指挥，组织成员的活动就无法协调，组织活动就无法在有序的无序或无序的有序状态下进行。因此未来的组织应该是网络化的层级组织：层级支持着组织活动的有序性，而网络则促进着组织活动的适应性。

网络化的层级组织应该是三个相互对立的特点的统一：

（1）集权和分权的统一。知识经济条件下的企业固然需要保持分散、差异和分权，以具有主动和迅速反应的创造能力，但同时也需要严格的集中管理，以保持战略的统一、行动的迅速，以及相互依存的各工作单元间相互关系的协调。因此网络化的层级组织应该是既集权又分权的。说它是集权的，是因为管理中枢在战略方向选择以及不同工作单元自主性劳动的范围与边界确定等问题上有着无法替代的作用；说它是分权的，是因为工作单元内的一线人员有权在企业战略参数的范围内自主地处理可能出现的紧急情况。

（2）稳定与变化的统一。在知识经济条件下，面对逐渐成熟的消费者不断变化的个性化需求，企业如不能及时做出适应性调整，则可能被市场淘汰，而变化过于频繁则可能引起组织的混乱。网络化的层级结构在组织整体保持相对稳定的同时，使各工作单元能迅速调整：层级结构、组织框架以及决定这个框架的经营领域是相对稳定的，而框架中的各工作单元的工作内容和方式则经常进行适应性调整。

（3）一元性与多元性的统一。主要表现在三个方面：层级组织既保存了统一指挥的管理中枢，又允许相互依存的各工作单元相当自主地运行；既通过统一的基本政策规范着整体企业的战略经营，同时又允许各工作单元的活动标准与原则有一定的差异；既确定了明确的组织宗旨和使命，提倡主导的价值观念，又允许甚至鼓励异质价值观念和行为准则的存在。

三、企业文化结构创新

利用制度结构和层级结构来规范和制约参与者在企业活动中的行为，要求对这些关系和行为的范围和形式做出事先的界定。然而，企业活动的复杂性决定了并非所有的关系或行为的范围和形式都是可以事先预测的。在工业社会中，企业文化的功能便是在企业制度结构和层级结构不能触及的地方发挥作用，即用来调节不同成员在企业活动中的非正式关系。

（一）工业社会中企业文化的功能与特点

企业文化经常被定义为“企业成员广泛接受的价值观念以及由这种价值观念所决定的行为准则和行为方式”。这种价值观和行为准则可能未被明确宣布，但它们通常隐含于企业成员作为其行为前提的思维模式的假设中，是已经被企业成员无意识地普遍认可的。他们的行为会自觉或不自觉地受到这些价值观和行为准则的影响。这些影响主要表现在行为导向、行为激励以及行为协调三个方面。企业文化会引导企业成员自觉地做出符合企业价值观的行为选择；特定的价值观会激励员工在特定的环境中表现出符合企业需要的行为；受同一价值观的影响，企业员工在不同时空的行为准则必然会趋向相互协调一致。

具有上述功能的企业文化在工业社会中表现出如下特征：

（1）企业文化是作为企业经营的一种副产品而出现的。企业文化的概念在管理研究中大概始于 20 世纪 70 年代末。在对日本和美国企业经营方式以及美国不同企业经营方式比较研究的基础上，美国和日本的一些学者得出了“凡成功的企业都有一个强有力的企业文化起支持作用”的结论。但这些成功的企业文化都不是企业刻意追求的结果，而是企业经营者，甚至是几代经营者在企业实践中通过自己的领导风格与行为方式对企业员工的行为产生了潜移默化的影响，从而促成了一种价值观念和行为准则被企业员工广泛认同的结果。

（2）企业文化基本上反映了企业组织的记忆。文化是一个历史的概念，是在企业经营的过程中，经过岁月流逝逐渐积累而成的。在历史上形成的企业文化反映着企业经营过程中被实践证明是成功的行为方式，以及这种行为方式所体现的行为准则和价值观念。所以用企业文化来引导员工的行为，实际上是用过去的经验来指导员工现在的行动。

（3）企业文化是作为一种辅助手段而发挥作用的。在工业社会中，企业主要通过制度结构规范不同参与者类群间的权力关系，通过直线指挥、分层授权的层级结构来规范和制约员工在企业经营中的正式关系，通过设计赏罚分明的奖惩机制来制约和诱导员工的行为。而企业文化则作为一种补充，主要在制度结构和层级结构不能触及的地方发挥作用。

（4）企业文化是一元的。在历史上形成的企业文化倡导一种被共同认可的价值观以及由这种价值观所决定的行为准则。具有异种价值观的员工是难以融入企业文化氛围的，其行为也通常难以被企业的其他员工接受。工业社会的企业文化，根据定义是排斥异种价值观和行为准则的。企业文化的这种一元性与工业社会中层级组织的等级指挥、标准作业、规则一致的特点，以及影响这些特点的早期工业社会的消费需求的无差异性是相互呼应的。

（二）知识经济与企业文化创新

正在到来的知识经济将改变工业社会企业文化的基础，从而给企业文化带来以下四个方面的调整：

（1）企业文化将成为知识经济条件下企业管理重要的甚至是主要的手段。文化手段重要性的这种变化是与层级结构的网络化改造相关的。在层级结构中，管理中枢利用严格的等级制度统一指挥和控制着整个企业的活动，而在实行分权化管理的网络化层级结构中，各工作单元也是决策中心。管理中枢主要通过信息的提供去影响、引导和协调这些单元的决策以及决策的组织实施。在这种情况下，用被企业员工广泛认同的价值观和行为准则去影响各工作单元在不同时空的行为方向，内容及方式的选择就变得至关重要了。文化将成为保证和促进网络化层级结构条件下企业组织活动一体化的黏合剂。

（2）企业文化将是人们自觉创造的结果，而不是企业生产经营中的一种副产品。文化一旦成为企业管理重要的甚至主要的手段，共同认可的价值观一旦成为协调和统一人们行为的主要工具，人们便不能再消极地等待，不能让文化在经过漫长的岁月流逝后再缓慢形成。实际上，在网络化的层级结构中，当管理中枢无须直接利用权力去分配和协调下属单位的活动时，其重要的工作内容就不仅是组织信息的收集、处理与传播，而是要通过基本政策的制订，借助各种沟通渠道，去倡导某种适合企业特点的文化，并宣传这种文化，总结和介绍这种文化影响下成功的工作单元的事例，以促进这种文化所包含的价值观和行为准则被各工作单元迅速普遍地接受，并使之成为影响他们行为选择的基本规范。

（3）作为人们自觉行为结果的企业文化不仅是记忆型的，而且是学习型的，或者更准确地说，主要不是记忆型的，而是学习型的。传统工业社会的企业文化体现的主要是企业的组织记忆。这种记忆记录了企业过去成功的经验。假使环境参数不发生重要变化，人们依据昨天的经验和惯例还可以应对未来的变化。然而，知识经济条件下的市场环境是急剧变化的，过去成功的经验在现在崭新的现实面前往往显得无力。知识经济条件下的企业在客观上需要行为准则和行为方式的不断创新。这种创新要求企业文化必须是学习型的。

实际上，在知识经济条件下，人们也没有足够的时间去等待组织记忆的形成。在管理中枢的倡导和推动下，人们必须迅速学习新的行为准则和行为方式。因此，网络化层级结构中的企业文化首先是自觉学习的结果，网络化的层级结构也将有利于组织文化的学习：各工作单元与外界的广泛接触将会使组织不断习得新的知识。而组织内纵横交错的沟通网络则会使各单元习得的知识与经验在组织内迅速传播。知识的迅速习得与经验的迅速交流将促进网络化层级组织不断创新并推广新行为准则和行为方式。

（4）企业文化将在强调主导价值观与行为准则的同时，允许异质价值观和行为准则的存在。学习型的企业文化必然是多元的。实际上，一定时期的主导价值观主要体现了组织的记忆。如果没有对不断出现的异质价值观的容忍，就不可能有企业文化的创新。此外，网络化层级组织的文化多元化与各工作单元并行中心的特点以及企业需要满足的个性化消费需求的特点也是相一致的。与等级明确的层级结构不同，网络化层级结构不可能要求企业以整齐划一的方式行事，具有决策权的自主工作单元必然会在企业经营中表现出各具特色的个性化行为方式。与此同时，个性化需求的满足也使得企业不能像传统方式下那样以单一的规则和一致性的标准去约束自主工作单元的行为。

文化的多元化必然会促进企业文化的不断创新，从而必然会促进知识经济条件下的企业不断走向繁荣。

本章重点知识归纳

1. 创新是一种思想及在这种思想指导下的实践，是一种原则以及在这种原则指导下的具体活动，是管理的一种基本职能。

2. 作为管理的两个基本职能，维持与创新对系统的生存发展都是非常重要的，它们是相互联系、不可或缺的。创新是维持基础上的发展，而维持则是创新的逻辑延续；维持是为了实现创新的成果，而创新则是为更高层次的维持提供依托和框架。

3. 企业的技术创新主要表现在要素创新、要素组合方法的创新以及产品创新三个方面。

4. 创新在本质上是杂乱无章的，因为创新是对旧事物的否定，是对新事物的探索。对旧事物的否定，创新必定要突破原有的制度，破坏原有的秩序，必须不遵守原有的章程；对新事物的探索，创新者只能在不断的尝试中去寻找新的程序、新的方法，在最终的成果取得之前，可能要经历无数次反复，无数次失败。因此，它看上去必然是杂乱的。

5. 企业文化的功能是在企业制度结构和层级结构不能触及的地方发挥作用，即用来调节不同成员在企业活动中的非正式关系。

第十章想一想

第十章做一做

第十章 PPT

参 考 文 献

陈传命，周小虎，2003．管理学[M]．北京：清华大学出版社．

陈佳贵，1999．现代企业管理理论和实践的新发展[M]．北京：经济管理出版社．

成思危，赵曙明，2001．人力资源管理研究[M]．北京：中国人民大学出版社．

单凤儒，2002．管理学基础[M]．北京：高等教育出版社．

冯拾松，赵红英，2008．管理学原理[M]．北京：机械工业出版社．

哈罗德·孔茨，海因茨·韦里克，1998．管理学（原书第 10 版）[M]．张晓君，等译．北京：经济科学出版社．

黄速建，黄群慧，2007．现代企业管理：变革的观点．北京：经济管理出版社．

加雷思·琼斯，等，2003．当代管理学[M]．李建伟，等译．北京：人民邮电出版社．

况晨光，2009．领导者应掌握哪些领导艺术[J]．党政干部论坛，(2)．

理查德·L 达夫特，2003．管理学[M]．韩经纶，等译．北京：机械工业出版社．

迈克尔·波特，2005．竞争战略[M]．陈小悦，译．北京：华夏出版社．

潘大钧，2003．管理学[M]．2 版．北京：经济管理出版社．

芮明杰，2000．管理学现代的观点[M]．上海：上海人民出版社．

邵喜武，王海艳，佟国光，2009．现代企业领导激励艺术的新思考[J]．工业技术经济，(4)．

苏慧文，姜忠辉，1999．管理学原理与案例．青岛：中国海洋大学出版社．

谭劲松，2007．现代领导方法与领导艺术[M]．杭州：浙江大学出版社．

王凤彬，朱克强，1998．管理学教学案例精选[M]．上海：复旦大学出版社．

王俊柳，邓二林，2003．管理学教程[M]．北京：清华大学出版社．

王利平，2001．管理学原理[M]．北京：中国人民大学出版社．

徐艳梅，2000．管理学原理[M]．北京：北京工业大学出版社．

杨蓉，2002．人力资源管理[M]．大连：东北财经大学出版社．

杨文士，焦叔斌，2004．管理学原理[M]．北京：中国人民大学出版社．

于云波，2009．管理基础实务[M]．北京：北京交通大学出版社．

袁勇志，2003．管理学原理[M]．苏州：苏州大学出版社．

詹姆斯·B. 迪尔沃思，2006．运作管理：在产品和服务中提供价值[M]．北京：中信出版社．

张承耀，2000．中国企业经营与管理案例[M]．北京：经济管理出版社．

张德，2001．人力资源开发与管理[M]．北京：清华大学出版社．

周健临，2004．管理学教程[M]．上海：上海财经大学出版社．

周三多，等，2001．管理学：原理与方法[M]．3 版．上海：复旦大学出版社．